Idealismo alemão

Dados Internacionais de Catalogação na Publicação (CIP)
(Câmara Brasileira do Livro, SP, Brasil)

Dudley, Will
 Idealismo alemão / Will Dudley ; tradução de Jacques A. Wainberg. Revisão da tradução de Fábio Ribeiro e Bruno Cunha. –3. ed. – Petrópolis, RJ : Vozes, 2024. – (Série Pensamento Moderno)

 Título original: Understanding German Idealism
 Bibliografia
 ISBN 978-85-326-4452-7

 1. Filosofia alemã I. Título. II Série

12-11486   CDD-193

Índices para catálogo sistemático:
1. Filosofia alemã 193

WILL DUDLEY

Idealismo alemão

Tradução de Jacques A. Wainberg

Revisão da tradução de Fábio Ribeiro e Bruno Cunha

Petrópolis

© 2007, Will Dudley

Tradução autorizada a partir da Acumen Publishing Ltd. Edition.
Edição brasileira publicada por intermédio da Agência Literária Eulama Internacional.

Tradução do original em inglês intitulado *Understanding German Idealism*.

Direitos de publicação em língua portuguesa – Brasil:
2013, Editora Vozes Ltda.
Rua Frei Luís, 100
25689-900 Petrópolis, RJ
www.vozes.com.br
Brasil

Todos os direitos reservados. Nenhuma parte desta obra poderá ser reproduzida ou transmitida por qualquer forma e/ou quaisquer meios (eletrônico ou mecânico, incluindo fotocópia e gravação) ou arquivada em qualquer sistema ou banco de dados sem permissão escrita da editora.

CONSELHO EDITORIAL

Diretor
Volney J. Berkenbrock

Editores
Aline dos Santos Carneiro
Edrian Josué Pasini
Marilac Loraine Oleniki
Welder Lancieri Marchini

Conselheiros
Elói Dionísio Piva
Francisco Morás
Gilberto Gonçalves Garcia
Ludovico Garmus
Teobaldo Heidemann

Secretário executivo
Leonardo A.R.T. dos Santos

PRODUÇÃO EDITORIAL

Aline L.R. de Barros
Jailson Scota
Marcelo Telles
Mirela de Oliveira
Natália França
Otaviano M. Cunha
Priscilla A.F. Alves
Rafael de Oliveira
Samuel Rezende
Vanessa Luz
Verônica M. Guedes

Editoração: Fernando Sergio Olivetti da Rocha
Diagramação: Sheilandre Desenv. Gráfico
Capa: WM design

ISBN 978-85-326-4452-7 (Brasil)
ISBN 978-1-84465-096-5 (Reino Unido)

Este livro foi composto e impresso pela Editora Vozes Ltda.

Para Janette, que queria saber, antes de concordar em casar-se comigo, por que o idealismo alemão é relevante.

Sumário

Agradecimentos 9
Abreviaturas 11
1 Introdução: modernidade, racionalidade e liberdade 13
2 Kant: idealismo transcendental 27
3 Desafios céticos e o desenvolvimento do idealismo transcendental 76
4 Fichte: rumo a um idealismo científico e sistemático 108
5 Schelling: o idealismo e o absoluto 155
6 Hegel: a filosofia sistemática sem fundamentações 200
7 Conclusão: racionalidade, liberdade e modernidade? 259
Questões para discussão e revisão 277
Leituras adicionais 281
Referências 287
Cronologia 293
Índice 297

Agradecimentos

Eu estou em débito com muitas pessoas pela ajuda recebida no esforço de escrever uma introdução precisa e acessível ao idealismo alemão e gostaria de agradecê-las. Os estudantes que frequentaram meu curso com base neste material em 2005 me alertaram de forma generosa toda vez que minhas explicações não eram claras o bastante e propuseram excelentes perguntas que indicaram onde ainda era necessário trabalhar mais. O Centro para as Humanidades e Ciências Sociais Oakley do Williams College ofereceu um financiamento que proporcionou uma carga mais leve de docência por um semestre e sediou um seminário no qual um rascunho completo de meu manuscrito foi lido e discutido. Os participantes desse seminário – Melissa Barry, Stuart Crampton, Joe Cruz, Blake Emerson e Alan White – fizeram inúmeras sugestões que ajudaram a melhorar o texto de forma significativa. Earl e Louise Dudley (meus pais) e Isaac Dietzel (meu ex-aluno) também leram a obra inteira e fizeram muitos comentários valiosos. Blake Emerson e Ben Echols foram assistentes de pesquisa durante a fase final da revisão e conclusão do manuscrito.

Também tenho um débito geral com aqueles que mais me ensinaram sobre o idealismo alemão: Alan White, John McCumber, Stephen Houlgate e Robert Pippin. E, por fim, quero agradecer a minha família – Janette, Cole e Ella Dudley – por me apoiarem neste projeto e em todo o mais.

Abreviaturas*

* Detalhes completos destes trabalhos são mencionados nas referências[1].

Fichte
"SC"   "Sobre o conceito da doutrina-da-ciência" (1988)
FDN   Fundamento do direito natural (2000)
"R"   "Rescensão de Aenesidemus" (2000)
SDC   O sistema da doutrina dos costumes (2005)
CC   A ciência do conhecimento (1982)

Hegel
D   Diferença entre os sistemas filosóficos de Fichte e de Schelling (1977)
EL   Enciclopédia: a ciência da lógica (1991)
FS   Fé e saber (1977)
IHF   Introdução à história da filosofia (1985)
FH   Filosofia da história (1988)
PFR   Preleções sobre a filosofia da religião, I (1974); edição em um volume (1988); III (1985)
FenE   Fenomenologia do espírito (1977)
FilE   Filosofia do espírito (1971)
FN   Filosofia da natureza (1970)
FD   Linhas fundamentais da filosofia do direito (1991)
"C"   "Sobre a relação do ceticismo com a filosofia: exposição de suas diferentes modificações e comparação da forma mais recente com a antiga" (2000)
CL   Ciência da lógica (1989)

Hume
TNH   Tratado da natureza humana (2000)

Jacobi
SDE   Sobre a doutrina de Espinosa em cartas ao senhor Mendelssohn (1984)

DHF   *David Hume sobre a fé* (1994)
"SIT"   "Sobre o idealismo transcendental" (1994)

Kant
CFJ   *Crítica da faculdade de julgar* (2000)
CRP   *Crítica da razão pura* (1988)
CRPr   *Crítica da razão prática* (1996)
F   *Fundamentação da metafísica dos costumes* (1996)
P   *Prolegômenos a qualquer metafísica futura que possa apresentar-se como ciência* (2002)

Reinhold
FCF   *A fundamentação do conhecimento filosófico* (2000)

Schelling
IELH   *Investigações filosóficas sobre a essência da liberdade humana* (1936)
IFN   *Ideias para uma filosofia da natureza* (1988)
ESFN   *Primeiro esboço de um sistema da filosofia da natureza* (2004)
"CF"   "Cartas filosóficas sobre o dogmatismo e o criticismo" (1980)
SIT   *Sistema do idealismo transcendental* (1978)
"ICH"   "Sobre o eu como o princípio da filosofia ou sobre o incondicionado no conhecimento humano" (1980)

Schulze
A   *Aenesidemus* (1980)

1

Introdução: modernidade, racionalidade e liberdade

O idealismo alemão surgiu em 1781, com a publicação da *Crítica da razão pura* de Kant, e terminou cinquenta anos mais tarde com a morte de Hegel. Esse meio século foi sem sombra de dúvida um dos mais importantes e influentes da história da filosofia. Os pensadores desse período e os temas que desenvolveram revolucionaram todas as áreas da filosofia e tiveram um impacto que ainda é sentido nas humanidades e nas ciências sociais. Kant, Fichte, Schelling e Hegel – os quatro idealistas alemães mais importantes – pavimentaram o caminho para Marx e Kierkegaard, a fenomenologia e o existencialismo, a teoria crítica e o pós-estruturalismo, e ao fazê-lo deixaram uma marca que permanece muito visível na teoria social e política contemporânea, nos estudos religiosos e na estética. As reações ao idealismo alemão, especialmente as dos neokantianos, positivistas lógicos e de Bertrand Russell também foram instrumentais na fundação da filosofia analítica, que hoje revela e se beneficia de uma avaliação cada vez mais sofisticada da tradição filosófica europeia. O idealismo alemão está, portanto, na base tanto da filosofia continental como da anglo-americana, e sem ele não teria ocorrido nem o cisma entre as duas que definiu a disciplina em grande parte do século XX, nem os meios que sustentam as esperanças atuais para a compreensão e a superação desse sectarismo intelectual improdutivo.

A significância do idealismo alemão é, infelizmente, acompanhada por sua notória complexidade. Seus textos centrais têm confundido os intérpretes mais capazes e pacientes por mais de 200 anos. Grande parte dessa dificuldade pode ser atribuída ao desafio que os idealistas alemães enfrentaram ao tentarem encontrar os meios apropriados de expressão de ideias genuinamente novas. Mas parte dela parece ser desnecessária, um resultado de uma redação que poderia ter sido melhorada, e que impede até mesmo leitores inteligentes com as melhores das intenções.

Idealismo alemão é uma tentativa de transmitir a significância deste movimento filosófico evitando sua obscuridade. Tal esforço precisa ser seletivo em seu tratamento dos pensadores e temas, restringindo seu escopo a somente os aspectos mais importantes dos trabalhos mais importantes dos autores mais importantes, mas é meu objetivo ser claro em relação a esses desenvolvimentos essenciais sem apelar para a simplificação excessiva. Se este livro for bem-sucedido, seus leitores obterão uma compreensão sólida dos problemas que motivaram Kant, Fichte, Schelling e Hegel e das soluções que eles propuseram. Espero que os leitores sejam persuadidos do fato de que a profundidade e o valor destas ideias mais do que justificam o esforço intelectual que exigem, e que eles se inspirem a passar mais tempo examinando eles mesmos os detalhes dos textos originais.

Modernidade, racionalidade e liberdade

A causa filosófica imediata do idealismo alemão foi o ceticismo de David Hume (1711-1776), que, na descrição famosa de Kant em *Prolegômenos a qualquer metafísica futura que possa apresentar-se como ciência* como "exatamente aquilo que [...] interrompeu meu sono dogmático e deu uma direção completamente diferente às minhas pesquisas no campo da filosofia especulativa" (*P*:57). Mas a tendência cultural mais ampla que deu origem à *Crítica da razão pura* e, oito anos mais tarde, à Revolução Francesa foi a insistência do Esclarecimento em substituir a aceitação pré-moderna da autoridade injustificada com a demanda moderna por uma justificativa e liberdade racionais. A Revolução Francesa prometeu suplantar a monarquia herdada com uma verdadeira vida moderna que estabeleceria e garantiria a liberdade para todos; Kant prometeu suplantar o dogmatismo herdado com uma filosofia verdadeiramente moderna que estabeleceria e garantiria os limites do conhecimento e da ação racionais.

A insistência moderna de que a crença e a ação sejam justificadas racionalmente é, em princípio, ainda que nem sempre na prática, radicalmente igualitária e libertadora. Se a sabedoria e o poder estão investidos numa autoridade especial, como um monarca ou um padre, as pessoas comuns precisam deferir-se àquela autoridade em busca de instruções sobre o que pensar e o que fazer. Mas se boas razões são a única autoridade legítima, então todos podem igualmente reivindicar serem capazes de participar do processo de oferecer e avaliar os argumentos que justificam nossos comprometimentos teóricos e práticos. E os que participam desse processo alcançam a emancipação na medida em que seus pensamentos e ações não são mais determinados por autoridades externas, mas por eles próprios. Tais agentes modernos são, por virtude do exercício de sua própria racionalidade, autodeterminados ou livres.

O empecilho mais óbvio à substituição do governo das autoridades tradicionais pelo autogoverno libertador da razão são as próprias autoridades, que raramente estão inclinadas a perder o poder e a deferência a que estão acostumadas. Mas Kant se preocupa, no famoso ensaio "Resposta à pergunta: O que é o Esclarecimento?", que um obstáculo ainda mais intransigente seja interno: covardia da parte daqueles que gostariam de ser livres. Ele declara que o lema do

Esclarecimento é *Sapere aude*! (Ousa saber!), e compara isso com ousar viver de acordo com a natureza do *Homo sapiens*.

Kant acredita que a liberdade demanda coragem porque é muito mais fácil e confortável apoiar-se nos outros para orientações. Repensar crenças estabelecidas é trabalho duro, assim como romper com os padrões estabelecidos da ação. É menos complicado persistir em nossos velhos hábitos e permitir que outros pensem por nós. De fato, a própria tendência de nos apoiarmos em outros pode tornar-se habitual, deixando ainda mais difícil abandonar a orientação de conselheiros ou pretensos especialistas em favor do uso livre de nosso próprio entendimento.

O clamor por liberdade é portanto mais fácil de fazer do que de responder. A perspectiva de livrar-se da autoridade é estimulante, mas também assustadora. E mesmo aqueles que são corajosos o suficiente para aceitar o desafio enfrentam uma tarefa longa e árdua. A liberação não pode ser obtida de um dia para o outro, pois exige um trabalho exaustivo e constante de autocrítica. É a essa tarefa – a tarefa de examinar e reexaminar nossas práticas e crenças existentes – que Kant nos convida, na esperança de que nossa resposta contribuirá para a ilustração e liberdade humanas.

Empirismo, ceticismo e determinismo

Entretanto, se Hume estiver certo, a esperança de Kant está destinada à frustração, uma vez que nem a coragem nem o esforço podem realizar o impossível. Hume considera que em última instância a base da crença e da ação é o costume ou o hábito, em vez da razão, e que nossos hábitos são determinados estritamente pela mesma necessidade natural que governa todo o universo físico. Se este é o caso, então o sonho do Esclarecimento de sujeitos autônomos formando entidades políticas racionalmente governadas está ameaçado não somente por monarcas, sacerdotes, covardes e preguiçosos, mas também por verdades inescapáveis da metafísica e epistemologia: o conhecimento humano está baseado na fé; o comportamento humano é plenamente explicável em termos de forças mecanicistas; e a autodeterminação é uma fantasia inalcançável.

O ceticismo e o determinismo de Hume são o resultado deste empirismo com o qual ele estava plenamente comprometido e cujas consequências ele derivou de forma rigorosa e sem descanso. O empirismo está baseado no princípio de que todas as ideias surgem da experiência sensível, um pressuposto que Hume herdou de seus grandes predecessores, John Locke e George Berkeley. Hume introduz duas novas distinções, no entanto, que lhe permitiram levar o empirismo a sua conclusão lógica.

Hume primeiro distingue entre as impressões, que são o resultado direto da experiência sensível, e as ideias que são cópias das impressões. A sensação que tenho quando bato com o meu dedo do pé numa pedra é uma impressão de dor. Minha recordação daquela sensação no dia seguinte é a ideia de dor. A versão de Hume do princípio empirista afirma que todas as ideias vêm das impressões, seja de forma direta ou como resultado de atividades mentais que manipulam as impressões para formar novas ideias. As ideias de "cavalo" e de "chifre", por exemplo, são cópias de nossas impressões sensoriais das entidades correspondentes. A ideia de "unicórnio", no entanto, resulta da nossa combinação imaginativa entre as ideias de "cavalo" e de "chifre" e designa uma besta ficcional com a qual não corresponde nenhuma entidade conhecida.

A segunda distinção nova de Hume é aquela entre as relações de ideias com questões de fato. Questões de fato são estados de coisas efetivos sobre os quais podemos aprender somente através da experiência do mundo. As relações de ideias são verdades definicionais que podem ser deduzidas do significado dos termos envolvidos. É verdade por definição, e portanto é uma relação de ideias conhecida por todo falante competente do português que nenhum solteiro é casado. Se os solteiros precisam comer mais vegetais, no entanto, é uma questão de fato que pode ser discernida somente por meio de um estudo cuidadoso da população relevante.

Hume afirma que as questões de fato e as relações de ideias exaurem os tipos de objetos possíveis do conhecimento, e emprega essa distinção para montar um ataque devastador ao racionalismo. Os grandes racionalistas – incluindo Descartes, Espinosa e Leibniz – desconfiados de serem enganados pelos sentidos e impressionados pelo progresso demonstrável na matemática tentaram averiguar verdades importantes sobre o mundo através do uso apenas da razão. A *Ética* de Espinosa, modelada de forma explícita na *Geometria* de Euclides, resume essa abordagem: ela parte de um pequeno conjunto de definições e axiomas simples para deduzir um grande número de proposições e corolários complicados. De acordo com o esquema de Hume, no entanto, a obra de Espinosa nada mais é do que uma elaborada investigação das relações de certas ideias. Ela pode nos dizer muito sobre o conteúdo implícito da definição de "substância" de Espinosa, mas somente a investigação empírica pode nos dizer se tal substância existe. A metafísica, em outras palavras, pretende nos informar sobre questões de fato, e, portanto, não pode ser feita de acordo com o modelo da matemática – ela precisa dar lugar à ciência.

Depois de insistir que o conhecimento das questões de fato pode ser obtido somente através da observação do mundo, Hume emprega sua distinção entre as ideias e as impressões para eliminar as conclusões injustificadas que a observação cuidadosa não sustenta. Seu princípio, que funciona muito como a navalha de Occam, é que somente dois tipos de ideias são admissíveis em nossos relatos do mundo: (1) aquelas que são cópias diretas de impressões que experimentamos, e (2) aquelas que oferecem a melhor explicação das impressões que experimentamos. "Cachorro" é um exemplo do primeiro tipo de ideia porque já tivemos muitas impressões de cachorros. "Dinossauro" é um exemplo do segundo tipo de ideia porque, embora nenhum ser humano jamais tenha tido uma impressão de um dinossauro, a melhor explicação dos fósseis que encontramos é que eles eram os ossos de um grupo de répteis que já viveu mas que agora está extinto. Uma explicação alternativa desses fósseis é que eles foram colocados por uma travessa fada de fósseis, mas uma vez que não temos nenhuma experiência de fadas (travessas, que depositam fósseis ou qualquer outra), a "fada de fósseis" é uma ideia que precisa ser expurgada de nossos relatos do mundo (muito embora possa ser perfeitamente utilizável nas histórias infantis).

A insistência de Hume de que todas as questões de fato sejam explicadas em termos de ideias vindas de impressões afasta muito mais do que criaturas simpáticas de nossa imaginação infantil. Se Hume estiver certo, então Deus, o Eu e a causalidade são outras vítimas do princípio empirista. A utilização comum dessas ideias é, na visão de Hume, totalmente injustificada pelos fatos. Nós temos impressões de estados particulares internos – tais como dor, prazer, calor e frio –, mas nenhuma do "Eu" ao qual esses estados supostamente pertencem. Nós temos impressões de fenômenos constantemente associados – tal como o congelamento da água toda vez que a temperatura cai abaixo de zero grau Celsius –, mas não temos de nenhuma das conexões ou "causa" supostamente necessárias que os unem. Nós temos impressões do mundo, mas não temos nenhuma base crível para atribuir a criação deste mundo a um "Deus" que nunca encontramos.

Kant desafiará a posição de Hume em cada uma dessas três ideias, mas é o ataque à causalidade que leva mais diretamente ao ceticismo e ao determinismo, e portanto, inspira o desenvolvimento e a defesa da alternativa ao empirismo com a qual o idealismo alemão começa.

O ataque à causalidade é especialmente significativo porque, como Hume assinala, todo nosso conhecimento das questões de fato, exceto daquelas que estamos diretamente conscientes ou que retemos em nossa memória, depende da inferência causal. Ele sugere, por exemplo, que se achássemos um relógio numa ilha deserta poderíamos razoavelmente inferir que outros humanos lá estiveram antes de nós, uma vez que a presença do relógio demanda alguma explicação e os seres humanos são os únicos seres que conhecemos que fazem e usam relógios. Dito em outras palavras, a associação entre relógios e os seres humanos donos de relógios tem sido constante e é a constância dessa associação que justifica nossa inferência causal e nos permite explicar os relógios que encontramos ocasionalmente em lugares incomuns.

O discernimento de Hume, no entanto, é que a associação constante não é equivalente a uma conexão necessária, e, portanto, é possível que qualquer inferência causal, embora baseada em todas as experiências disponíveis, mostrará ser falsa. O relógio poderia ter sido deixado na praia por Deus, ou esquecido por um extraterrestre que tomava sol, ou crescido numa árvore próxima. Ou, o que seria mais plausível, o relógio poderia ter sido levado pela água até à praia após cair no oceano de um navio em viagem. Em qualquer dessas cenas estaríamos errados em concluir que a presença do relógio na praia se deve ao fato de que seres humanos já teriam estado na ilha.

A lição que Hume tira é que nosso conhecimento das questões de fato não pode nunca ter o mesmo estatuto que o nosso conhecimento das relações de ideias. As relações de ideias podem ser demonstravelmente provadas como necessariamente verdadeiras, através do uso da razão dedutiva, porque seus opostos contradizem o significado dos termos em questão, e são, portanto, logicamente impossíveis. Todos os solteiros necessariamente não são casados, porque se casar é, por definição, a perda da condição de solteirice. Todos os triângulos euclidianos necessariamente têm ângulos interiores que somam 180 graus, porque ter ângulos interiores que não somam 180 graus é demonstravelmente incompatível com o preenchimento das condições que definem a triangularidade na geometria euclidiana. As questões de fato, em contraste, não podem ser demonstradas como necessariamente verdadeiras, porque seus opostos não são logicamente impossíveis. Os solteiros podem de fato comer poucos vegetais, mas talvez os homens não casados um dia desenvolvam melhores hábitos alimentares. Os sinais de trânsito que dizem aos motoristas nos Estados Unidos para dar a preferência são de fato triângulos amarelos, mas uma comissão internacional futura pode resolver transformá-los em trapezoides roxos.

O conhecimento das questões de fato baseia-se assim não em prova dedutiva, mas em generalização indutiva: nós prestamos atenção cuidadosamente a todas nossas experiências passadas, identificamos os fenômenos que mais frequentemente estão associados, concluímos que isso decorre de uma relação de causa e efeito e fazemos a previsão de que eles permanecerão associados no futuro. "Água sempre congelou a zero grau Celsius", torna-se "Água congelada a zero grau Celsius". "O sol sempre alvorece a cada 24 horas", torna-se "O sol alvorece a cada 24 horas". Experiências posteriores podem nos levar a rever nossas conclusões ("Água com conteúdo de sal suficiente congela a -2 graus Celsius"), mas esse processo de revisão também está baseado na indução.

O raciocínio indutivo é a base da ciência e é completamente indispensável a nossa orientação bem-sucedida no mundo. Sem o apoio na indução não poderíamos atravessar a rua com segurança, muito menos construir computadores e enviar foguetes ao espaço. A indução é uma ferramenta sem a qual literalmente não podemos viver, e que nos permite viver muito bem.

Mas o problema com o raciocínio indutivo, que Hume reconheceu e tornou famoso, é que nossa confiança nele não é racional. Tal raciocínio assume a seguinte forma geral: no passado, *x* foi sempre o caso; portanto, no futuro, *x* será o caso. A questão que Hume nos força a considerar é a seguinte: O que justifica este tipo de inferência?

A justificativa não é dedutiva, pois não é uma necessidade lógica que o futuro deva se parecer com o passado. Assim, a justificativa deve ser indutiva (uma vez que a dedução e a indução são os tipos de raciocínio possíveis): nós acreditamos que o futuro se parecerá com o passado porque *no passado* o futuro se pareceu com o passado. Mas tentar justificar a prática da inferência indutiva com base na inferência indutiva é claramente circular. Tal tentativa emprega, e, portanto considera autoevidente como uma premissa escondida exatamente a forma de inferência que ela deveria justificar: no passado *x* sempre foi o caso; portanto, no futuro, *x* será o caso. Apesar de sua confiabilidade e indispensabilidade, então, falta à inferência indutiva uma justificativa racional.

Hume enfatiza que a incapacidade da razão para justificar a indução não significa que não deveríamos mais utilizar essa forma de inferência. Não temos escolha. Mas ele quer que reconheçamos que nosso conhecimento das questões de fato – que está todo baseado em inferências causais, que são todas indutivas – em última instância está baseado nos hábitos ou nos costumes e não na razão. Nós temos o hábito de esperar que o futuro se pareça com o passado, e esse hábito tem funcionado bem. Nós esperamos que ele continue a funcionar bem, mas não há justificativa racional para essa expectativa. Por que o futuro deve se parecer com o passado, não podemos dizer. E assim, por mais regular que nossa experiência tenha sido até hoje, não temos nenhuma *razão* para esperar que o curso futuro dos eventos se pareça com ela. O que nós temos é uma fé arraigada.

O ceticismo no que se refere à capacidade da razão de justificar nossas crenças sobre questões de fato é assim a primeira consequência importante do ataque de Hume à causalidade. A segunda consequência importante desse ataque é o determinismo.

Pode parecer surpreendente que a análise de Hume da causação como uma associação constante o leve a negar o livre-arbítrio. Afinal de contas, se o livre-arbítrio é entendido como a capacidade de tomar decisões e iniciar ações que não são ditadas pelas condições prévias e pelas forças causais, então o reconhecimento de que não temos nenhuma impressão de conexões necessárias que ligam os eventos pode parecer oferecer uma abertura para o exercício da liberdade.

Hume assinala, no entanto, que também não temos nenhuma impressão do livre-arbítrio, e então oferece uma explicação do fato que mesmo assim temos a tendência de nos atribuir esta capacidade. Ele sugere que tendemos a nos considerar livres porque não nos sentimos como sujeitos à estrita necessidade causal que atribuímos à natureza. Mas se, como argumentou Hume, não há base para considerar a natureza como causalmente necessitada, então também não há base para nos considerarmos qualitativamente diferentes das entidades naturais. A "necessidade" que nós atribuímos à natureza é simplesmente uma abreviação do fato de que nós observamos os fenômenos naturais que estão associados uns aos outros em maneiras altamente regulares e previsíveis. Mas o comportamento humano é também altamente regular e previsível, assinala Hume, e por decorrência sujeito à necessidade precisamente no mesmo sentido. É claro que nosso comportamento não é perfeitamente previsível, mas o clima também não é. Os padrões climáticos e os do comportamento humano são altamente complexos e às vezes surpreendentes, mas estão ambos correlacionados a fatores discerníveis de modos observáveis, e quanto mais extensiva e cuidadosamente observamos essas correlações, melhor nos tornamos na previsão dos resultados de um dado conjunto de condições. Se não estamos dispostos a conceder livre-arbítrio a sistemas de tempestades, então precisamos ser consistentes e reconhecer que também temos poucas razões para concedê-lo a nós mesmos.

O comportamento humano é adequadamente compreendido, de acordo com Hume, precisamente da mesma forma que todo comportamento animal é compreendido. Os animais têm necessidades biológicas e vários desejos, e seu comportamento é uma função da tentativa de satisfazer essas necessidades e desejos da melhor maneira possível nas circunstâncias em que eles se encontram. Modificações nos estímulos de entrada (necessidades, desejos e circunstâncias) tendem a produzir modificações nas saídas (comportamento). Quanto mais conhecemos sobre a correlação entre as entradas e as saídas para uma dada espécie, incluindo a espécie humana, mais precisamente seremos capazes de prever o comportamento dos animais daquele tipo.

A racionalidade, nesta teoria do comportamento, é a capacidade de responder ao ambiente de forma a maximizar a satisfação das necessidades e dos desejos. A razão, em outras palavras, orienta o comportamento ao discernir os meios mais apropriados de produzir certos fins. Um gato racional, quando faminto, retornará ao lugar em que está acostumado a encontrar uma tigela cheia de comida. Uma pessoa racional, quando faminta, retornará ao refrigerador ou encontrará um restaurante. Mas a razão, de acordo com Hume, não pode nem estabelecer metas nem nos motivar a persegui-las. A razão é, nas famosas palavras de Hume, "uma escrava das paixões", e então o que é racional fazer depende inteiramente das paixões que temos ou que não temos. Se não desejamos alimento, então é perfeitamente racional não comer (contanto que não tenhamos outro desejo, tal como preservar nossa saúde, que depende de comer para sua satisfação). Se for suficientemente importante para mim evitar mesmo o menor ferimento pessoal, então, escreve Hume em *Um tratado da natureza humana*: "Não é contrário à razão preferir a destruição de todo o mundo a arranhar meu dedo" (*TNH*: 267). Como um animal farei o que quer que desejar, e como um animal racional tentarei satisfazer meus desejos da melhor forma possível, sejam eles quais forem.

Hume mostra assim que o empirismo conduz inelutavelmente à conclusão de que o "Eu" humano é meramente um mecanismo complexo que produz saídas comportamentais como respostas habituais às entradas ambientais que encontra. Tal Eu é incapaz de autodeterminação racional, e, portanto, incapaz de satisfazer as aspirações modernas de autonomia política, moral e epistemológica. Hume é, portanto, um ancestral intelectual importante de pensadores e movimentos pós-modernos, e apresenta um desafio direto e formidável aos que, como Kant e os revolucionários franceses, gostariam de afirmar e defender a verdade da liberdade humana.

A "crítica" da razão e o idealismo alemão

Antes de se dar conta do poder e da importância do empirismo de Hume, Immanuel Kant (1724-1804) desfrutou de uma carreira acadêmica de sucesso, seguindo Leibniz e Christian Wolff na tradição do racionalismo alemão. Entre os 25 e 45 anos de idade Kant publicou um grande número de trabalhos, com base nos quais ele foi nomeado professor de lógica e metafísica na Universidade de Königsberg em 1770.

Durante a década seguinte à sua nomeação, no entanto, Kant não publicou virtualmente nada. As pessoas se perguntavam se seu silêncio indicava o aparecimento de uma súbita esterilidade filosófica, mas a verdade era ainda pior: Kant tinha se dado conta de que todo o seu trabalho era vulnerável ao ataque devastador de Hume ao racionalismo dogmático, de que nenhum de seus escritos tinha valor filosófico duradouro e de que não fazia sentido continuar fazendo o mesmo tipo de trabalho. Kant enfrentava então um dilema: ou aceitava o empirismo, junto com o ceticismo e o determinismo que se seguem a ele, ou teria que desenvolver uma nova e radical alternativa filosófica, que pudesse aceitar a falência do racionalismo enquanto tratava de evitar também o empirismo e suas consequências.

Kant compreendeu que estava em jogo muito mais do que seu próprio legado profissional. Ele viu que o ceticismo e o determinismo de Hume constituíam um desafio à própria possibilidade e promessa de modernidade, e, portanto, respondeu ao despertar chocante de seu confortável sono dogmático ao tentar retrucar a Hume de uma maneira que preservasse as perspectivas do conhecimento racional, da ação moral e da liberdade política.

Kant transformou sua orientação filosófica através do discernimento de que o desafio de Hume podia ser respondido por meio de uma forma muito especial de crítica. A modernidade requer uma reavaliação das nossas crenças e práticas ordinárias visando aproximá-las às demandas da razão, mas a negação de Hume da possibilidade de que isso ocorra deu origem à necessidade de um exame crítico da própria racionalidade. A filosofia precisa demonstrar que Hume falhou em estabelecer que a razão é incapaz de orientar e motivar o comportamento humano, e, portanto, que falha em estabelecer que os seres humanos não são livres. Esse é o projeto que define a "crítica" da razão de Kant, cujo objetivo central é oferecer uma defesa da liberdade e da moralidade, e assim fazendo preservar as perspectivas do Esclarecimento e da modernidade.

O resultado imediato da crítica da razão de Kant foi sua própria nova posição, conhecida como idealismo transcendental. Mas a revolução iniciada por esse desenvolvimento estabeleceu a agenda filosófica para os próximos cinquenta anos: todos os idealistas alemães subsequentes tentaram executar o projeto kantiano com mais rigor e sucesso do que o próprio Kant, tentando desenvolver filosofia completamente autocrítica e racional, para então determinar o significado e sustentar a possibilidade de uma vida moderna racional e livre.

2

Kant: idealismo transcendental

Kant apresentou sua resposta a Hume em três livros – a *Crítica da razão pura* (1781), *Crítica da razão prática* (1788) e a *Crítica da faculdade de julgar* (1790) – que se tornaram conhecidos, respectivamente, como a primeira, a segunda e a terceira crítica. Normalmente nos referimos à iniciativa levada a cabo por Kant nesses livros, de forma nada surpreendente, como filosofia crítica. A posição que resulta dessa empreitada é chamada idealismo transcendental. Kant argumenta que o idealismo transcendental responde de forma bem-sucedida ao ceticismo de Hume sem reverter ao racionalismo dogmático, e que é a única opção filosófica que permanece sendo possível na esteira de uma crítica completa da razão.

De acordo com Kant, uma crítica completa e bem-sucedida da razão precisa responder a exatamente três questões:

1) O que posso conhecer?

2) O que devo fazer?

3) O que me é permitido esperar?

A primeira questão epistemológica é o tema da *Crítica da razão pura*, o livro que quebrou o silêncio de uma década de Kant e apresentou sua revolução filosófica. Nessa obra, Kant está preocupado em avaliar a extensão do nosso conhecimento possível ao determinar precisamente as capacidades e os limites da racionalidade teórica. Como Hume, Kant deseja esvaziar crenças injustificadas e supersticiosas que excedem nossos poderes de justificação. Ao mesmo tempo, no entanto, Kant busca mostrar que o ceticismo de Hume no que se refere à racionalidade é ele próprio injustificado, ao demonstrar que na verdade há questões de fato que podemos saber serem necessariamente verdadeiras somente por meio da razão. Ao longo dessa demonstração, Kant também afirma derrotar o determinismo de Hume, ao provar que uma das coisas que podemos saber é que *não podemos* saber se somos ou não livres.

A conclusão de que o agnosticismo é a única posição teoricamente justificável com respeito ao livre-arbítrio é um dos resultados mais importantes da *Crítica da razão pura*, que Kant descreve com destaque como "limitar o conhecimento para abrir caminho para a fé". O que ele quer dizer com isso é que a primeira crítica demonstra que não podemos *saber* se certas coisas são o caso, e assim temos permissão para pensar e agir *como se* fossem, contanto que elas não sejam logicamente impossíveis. O livre-arbítrio é, para Kant, o exemplo mais significativo de algo que é teoricamente possível mas definitivamente indemonstrável.

A importância do livre-arbítrio reside no fato de que ele é necessário à nossa experiência da obrigação moral, uma experiência que só faz sentido, de acordo com Kant, com base na suposição de que somos livres. Se não tivéssemos liberdade, considera Kant, não poderíamos ser obrigados a fazer qualquer coisa, uma vez que todas nossas ações já estariam predeterminadas e um curso de ação só pode ser obrigatório se formos capazes de escolher segui-lo. Então é a experiência da obrigação moral, e não qualquer demonstração teórica, que sustenta a crença de Kant no livre-arbítrio.

A *Crítica da razão prática* defende fundamentar a liberdade do arbítrio na experiência moral, e então apresenta a segunda das três questões que definem a crítica da razão: O que devo fazer? Uma vez que estou sujeito à obrigação moral, quais são minhas obrigações particulares, e por quê?

Kant apresenta sua filosofia moral na *Fundamentação da metafísica dos costumes* (1785), na segunda Crítica (1788), e em *A metafísica dos costumes* (1797). Nesses trabalhos ele tenta estabelecer que, ao contrário de Hume, a razão não é meramente um instrumento para encontrar os melhores meios de satisfazer nossos desejos, mas é ela própria capaz de estabelecer objetivos e nos motivar a persegui-los. Kant também oferece critérios a partir dos quais ele afirma que podemos distinguir entre aquelas intenções e motivações que são moralmente permissíveis e aquelas que não são. Ele então utiliza estes critérios para especificar nossos direitos e deveres.

Kant equipara viver moralmente a ser digno de felicidade, que salienta ser algo bem diferente, e muito imperfeitamente correlacionado, de efetivamente ser feliz. Aqueles que se esforçam em agir moralmente não são necessariamente os mais satisfeitos, e de fato frequentemente são menos do que aqueles que são indiferentes à moralidade. Kant afirma, no entanto, que não conseguimos deixar de nos preocupar com a moralidade e a felicidade. Somos seres livres que se sentem obrigados a cumprir as obrigações que nossa própria racionalidade nos impõe e somos também animais com desejos que demandam satisfação. Consequentemente, de acordo com Kant, não conseguimos deixar de esperar que nosso esforço de cumprir nossas obrigações morais será recompensado com um grau comensurável de felicidade. Assim a crítica da razão produz sua terceira e última questão: O que nos é permitido esperar?

Num certo sentido, naturalmente, podemos esperar qualquer coisa. Posso esperar me tornar um jogador profissional de beisebol, ou ganhar na loteria, mas não tenho boas razões para acreditar que qualquer uma destas esperanças será realizada. Sou muito velho e despreparado para embarcar numa carreira de beisebol, e não desperdiço meu dinheiro na loteria porque sei que as chances são mínimas. Esperar me tornar uma estrela do beisebol ou ganhar na loteria, é então ceder ao pensamento mágico [*wishful thinking*].

Kant chama a coincidência perfeita entre ser digno da felicidade com a felicidade efetiva, ou a coincidência entre o uso racional de nossa liberdade com a satisfação de nossos desejos naturais, de o bem maior. A questão é se há uma base racional para esperar que o bem maior possa ocorrer, que a liberade e a natureza possam se reconciliar, ou se isso é meramente pensamento mágico. Na *Crítica da faculdade de julgar* Kant responde que muito embora nós nunca possamos saber que a liberdade opera no mundo natural, de qualquer forma temos boas razões para julgarmos que o propósito da própria natureza é o desenvolvimento e o exercício de nossa liberdade, e por decorrência para esperarmos que exista um Deus justo que um dia coordenará a luta moral com a felicidade.

Kant afirma que suas três críticas completam as tarefas exigidas pela filosofia crítica. E como ele escreve no Prefácio à *Crítica da razão prática*, "o conceito de liberdade [...] constitui a *viga mestra* de toda a estrutura de um sistema da razão pura" (*CRPr*: 139). A primeira crítica abre o caminho para a fé na liberdade humana ao argumentar que nunca podemos ter certeza de que o determinismo é verdadeiro. A segunda crítica argumenta que nossa experiência de obrigação moral estabelece a realidade da liberdade humana. E a terceira sustenta que temos boas razões para esperar que o uso moral da liberdade seja em última instância coordenado com a felicidade.

A Figura 2.1 indica a localização das questões centrais da filosofia crítica de Kant em suas principais obras.

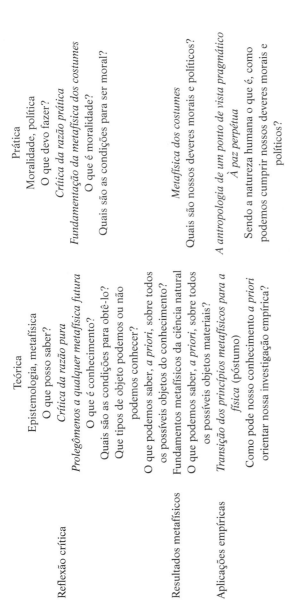

Figura 2.1 A filosofia crítica de Kant

Os limites do conhecimento e a possibilidade da liberdade

A revolução copernicana na epistemologia

No Prefácio à *Crítica da razão pura* Kant, com ousadia, promete fazer uma revolução copernicana na epistemologia, que ele afirma ser a única coisa que pode salvar a metafísica dos perigos gêmeos do dogmatismo e do ceticismo. Copérnico revolucionou a astronomia ao rejeitar a hipótese de que os corpos celestes movem-se em torno da Terra em favor da hipótese de que a Terra gira em torno do Sol. A hipótese heliocêntrica foi confirmada quando permitiu a Copérnico resolver vários problemas pendentes que frustravam os astrônomos geocêntricos. O equivalente epistemológico da hipótese geocêntrica na astronomia, de acordo com Kant, é a pressuposição de que o conhecimento requer que o sujeito cognoscitivo conforme suas representações mentais ao objeto que deve ser conhecido. Se esse fosse o caso, então o problema do conhecimento metafísico seria insolúvel e o ceticismo de Hume seria inevitável. Nessa hipótese, todo conhecimento do objeto teria que derivar da experiência, e Kant aceita o argumento de Hume de que a experiência pode oferecer somente generalizações indutivas provisórias que não podem nunca resultar nas verdades universais e necessárias exigidas pela metafísica.

A jogada copernicana de Kant foi rejeitar a hipótese de que o sujeito precisa se conformar ao objeto em favor da hipótese de que o objeto precisa se conformar ao sujeito. Se esse fosse o caso, então a metafísica seria possível. Seria conhecido de todos os objetos que eles precisam quaisquer traços que sejam necessários para que possam ser experienciados pelo sujeito. Esses traços então se aplicariam necessária e universalmente aos objetos da experiência e o conhecimento de tais traços se qualificaria como metafísico. Nessa hipótese, portanto, a possibilidade de conhecimento metafísico seria preservada, mas a metafísica teria que ser conduzida numa forma radicalmente nova. O racionalismo dogmático, que se propõe a alcançar o discernimento em relação ao caráter da atualidade, mas que ao invés disso revelou somente o conteúdo implícito de seus próprios termos e definições, precisaria ser substituído por um rigoroso exame das próprias capacidades do sujeito cognoscitivo para a representação e experiência. O conhecimento metafísico dos objetos da experiência depende do conhecimento dessas capacidades, porque é a elas que tais objetos precisam se conformar.

Kant inicia sua revolução copernicana ao redefinir a classificação de Hume dos tipos de conhecimento. Hume reconhece somente dois tipos, a relação das ideias e as questões de fato, e argumenta que já que nenhum dos tipos resulta em conhecimento metafísico, a metafísica é impossível. Kant, no entanto, reconhece quatro tipos de conhecimento, que classifica com base num par de distinções relacionadas.

A primeira distinção de Kant é entre conhecimento *a priori* e *a posteriori*. O conhecimento é *a priori*, ou puro, se não for derivado da experiência. O conhecimento que deriva da experiência é, em contraste, *a posteriori*, ou empírico. Se os solteiros comem vegetais suficientes é uma questão empírica, que somente pode ser respondida com base na experiência. Seria preciso estudar a nutrição humana e então realizar um inquérito mundial sobre solteiros para determinar seus hábitos de alimentação. Se os solteiros são casados, no entanto, é uma questão que pode ser respondida por qualquer falante competente de português sem qualquer experiência adicional. Seria absurdo realizar uma pesquisa sobre os solteiros do mundo para averiguar o *status* marital deles. "Solteiros não são casados" é, portanto, conhecimento *a priori*, enquanto "solteiros não comem vegetais suficientes" é *a posteriori*.

A segunda distinção de Kant é entre os juízos analíticos e sintéticos. Juízos são formas lógicas que conectam um sujeito e um predicado. Os juízos mais básicos têm a forma x é y, onde y é uma propriedade atribuída ao tipo de entidade referida pelo conceito *x*. Kant define um juízo analítico como aquele em que a mera análise do conteúdo implícito no sujeito é suficiente para determinar que o predicado possa ser atribuído a ele. Os juízos analíticos, por decorrência, tornam explícitos os predicados que pertencem ou que estão contidos num dado sujeito. Os juízos sintéticos, em contraste, conectam sujeitos a predicados que não são implicitamente inerentes a eles. "Solteiros não são casados" é um juízo analítico, porque o termo sujeito "solteiro" significa "homem não casado" e assim o termo predicado "não casado" pode ser alcançado via análise do termo sujeito no qual está contido. "Solteiros não comem vegetais suficientes" é um juízo sintético, já que "não comer vegetais suficientes" não está implícito em "homens não casados", muito embora possa ocorrer que isso seja verdadeiro para eles.

O par de distinções de Kant define quatro tipos distintos de conhecimento: analítico *a priori*; analítico *a posteriori*; sintético *a priori*; e sintético *a posteriori*. Se Hume estiver certo, no entanto, podem haver instâncias efetivas de somente dois desses tipos. O conhecimento de relações de ideias precisa ser analítico *a priori*, porque tal conhecimento depende somente da análise dos termos em questão. E o conhecimento das questões de fato precisa ser sintético *a posteriori*, porque tal conhecimento depende da experiência para revelar as conexões que existem no mundo.

O conhecimento analítico *a posteriori* é evidentemente absurdo, porque se uma verdade é analítica então não requer nenhuma experiência para ser conhecida. E o conhecimento sintético *a priori* é a antiga fantasia dos metafísicos racionalistas, cujo sonho de conhecer a verdade sobre a realidade somente por meio da razão fora totalmente desacreditado por Hume.

A resposta de Kant ao ceticismo de Hume no que se refere à possibilidade da metafísica diz respeito dele poder ou não produzir conhecimento sintético *a priori* sem recair no racionalismo dogmático. A metafísica precisa ser *a priori* porque ela procura verdades necessárias e universais, enquanto o conhecimento *a posteriori* pode oferecer somente generalizações contingentes. A experiência pode nos dizer como o mundo é, mas não como ele deve ser. E a metafísica precisa ser sintética porque ela busca nos informar sobre o mundo, enquanto os juízos analíticos nos informam somente sobre o significado dos nossos conceitos.

Kant deposita suas esperanças para o conhecimento sintético *a priori*, e portanto para a metafísica, em seu giro filosófico copernicano. Sua estratégia é examinar o sujeito cognoscitivo a fim de identificar e descrever as capacidades que permitem tais sujeitos a experimentar um mundo de objetos. Se for bem-sucedido, esse exame revelaria as condições que qualquer objeto de experiência possível precisa preencher a fim de ser experienciado de alguma maneira. O conhecimento de tais condições da possibilidade da experiência seria sintético, porque ele pertenceria aos objetos efetivos da experiência, e seria *a priori*, porque se aplicaria necessária e universalmente aos objetos sem ser dependente das investigações empíricas sobre eles. A principal tarefa da *Crítica da razão pura* é então determinar as condições da possibilidade da experiência, e por decorrência restaurar e completar a metafísica como uma disciplina filosófica rigorosa capaz de resistir e responder ao escrutínio empirista de Hume.

Kant denomina as condições que tornam a experiência possível de condições "transcendentais", e o exame dessas condições de "filosofia transcendental". A filosofia transcendental tenta restaurar a possibilidade da metafísica ao fazer uma nova distinção entre aparências, ou *fenômenos*, e as coisas-em-si, ou *númenos*.

A interpretação mais usual dessa distinção – que foi proposta e tornada popular por Friedrich Jacobi quase imediatamente após o aparecimento da primeira crítica, e que tem tido considerável influência desde então – atribui a Kant a posição de que existem dois mundos separados que são povoados por dois tipos separados de objetos. Nesta interpretação, Kant enfrenta diversas dificuldades que parecem ser intransponíveis (como elas pareceram a Jacobi, cujo desafio a Kant, que foi fundamental para estimular o desenvolvimento do idealismo alemão, será considerado no capítulo 3). Primeiro, há a pergunta de como afinal de contas Kant justifica se referir às coisas-em-si. As coisas-em-si, por definição, não aparecem em nossa experiência, e então Kant pareceria não ter base para afirmar saber que elas existem. Segundo, se a existência das coisas-em-si é aceita, a natureza de sua relação com o mundo dos fenômenos torna-se então um mistério de explicação muito difícil.

Já que a interpretação de dois mundos da filosofia transcendental gera esses problemas que muitos consideram intratáveis, uma alternativa promissora atribui a Kant a visão de que existe somente um mundo, sobre o qual somos capazes de adotar duas diferentes perspectivas. Por um lado, podemos conceber o mundo como ele é experimentado por nós, em virtude de nossas capacidades de representação. E, por outro lado, podemos conceber o mundo como ele é em si mesmo, independentemente de ser representado ou experimentado por nós. Segundo essa interpretação, fenômenos e númenos não designam dois mundos separados, mas, em vez disso, duas maneiras diferentes de pensar ou de caracterizar o único mundo que conhecemos.

A filosofia transcendental tenta tornar a metafísica possível ao limitar estritamente suas reivindicações de conhecimento a fenômenos, ou aos objetos como são experimentados por nós. Se Kant estiver correto, podemos saber que certas coisas são necessária e universalmente verdadeiras para todos os possíveis objetos da experiência, ou fenômenos. Uma vez que é impossível para nós experimentar objetos que não preencham as condições determinadas por nossas capacidades de representação, podemos saber *a priori* que *todos os fenômenos precisam* preencher essas condições. Mas sobre os objetos-em-si, nada podemos saber. Como nunca podemos encontrar as coisas como elas são independentemente de serem encontradas por nós, a experiência não pode nos dar nenhum conhecimento *a posteriori* do caráter númenal do mundo. Da mesma forma, não podemos ter conhecimento *a priori* das coisas-em-si, uma vez que as condições da possibilidade da experiência que limitam os fenômenos não se aplicam. Todos os objetos da experiência precisam preencher essas condições, caso contrário não poderiam ser experimentados, mas as coisas-em-si não precisam se conformar aos limites impostos por nossas capacidades de representação, uma vez que elas por definição nunca são representadas.

A limitação do conhecimento sintético *a priori* aos objetos da experiência leva Kant a caracterizar a metafísica como "transcendentalmente ideal" e "empiricamente real". A realidade empírica da metafísica indica que as condições da possibilidade da experiência de fato se aplicam a todos os objetos que aparecem a nós – e, com efeito, precisam se aplicar. A idealidade transcendental da metafísica indica que as condições da possibilidade da experiência se aplicam *somente* a fenômenos e não podem nunca ser atribuídas às coisas-em-si. Essa é uma das conclusões mais importantes que Kant tira de sua revolução copernicana na filosofia: precisamos permanecer resolutamente agnósticos no que se refere àquilo que transcende nossa experiência, porque somos constitucionalmente incapazes de conhecer qualquer coisa que seja sobre isso.

As condições da possibilidade da experiência

Se a metafísica requer a especificação das condições da possibilidade da experiência, então a filosofia precisa começar com uma teoria da própria experiência. A experiência envolve, de acordo com Kant, a representação mental dos objetos, e ele identifica duas condições que são necessárias para tornar tal representação possível.

A primeira condição da representação mental de um objeto é que o objeto seja encontrado pela mente, ou levado a ela. Kant refere à capacidade de levar um objeto à mente como intuição. Nós intuímos objetos por meio de nossos sentidos, e deste modo Kant se refere à forma humana de intuição como sensibilidade. Ele reconhece como uma possibilidade teórica um ser com a capacidade para a intuição intelectual encontrar objetos diretamente através da mente sem qualquer mediação sensorial, mas rejeita a posição, sustentada por muitos racionalistas, de que os seres humanos têm essa habilidade.

A segunda condição da representação mental de um objeto é que o objeto seja reconhecido como o objeto particular que é. Kant se refere à capacidade de reconhecer objetos como entendimento. O entendimento recebe intuições indeterminadas da sensibilidade e emprega conceitos para fazer juízos sobre o caráter determinado dos objetos da experiência.

Kant famosamente escreveu que os conceitos sem intuições são vazios, mas intuições sem conceitos são cegas. Não podemos usar conceitos para entender o mundo a menos que recebamos informações de nossos sentidos que possamos julgar, mas as intuições por si mesmas não podem nos informar sobre o mundo até que elas sejam entendidas. A experiência dos objetos depende assim da interação entre a sensibilidade e a compreensão.

O projeto de especificar as condições da possibilidade da experiência, portanto, divide-se perfeitamente em duas partes distintas. Kant primeiro investiga as condições da possibilidade da sensibilidade na "Estética Transcendental", e então se volta às condições da possibilidade do entendimento na "Analítica Transcendental", que constitui a primeira metade da "Lógica Transcendental". O objetivo dessas duas investigações é determinar o que pode ser conhecido *a priori* como verdadeiro para todos os objetos da experiência.

A figura 2.2 oferece um mapa da *Crítica da razão pura*.

As intuições particulares que são recebidas através da sensibilidade não podem, é claro, ser conhecidas *a priori*. Não podemos saber o que iremos encontrar até que o encontremos. Kant acredita ser possível, no entanto, saber algo *a priori* sobre a forma que qualquer intuição sensorial possível precisa tomar. Ele afirma que todas as intuições sensoriais aparecem no tempo, e todas as intuições sensoriais que referem a mente a algo que está fora dela aparecem no espaço. Kant então se refere ao espaço e ao tempo como as formas da intuição.

Kant oferece dois argumentos para defender sua posição sobre o espaço e o tempo. O primeiro argumento, que ele chama de uma "exposição transcendental", pressupõe que a geometria é um conhecimento sintético *a priori*, e raciocina que isso só poderia ser possível se o espaço e o tempo fossem formas *a priori* de intuição. Este é um exemplo clássico do que se tornou conhecido como argumento transcendental. Este tipo de argumento pressupõe que *x* é um fato dado, para depois então elaborar a prova de que alguma condição ou conjunto de condições precisa existir para explicar a possibilidade de *x*. Os argumentos transcendentais podem falhar se a conexão entre as condições estipuladas e o fato dado que elas supostamente tornam possível não é suficientemente bem-estabelecida, ou se o fato supostamente dado é colocado em dúvida. A exposição transcendental de Kant sobre o espaço e o tempo é frequentemente acusada de falhar nesse segundo modo, uma vez que muitos duvidam que a geometria seja de fato conhecimento sintético *a priori*. Se a geometria for uma disciplina analítica, deduzindo conclusões que estão implícitas em suas definições e axiomas iniciais, então a exposição transcendental de Kant do espaço e do tempo não tem validade nenhuma.

O segundo argumento de Kant, que ele chama de uma "exposição metafísica", não depende das afirmações duvidosas sobre o estatuto da geometria. Ele busca demonstrar que as ideias de espaço e tempo não podem ser derivadas da experiência de objetos particulares, uma vez que a experiência de qualquer objeto particular já as pressupõe. A ideia de espaço não pode ser alcançada via a inferência indutiva de que todo objeto que até o momento apareceu distinto de mim foi espacial, já que para que eu experimente mesmo um único objeto como distinto de mim ele precisa estar localizado no espaço. Do mesmo modo, a ideia de tempo não pode ser alcançada via a inferência indutiva de que todas as minhas representações que apareceram simultânea ou sucessivamente uma em relação à outra até agora foram temporais, uma vez que, para que eu experimente mesmo um único conjunto de representações como relativamente simultâneo ou sucessivo, as representações precisam estar localizadas no tempo.

Kant conclui que o espaço e o tempo são formas *a priori* de sensibilidade, e por consequência são transcendentalmente ideais e empiricamente reais. Todos os objetos de nossa experiência precisam estar no espaço e tempo, mas a espacialidade e a temporalidade não são propriedades das coisas-em-si. De fato, é somente em relação à sensibilidade humana que faz sentido falar de espaço e tempo.

O entendimento, que Kant equivale ao pensar, emprega conceitos para fazer juízos sobre intuições sensoriais, o que é necessário para se ter experiência de objetos e eventos determinados. A sensibilidade nos oferece um oceano de dados brutos, que Kant chama de multiplicidade da intuição, e os conceitos são as ferramentas que a mente utiliza para unificar elementos dessa multiplicidade em percepções discretas. Nós respondemos à estimulação sensorial ao julgar, por exemplo, que "as baleias são enormes" ou "o telefone está tocando".

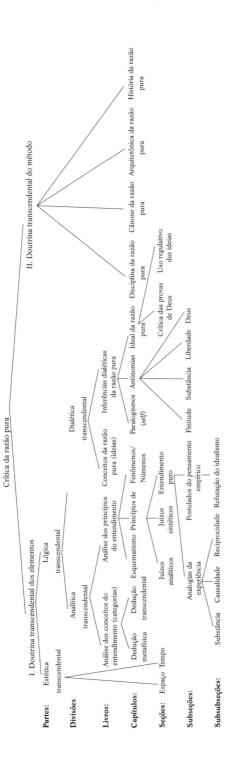

Figura 2.2 *Crítica da razão pura* de Kant

A maior parte dos conceitos que empregamos deriva da experiência ou, como Hume teria dito, de nossas impressões do mundo. Se nunca tivéssemos experienciado as baleias ou os telefones não teríamos desenvolvido os conceitos de "baleia" ou "telefone". O uso legítimo de tais conceitos depende de uma justificação *a posteriori*. Enquanto o mundo contiver baleias e telefones, nossos relatos do mundo podem empregar os conceitos correspondentes. Mas se houver um dia onde as baleias estiverem extintas ou os telefones tornarem-se obsoletos, então esses conceitos terão que ser relegados à escrita da história e à ficção.

Kant acredita, no entanto, que também existem conceitos *a priori*, conceitos que não são derivados da experiência, mas que em vez disso contribuem para tornar a experiência possível. Seu argumento para essa afirmativa envolve dois passos principais. A "dedução metafísica" tenta demonstrar que um certo conjunto de conceitos, que Kant denomina de "categorias", é necessário para a operação do entendimento, e por decorrência a todo e qualquer pensamento. A "dedução transcendental" tenta então demonstrar que essas mesmas categorias são também condições necessárias da possibilidade da experiência de objetos determinados. Juntas essas duas deduções buscam refutar o princípio empirista de que todas as ideias precisam ser derivadas das impressões, ao demonstrar que ao menos algumas ideias ou conceitos precisam ser atuantes a fim de tornar possível a experiência de impressões determinadas.

A dedução metafísica pergunta se há algum conceito que seja pressuposto por qualquer ato de juízo, e por consequência, por todo o pensamento. Uma vez que existe um número indefinido de juízos possíveis, a pergunta pode parecer irrespondível, mas Kant afirma que todos os juízos possíveis podem ser classificados num número finito de tipos. Ele enumera estes tipos na "Tabela de Juízos", e então argumenta que cada tipo pressupõe o uso de certos conceitos, que precisam, portanto, ser *a priori* e são identificados na "Tabela das Categorias".

Considere os juízos "algumas pessoas são mulheres" e "algumas árvores são decíduas". Esses dois juízos diferem no que diz respeito a seu conteúdo, porque empregam conceitos empíricos diferentes para nos informar sobre coisas bem diferentes. Mas de acordo com a classificação de Kant, eles partilham a mesma forma, e assim implicitamente se baseiam no uso das mesmas quatro categorias. A referência a "algumas" pessoas e árvores (como algo distinto de "uma" ou "todas" essas coisas) invoca o conceito de pluralidade, a ideia de que há mais de um tipo de entidade que serve como o sujeito do juízo. O verbo "são" invoca o conceito de realidade, a ideia de que o predicado descreve afirmativamente o sujeito. E as asserções categóricas de que algumas pessoas são mulheres e algumas árvores são decíduas invocam ainda os conceitos de substância e existência, a ideia de que existem de fato entidades no mundo que correspondem ao sujeito do juízo, e que possuem a propriedade nomeada pelo predicado. Assim, todo juízo dessa forma, independentemente de seu conteúdo particular, é tornado possível pelas categorias de pluralidade, realidade, substância e existência.

A classificação de Kant permite precisamente 81 tipos distintos de juízo (porque cada tipo é definido por 4 atributos, e há 3 valores que cada atributo pode tomar, havendo assim 3^4 possibilidades), que se baseiam em precisamente 12 categorias (uma para cada valor possível de cada atributo, ou 3x4). Essas categorias são: unidade, pluralidade, totalidade, realidade, negação, limitação, substância/acidente, causa/efeito, interação recíproca, possibilidade, existência e necessidade. Kant pondera que sem esses conceitos, nenhum juízo, e, portanto, nenhum entendimento ou pensamento seria possível. Se isso for verdade, então as categorias não poderiam ser derivadas da experiência, mas precisam ter uma origem *a priori* na própria mente.

Por essa razão Kant também se refere às categorias como os conceitos puros do entendimento.

A dedução transcendental busca demonstrar que as categorias podem legitimamente ser aplicadas à experiência, apesar do fato de não derivarem dela. É, pois, sobre essa seção notoriamente difícil da primeira crítica que a resposta de Kant ao empirismo, em última instância, se baseia.

A dedução transcendental precisa mostrar que as categorias são não apenas as únicas condições da possibilidade do pensamento, mas também condições da possibilidade da experiência. A experiência, assinala Kant, requer um sujeito que persista no tempo e seja capaz de reter e conectar seus conteúdos mentais de um momento ao próximo. Sem tal consciência-de-si unificada, um sujeito poderia receber estímulos sensoriais, mas ser incapaz de processar esses dados brutos. Cada estímulo sensorial estaria radicalmente isolado do resto, e qualquer consciência que o sujeito pudesse possuir nunca poderia chegar ao nível da experiência de objetos e eventos determinados. Tal experiência requer então que os dados brutos da sensação, que Kant denomina de multiplicidade da intuição, sejam sintetizados pela mente de várias maneiras. A mente precisa apreender a multiplicidade, reproduzi-la na memória, e reconhecê-la *como* um objeto ou evento particular. Estas sínteses, argumenta Kant, precisam empregar as categorias, os conceitos que permitem que o entendimento unifique o material que recebe da sensibilidade. As categorias são assim necessárias para explicar o fato de que temos experiência de objetos e eventos determinados, e não meramente consciência de estímulos sensoriais indistinguíveis.

Da dedução transcendental Kant conclui que Hume está errado ao afirmar que todas as ideias precisam derivar de impressões, e portanto, está errado ao declarar a ilegitimidade de qualquer ideia cuja linhagem experiencial não possa ser traçada. Os conceitos puros do entendimento não são derivados das impressões, mas sua aplicação em nossos relatos da experiência é perfeitamente legítima, uma vez que eles tornam a experiência possível e portanto nos dão um conhecimento sintético *a priori* de sua constituição. Da dedução transcendental, em outras palavras, Kant conclui que a metafísica sobrevive ao mais cético dos desafios empiristas.

O conhecimento metafísico e seus limites

O restante da *Crítica da razão pura* é dedicado a três tarefas: (1) especificar o conhecimento metafísico que a aplicação adequada das categorias oferece; (2) estabelecer os limites adequados do conhecimento metafísico; e (3) explicar a propensão humana a ignorar esses limites e favorecer especulações injustificáveis.

A dedução transcendental tem como objetivo estabelecer a reivindicação geral de que as categorias condicionam toda a experiência possível, mas Kant precisa ainda determinar os aspectos específicos dos objetos e suas inter-relações que essas condições tornam necessárias. Ou seja, ele precisa enumerar os juízos sintéticos *a priori* específicos sancionados pelos conceitos puros do entendimento. Kant chama esses juízos de princípios do entendimento puro, e identifica precisamente doze deles, ou um por categoria.

O primeiro passo na aplicação das categorias é identificar as marcas através das quais elas podem ser reconhecidas em nossa experiência. Com respeito aos conceitos empíricos isso é trivial, uma vez que a identificação das marcas foram abstraídas da experiência. O conceito de "réptil", por exemplo, é parcialmente definido pela marca de "sangue frio", que foi abstraído de nossa experiência sensível de lagartos, tartarugas, cobras e crocodilos. Mas as categorias são conceitos puros, não abstraídos da experiência, portanto suas marcas definidoras não correspondem a qualquer coisa sensível.

Nunca tivemos, por exemplo, a impressão de uma conexão necessária, e assim não está claro como podemos determinar e reconhecer as marcas sensíveis que revelam a operação de causalidade em nossa experiência.

A solução de Kant é identificar um terceiro tipo de representação que possa mediar entre os conceitos puramente lógicos do entendimento e as intuições da sensibilidade em virtude dela ter algo em comum com ambos. O que os conceitos e as intuições têm em comum é a temporalidade, a forma de todas as representações, e assim estas representações mediadoras, que Kant chama de "esquemas", são traduções temporais das categorias que nos permitem reconhecer os fenômenos desses conceitos puros em nossa experiência.

A categoria de "substância", por exemplo, é definida como "aquilo que é um sujeito mas nunca um predicado". Mas essa definição puramente lógica não nos pode dizer quais fenômenos sensíveis se qualificam como substâncias, já que não nos diz quais características sensíveis marcam algo como "aquilo que é um sujeito mas nunca um predicado". Kant oferece como o esquema temporal da substância, no entanto, "a permanência do real no tempo", que nos permite reconhecer a substância como aquilo que permanece sem mudanças em relação àquilo que é transitório.

Os esquemas nos mostram como é possível aplicar as categorias à experiência sensível, mas isso não nos oferece ainda o conhecimento sintético *a priori* que Kant busca. Tal conhecimento metafísico requer demonstrar como as categorias precisam ser encontradas na experiência sensível, como o mundo como aparece para nós precisa se adequar aos esquemas. Kant produz para esse fim argumentos transcendentais que visam provar que cada um dos doze esquemas serve como uma condição necessária da possibilidade de um dado tipo de experiência. Esses argumentos produzem doze princípios, os princípios do entendimento puro, cada um dos quais é um juízo sintético *a priori* que expressa a maneira que uma categoria esquematizada particular necessariamente estrutura nossa experiência do mundo. Os doze princípios são divididos em quatro grupos, que Kant chama de "axiomas da intuição", "antecipações da percepção", "analogias da experiência" e "postulados do pensamento empírico em geral".

A Tabela 2.1 apresenta a relação entre as tabelas de Kant dos juízos, categorias, esquemas e princípios.

O mais importante princípio para o propósito de responder a Hume é a segunda analogia da experiência, que sustenta que precisamos experimentar cada evento como causalmente determinado. A segunda analogia começa observando que nós experimentamos não somente mudanças em nossas representações mentais, mas também alterações de objetos, e pergunta como esse último tipo de experiência é possível. Kant argumenta que experimentar a alteração de um objeto envolve mais do que meramente experimentar uma mudança de representações, uma vez que a última ocorre mesmo na experiência de objetos estáticos que não estão sofrendo nenhuma alteração. Para experimentar uma alteração, sustenta Kant, eu preciso levar em conta a ordem de representações sucessivas como necessária e irreversível, porque são esses critérios que distinguem tal experiência da experiência de um objeto estático.

Para usar o exemplo de Kant, ao perceber uma casa eu posso primeiro ver o telhado, depois as janelas e finalmente a porta. Mas posso também observar a casa de baixo para cima, ou da esquerda para a direita, ou em qualquer outra ordem que desejar. Em todos os casos minha experiência é sucessiva, envolvendo uma série de representações que substituem umas às outras em minha mente, mas em caso algum o mero fato da sucessão representacional é suficiente para me fazer experimentar a própria casa como algo que muda.

Para experimentar uma mudança na casa em si, como uma janela sendo quebrada por uma bola, eu tenho que considerar necessária e irreversível a ordem das representações sucessivas.

Sempre que descubro ser possível rearranjar a ordem das representações experimentadas de acordo com a minha vontade – por exemplo, consertando a janela e devolvendo a bola para a rua –, então preciso considerar a experiência como produto de minha imaginação em vez de como a alteração real de um objeto. Experimentar a alteração real é experimentar a ordem da sucessão representacional como necessária e irreversível, o que requer, afirma Kant, encarar as representações sucessivas como seguindo-se uma da outra de acordo com uma regra, o que significa considerá-las causalmente relacionadas uma à outra. Nós podemos então saber *a priori*, conclui Kant, que todo evento precisa ser experiementado como tendo uma causa, porque senão ele não poderia de forma alguma ser experimentado como um evento.

A segunda analogia não pretende resolver o problema da indução, nem demonstrar que podemos conhecer *a priori* as relações causais que valem entre fenômenos particulares. Ela não pretende sequer demonstrar que nossos juízos *a posteriori* sobre relações causais particulares serão sempre precisos. A segunda analogia afirma, no entanto, provar o princípio da razão suficiente, o princípio de que todo evento precisa ter uma causa, que os racionalistas pressupuseram sem justificação e que Hume ceticamente desconsiderou.

Os doze princípios do entendimento puro, juntos com as duas formas de intuição pura, representam todo nosso conhecimento metafísico, de acordo com Kant. Podemos saber *a priori* que todos os fenômenos serão espaçotemporais e se conformarão aos princípios que tornam nosso entendimento, e portanto a experiência, possível. Mas o resto de nosso conhecimento dos fenômenos precisa ser *a posteriori*, derivado de experiências particulares de objetos e eventos

JUÍZOS	CATEGORIAS	ESQUEMAS	PRINCÍPIOS
Quantidade			Axiomas da intuição
Universal	Totalidade	Todas (unidades)	
Particular	Pluralidade	Algumas (unidades)	Todas as intuições são
Singular	Unidade	Uma (unidade)	magnitudes extensivas
Qualidade			Antecipações da percepção
Afirmativo	Realidade	Ser	
Negativo	Negação	Não ser	Todas as percepções têm
Infinito	Limitação	Grau de ser	magnitudes intensivas
Relação			Analogias da experiência
Categórico	Substância/acidente	Permanência/Impermanência	Substância permanece permanente
Hipotético	Causa/efeito	Sucessão governada pela lei	Eventos governados por causa e efeito
Disjuntivo	Reciprocidade	Coexistência governada por lei	Substâncias coexistentes recíprocas
Modalidade			Postulados do pensamento empírico
Problemático	Possibilidade/impossibilidade	Existência concebível no tempo	Concorda com as condições de intuição/conceituação
Assertórico	Existência/não existência	Existência em algum tempo	Concorda com as condições materiais da experiência (sensação)
Apodíctico	Necessidade/contingência	Existência em todos os tempos	Requerido pelas condições universais da experiência

Tabela 2.1 Tabelas de Kant

particulares. E não podemos ter nenhum conhecimento de qualquer coisa que transcenda nossa experiência. Não podemos saber nada da existência de quaisquer entidades supostas para as quais nossa experiência não oferece nenhuma evidência, e não podemos saber nada das coisas-em-si, das coisas como são independentemente de serem experimentadas por nós.

Infelizmente, identificar os limites do conhecimento metafísico não é a mesma coisa que ser fiel a eles, e Kant argumenta que as criaturas racionais são necessariamente propensas a ultrapassar os limites estabelecidos por suas próprias capacidades cognoscentes. Somos propensos, ou seja, àquilo que Kant denomina de ilusão transcendental, um tipo especial de erro metafísico causado pela operação da própria razão.

A razão, que Kant discute na "Dialética Transcendental" (a segunda metade da "Lógica Transcendental"), é a terceira e última capacidade cognoscente tratada na primeira crítica. A sensibilidade é a capacidade de receber intuições, e o entendimento é a capacidade de usar conceitos para julgar essas intuições. A razão, como Kant a define, é a capacidade de fazer inferências que conectam juízos para formar silogismos. Por exemplo, a experiência e o entendimento produzem os juízos "pessoas são mortais" e "a rainha da Inglaterra é uma pessoa". A razão então produz a inferência "a rainha da Inglaterra é mortal".

O uso da razão para fazer inferências a partir de nossos juízos sobre a experiência é necessário para a unificação de nosso conhecimento *a posteriori* num sistema coerente do tipo que a ciência empírica aspira a oferecer. A razão contribui para essa tarefa ao subordinar os juízos particulares a princípios cada vez mais gerais. Por exemplo, os juízos "as pessoas são mortais", "os peixes são mortais" e "os pássaros são mortais" podem ser agrupados sob o juízo mais geral "os animais são mortais". "Animais são mortais" e "plantas são mortais" são instâncias da verdade mais geral "as coisas vivas são mortais". E "as coisas vivas são mortais", juntamente com "as coisas não vivas apodrecem", está subordinada ao juízo mais geral desta sequência: "todas as coisas se extinguem".

Kant caracteriza essa atividade da razão como a tentativa de encontrar a condição que explica um dado juízo ou conjunto de juízos. "As pessoas são mortais", por exemplo, porque estão sujeitas à condição "os animais são mortais". "Os animais são mortais", porque estão sujeitos à condição "as coisas vivas são mortais". E "as coisas vivas são mortais", porque estão sujeitas à condição "todas as coisas se extinguem". A razão não é diferente de uma criança pequena que incansavelmente pergunta "por quê?" retrucando a cada resposta oferecida, e se recusa a parar com suas perguntas na esperança de finalmente encontrar alguma coisa que seja a condição definitiva de todo o resto e que ela própria não exige mais explicações, algo que Kant se refere como o incondicionado.

A busca para determinar as condições que explicam as nossas experiências não é problemática e, de fato, é indispensável para a codificação do conhecimento empírico. Ao mesmo tempo, no entanto, essa busca cria a ilusão transcendental, de acordo com Kant. A razão é impulsionada por sua própria atividade, argumenta ele, para conceituar os pontos finais incondicionados de suas cadeias inferenciais e para especular sobre a existência de entidades que correspondem a esses conceitos.

Kant chama os conceitos gerados dessa maneira de "ideias", ou conceitos puros da razão. Ele identifica precisamente três, cada um dos quais resultando da busca de uma forma distinta de cadeia silogística até seu fim imaginado. Fazer inferências sobre sequências de condições causais e seus efeitos, por exemplo, leva ao pensamento de algo que poderia iniciar tal sequência, o pensamento de uma causa não causada ou de um ser livre. Os outros dois conceitos puros da razão identificados por Kant são Deus e a alma imortal.

As ideias são conceitos puros ou *a priori* porque não derivam de impressões, mas em vez disso da própria operação da mente. Ao contrário dos conceitos puros do entendimento, no entanto, as ideias não podem nos dizer nada sobre o mundo. As categorias necessariamente se aplicam à nossa experiência do mundo porque elas tornam isso possível. As ideias, em contraste, surgem de nossos esforços de unificar nosso conhecimento empírico, mas não têm a exigência de explicar a possibilidade da própria experiência. Uma vez que eles não derivam nem da experiência nem a tornam possível, os conceitos puros da razão não têm nenhuma aplicação legítima em nossos relatos sobre o mundo.

No entanto, a ilegitimidade das ideias da razão não faz com que paremos de pensar sobre elas. Somos levados a elas o tempo todo através das atividades normais de nossa própria racionalidade, e isso acaba tornando muito fácil cair em conversas e debates sobre a alma, a liberdade e Deus. Não obstante, uma das reivindicações centrais da filosofia crítica é que tais discussões não podem produzir conhecimento nenhum, uma vez que os conceitos em pauta transcendem nossa experiência e não desempenham nenhum papel para torná-la possível. Pensamentos e conversas que envolvam as ideias da razão, de acordo com Kant, levam não ao conhecimento, mas a duas espécies de ilusão transcendental que ele denomina de "paralogismos" e "antinomias".

Os paralogismos resultam da inferência enganosa que o próprio sujeito da experiência precisaria ser uma substância. Depois de se cometer esse erro, é muito natural a tentativa de caracterizar o eu supostamente substancial, que logo leva a reivindicações referentes à identidade, indivisibilidade e imortalidade da alma. Por mais veneráveis e fascinantes que sejam os debates que cercam estas questões, o argumento de Kant é que toda a "disciplina" à qual eles tradicionalmente pertencem, ou seja, a da psicologia racional, se baseia numa confusão grosseira entre a consciência empírica e a ideia da alma. As proclamações subsequentes sobre "a alma" e suas propriedades não são, portanto, nem verdadeiras nem falsas, mas completamente sem sentido.

As antinomias são ilusões de dupla face nas quais as sequências regressivas da inferência racional levam à hesitação entre posições mutuamente contraditórias sobre as ideias da razão. Contemplar as cadeias causais, por exemplo, leva à consideração da possibilidade de que tais cadeias terminem numa causa não causada, assim como à possibilidade de que tais cadeias sejam infinitas. Contemplar os seres contingentes, que existem porque outros seres os criaram, leva à consideração da possibilidade de que há um ser necessariamente existente, assim como à possibilidade de que todos os seres são contingentes. Da mesma forma, a razão gera antinomias no que se refere à questão de se o universo é ou não é finito, e se o universo é ou não em última instância composto de partes simples que não podem ser mais subdivididas.

Para cada uma das quatro antinomias Kant constrói um par de argumentos que afirmam mostrar que cada uma das posições opostas leva necessariamente à outra. Na terceira antinomia, por exemplo, o pressuposto de que existe liberdade no mundo gera uma contradição e, portanto, prova que podem existir somente cadeias causais ininterruptas. Inversamente, no entanto, o pressuposto de que existem somente cadeias causais ininterruptas também gera uma contradição e, portanto, prova que precisa haver liberdade. Se os dois argumentos são bons, como insiste Kant, então a razão pareceria ser abandonada, rodando sem rumo entre as duas alternativas sem nenhuma base para decidir entre elas.

As antinomias podem ser resolvidas, urge Kant, mas somente ao se distinguir de forma estrita os fenômenos e as coisas-em-si. Nós sabemos através da segunda analogia, por exemplo, que precisamos experimentar todo evento como se tendo uma causa, o que significa dizer que nunca experimentaremos a liberdade. Isso significa que a antítese da terceira antinomia, que afirma que não há liberdade, precisa ser verdade para os fenômenos. É permissível, no entanto, pensar na tese que afirma que há liberdade, como sendo verdade para as coisas-em-si. Isso resolveria a antinomia uma vez que a tese e a antítese não estariam em contradição, já que uma pertenceria ao mundo como ele aparece e a outra ao mundo como é em si. Embora essa resolução não constitua uma prova de que existe verdadeiramente liberdade no mundo, porque permanece impossível saber qualquer coisa sobre aquilo que transcende nossa experiência, ela serve como um lembrete importante de que é possível pensar na liberdade como algo compatível com a necessidade causal que governa toda nossa experiência.

São a essas várias ilusões transcendentais que Kant refere na famosa frase de abertura do Prefácio da *Crítica da razão pura*, quando ele escreve: "A razão humana tem o destino peculiar, numa espécie de suas cognições, de estar carregada de questões que não pode desconsiderar, uma vez que elas lhe são oferecidas como problemas pela natureza da própria razão, mas que também não pode responder, uma vez que transcendem todas as capacidades da razão humana" (CRP: 99). A missão da primeira crítica não é fingir responder a essas questões, mas em vez disso estabelecer os limites do conhecimento humano e por seu intermédio demonstrar que elas são irrespondíveis.

Com base em sua avaliação de nossas capacidades cognoscentes, Kant conclui que é demonstravelmente certo que ninguém jamais pode saber se existe imortalidade, liberdade ou Deus. Isto pode parecer uma decepção, mas Kant considera isso uma grande vitória, já que significa que o determinismo de Hume é dogmático e injustificável. Se Kant estiver certo, a possibilidade da liberdade permanece viva.

As obrigações da liberdade e a autonomia da razão

A razão prática

Imagine duas aranhas copulando. O macho fecunda a fêmea, momento no qual ela percebe que ele não tem qualquer outra utilidade para ela. E ela está faminta. Assim ela despedaça seu companheiro e o devora. Isso é um comportamento animal fascinante, conteúdo de documentários e cursos de ciência do segundo grau que encantam com as maravilhas da natureza. A aranha fêmea é a estrela do show.

Agora imagine dois seres humanos copulando. O macho, estando satisfeito, descobre que a fêmea já não lhe tem qualquer serventia. E ele está faminto. Assim ele despedaça sua companheira e a devora. Isso não é um comportamento animal fascinante. Trata-se de um crime horrendo, pelo qual o macho é responsável e merece ser punido. O único show no qual ele é a estrela é seu próprio julgamento.

Kant insiste que só podemos justificar a distinção que fazemos entre esses dois casos se nos atribuirmos a liberdade. Se o determinismo fosse verdadeiro, ainda poderíamos registrar nossa repulsa e horror quando uma pessoa mata outra, mas não faria sentido considerar o assassino moralmente responsável, assim como não faz sentido culpar uma aranha de assassinar seu parceiro. Segundo a hipótese determinista, um desses casos certamente nos desagradaria mais que o outro, mas não haveria nenhuma base para se fazer uma distinção qualitativa precisa entre eles. Ambos os casos seriam situações nas quais animais realizam os feitos que as condições e forças preexistentes os obrigam a realizar. E portanto em nenhum dos casos faria sentido culpar o animal por seu feito, uma vez que animais não podem ser culpados de fazer algo que são estritamente forçados a fazer. A chuva não pode ser culpada de nos molhar, o sol não pode ser culpado de queimar a nossa pele, e se o determinismo for verdadeiro, então as pessoas também não podem ser culpadas de fazerem coisas desagradáveis. Se o determinismo for verdadeiro, então as pessoas são simplesmente animais complicados, e como todos os animais somos parecidos com os sistemas meteorológicos, produzindo uma variedade de efeitos, alguns dos quais nos parecem mais prazerosos que outros, mas em relação aos quais não temos, em última instância, qualquer responsabilidade. Então, assumir a responsabilidade por nossas ações e fazer juízos morais sobre nosso comportamento dependem de rejeitar o determinismo e atribuir a liberdade aos seres humanos.

A *Crítica da razão pura* não prova que somos livres, mas nos permite pensar nós mesmos como livres, uma vez que seu exame dos limites do conhecimento chega à conclusão de que o não podemos saber se o determinismo é verdadeiro. A *Crítica da razão prática* começa com um lembrete desse resultado, e então desenvolve um exame do papel da racionalidade na ação humana. Seu principal objetivo é mostrar que a vontade humana é capaz de ser determinada pela razão pura, que somente a razão pode ser "prática" no sentido de que pode estabelecer metas e nos motivar a persegui-las. Kant equivale tal determinação racional da vontade com a liberdade, e dessa forma com a capacidade para a ação moral, porque isso significa ser autodeterminante, em vez de ser determinado por condições e forças externas pelas quais não somos responsáveis. Depois de argumentar que a razão pura pode ser prática, a segunda crítica então tenta especificar os critérios que determinam nossos deveres, e avaliar a relação apropriada entre a religião e a moralidade.

Kant define a vontade como "uma faculdade ou de produzir objetos que correspondam a representações ou de se determinar para causar tais objetos (seja o poder físico suficiente ou não), ou seja, de determinar sua causalidade" (*CRPr*: 148). Por exemplo, se estou faminto e tenho uma pizza em mente, sou capaz de ter vontade se puder resolver produzir uma pizza verdadeira. Há várias maneiras através das quais posso realizar esse objetivo – fazer eu próprio a pizza, pegar o carro e sair à procura de uma pizza, encomendar a entrega de uma pizza – assim como há várias maneiras de que posso fracassar. Mas ter uma vontade é simplesmente ser capaz de adotar a busca de um objetivo, ser capaz de orientar nossa ação por meio de princípios intencionais.

Kant considera óbvia nossa capacidade de ter vontade. A questão central, no entanto, é se nossa manifestação de vontade pode ser determinada por considerações puramente racionais ou se os objetivos que adotamos são sempre condicionados por fatores empíricos. São inúmeros os exemplos de tal condicionamento empírico: se está frio, adotamos o objetivo de nos aquecer; se estamos famintos, adotamos o objetivo de encontrar alimento; se estamos cansados, adotamos o objetivo de descansar um pouco. Cada um destes objetivos é uma resposta razoável às condições estipuladas, mas responder a dadas condições de modo razoável não se qualifica como vontade racional no sentido de Kant. A vontade puramente racional envolve nos determinar a adotar e perseguir objetivos que estão inteiramente incondicionados por fatores empíricos, objetivos que não são apenas meramente razoáveis se certas condições existirem, mas que se originam da natureza da própria razão, e que por decorrência precisam ser adotados por todo e qualquer agente que se declare racional.

Um objetivo que todos os agentes racionais devem adotar seria um princípio intencional objetivamente exigido, que Kant chama de lei. A possibilidade da vontade puramente racional depende então de se quaisquer princípios subjetivos ou "máximas" que as pessoas utilizam para orientar seu comportamento se qualificam como leis que derivam sua força obrigatória somente da razão.

A maior parte das máximas claramente não tem esse estatuto. Os agentes normalmente orientam suas ações de acordo com princípios escolhidos em virtude de seu sucesso esperado em satisfazer as necessidades e desejos do indivíduo nas circunstâncias em que ele se encontra. Esses princípios não se elevam ao estatuto de leis objetivas, já que as necessidades, desejos e circunstâncias variam. Os princípios que maximizam a satisfação de um indivíduo podem não ser muito úteis, ou nada úteis, para outros.

Kant conclui, portanto, que nenhuma máxima definida pelo desejo por um objeto ou resultado particular pode se qualificar como uma lei que se impõe a todos os agentes racionais. Nós todos buscamos a felicidade, mas a variação nas coisas particulares que nos fazem felizes significa que a validade das máximas que buscam satisfazer os desejos alcança somente àqueles que de forma contingente tenham os desejos em pauta. Tais máximas representam o que Kant chama de "imperativos hipotéticos", princípios intencionais que precisamos adotar somente *se* eles servirem como meio a um fim que por acaso tenhamos. As leis da razão, em contraste, aplicar-se-iam necessária e universalmente a todos os agentes racionais. Tais princípios seriam absoluta ou "categoricamente" obrigatórios, e portanto seria necessário que todos nós os adotássemos como fins em si mesmos, independentemente de servirem para avançar ou frustrar os outros fins que qualquer um de nós possa ter.

É através de nossa consciência de tais obrigações absolutas, afirma Kant, que percebemos a capacidade da razão de ser prática, e assim nossa liberdade. Todos sabemos, afirma Kant, da necessidade absoluta de seguir certos princípios, e de nossa capacidade de morrer por esses princípios em vez de abandoná-los. É essa consciência de nossa capacidade de sacrificar tudo por certos princípios que nos revela seu caráter obrigatório absoluto, a precedência que eles adquirem sobre todo desejo natural e convenção social.

Kant não afirma que todo ser humano realmente sacrificaria a felicidade a fim de cumprir suas obrigações, mas afirma que todo agente racional está consciente de que deveria fazê-lo. Kant se refere a essa consciência imediata da obrigação absoluta como o "fato da razão", e pensa que a consciência da liberdade segue-se dele. Na declaração famosa de Kant, "dever implica poder", o que significa que um agente só pode ser obrigado a fazer algo que seja capaz de fazer. Não posso ser obrigado a pular sobre minha casa, uma vez que isso está além de minhas habilidades. Portanto, se sou absolutamente obrigado a obedecer a certos princípios, o que Kant insiste ser uma certeza indiscutível e imediata, então preciso ser capaz de viver de acordo com tais obrigações absolutas. Mas viver de acordo com as obrigações absolutas é possível somente se formos capaz de reconhecê-las e dar-lhes precedência sobre todas as metas condicionadas que podemos ter. Em outras palavras, podemos estar sujeitos à obrigação absoluta somente se formos agentes racionais e a razão for prática, capaz de estabelecer metas e nos motivar a persegui-las. Essa praticalidade da razão, como revelada pela experiência da obrigação absoluta, nos torna conscientes da liberdade que Kant acredita ser a razão teórica incapaz de demonstrar.

Moralidade

As criaturas capazes de responder livremente às obrigações absolutas da razão são agentes morais, qualitativamente distintos das aranhas e de todos os outros animais não racionais. Tais animais podem se comportar somente de acordo com o que seus instintos e desejos os levam a fazer, mas os agentes morais podem deixar de lado ou postergar a satisfação de seus desejos em favor da satisfação de suas responsabilidades e do cumprimento de seus deveres.

Kant pensa que na maior parte do tempo nossos deveres são aparentes para nós. Sabemos o que precisa ser feito, mesmo se com frequência falhamos em fazê-lo. Não precisamos da filosofia, portanto, para especificar nossos deveres, mas ela representa um papel importante na articulação dos critérios que estão por trás das intuições morais que Kant pressupõe serem universais.

Os dois constituintes fundamentais da ação moral, afirma Kant, são as intenções e os motivos que determinam a vontade do agente. Notoriamente, ele sustenta que as consequências da ação são irrelevantes para o valor moral do agente. Não podemos ser considerados responsáveis pelos resultados de nossas ações porque eles não estão inteiramente sob nosso controle. A melhor das intenções pode levar a resultados desastrosos, pelos quais não devemos ser culpados, assim como más intenções podem acidentalmente produzir consequências positivas, pelas quais apreço algum é devido. O valor moral depende exclusivamente das características de nossa ação pelas quais somos inteiramente responsáveis, e essas são nossas máximas – os princípios intencionais através dos quais orientamos nossas ações – e nossos motivos – as razões que temos para adotar esses princípios.

O conteúdo de um princípio intencional não pode torná-lo absolutamente obrigatório, uma vez que as coisas particulares que satisfazem os agentes individuais são empiricamente condicionadas e variáveis, de forma que se quisermos qualificar as máximas como leis morais, isso deve ser em virtude de terem uma forma distintiva. E Kant declara ser autoevidente que a forma distintiva de uma lei objetiva só pode ser a "universalidade" (*CRPr*: 161). Isso captura a intuição de que se um princípio é absolutamente obrigatório, então precisa ser de escopo universal, igualmente obrigatório para todos os agentes racionais.

Kant define a universalidade, e assim a moralidade, dos princípios intencionais na seguinte formulação do imperativo categórico: "Não devo agir nunca, exceto de forma que possa também ter a vontade de que minha máxima deva se tornar uma lei universal" (F: 57). Uma máxima é imoral, em outras palavras, se eu não puder agir de acordo com ela enquanto ao mesmo tempo também tenha vontade de que ela deva se tornar um princípio determinante para a ação de todos os agentes. A imoralidade de agir de acordo com um princípio que eu não possa ter vontade que todos os demais adotassem estaria em criar uma exceção injustificável ao meu próprio comportamento.

Esse teste da "capacidade de universalização" para a moralidade dos princípios intencionais pode falhar em duas maneiras distintas. O tipo mais sério de falha é uma contradição lógica entre minha vontade de um princípio intencional particular e minha vontade de que todos os outros tenham vontade do mesmo princípio. Tal princípio causaria seu próprio fracasso no sentido de que, se todos agissem de acordo com ele, então ninguém seria capaz de realizar seu intento. A segunda falha menos séria do teste envolve um princípio que poderia ser adotado por todos sem contradição lógica, mas que apesar disso ninguém teria a vontade de que ele se tornasse uma lei universal.

Kant considera as máximas que não podem ser universalizadas sem causarem seu próprio fracasso como absolutamente imorais, e acredita que temos um "dever perfeito" de nunca agir de acordo com elas. Kant oferece dizer a verdade como um exemplo de um dever perfeito, porque se mentir fosse algo universal, então ninguém poderia jamais esperar que alguém fosse honesto, e as mentiras cessariam de ser eficazes. Dizer uma mentira para alcançar meus objetivos constitui então criar uma exceção para meu próprio comportamento, o que é a pedra angular da imoralidade. Kant, portanto, considera mentir como algo imoral em absolutamente todas as circunstâncias.

O inverso de um dever perfeito é um direito: todos os agentes racionais têm um direito absoluto de esperar e exigir que todos os outros agentes racionais executem seus deveres perfeitos. O direito mais fundamental é o de ter nossa liberdade respeitada por outros seres livres, uma vez que a liberdade é a condição definitiva da possibilidade da moralidade, deveres e direitos. O ideal político regulador é portanto "uma constituição que assegure a maior liberdade humana de acordo com leis que permitem que a liberdade de cada um coexista junto com a dos demais" (*CRP*: 397).

As máximas que não causam estritamente seu próprio fracasso, mas que pessoa alguma poderia ter vontade de que se tornassem leis universais também são imorais, muito embora o dever de não agir de acordo com elas seja somente "imperfeito". Isso significa que não posso transformar essas máximas numa regra geral para meu comportamento, mas a proibição não é absoluta. Por exemplo, Kant acredita que pessoa alguma poderia ter vontade de viver num mundo no qual as pessoas não desenvolvessem seus talentos, e por decorrência considera um dever desenvolver nossos próprios talentos. Isso, no entanto, não me obriga a desenvolver meus talentos a cada momento. É aceitável se engajar em atividades que não contribuam à realização de meu potencial, contanto que eu não me exceda em tal recreação a ponto de impedir o florescimento de minhas capacidades.

Não temos o direito de exigir que outros cumpram seus deveres imperfeitos, mas os que o fazem devem ser considerados virtuosos, de acordo com Kant. É virtuoso desenvolver nossos talentos muito embora ninguém possa exigir isso de mim como se fosse seu direito. Do mesmo modo a pessoa virtuosa ajudará outras pessoas, muito embora pessoa alguma possa reivindicar ter direito a tal ajuda.

O teste da universalidade então classifica os princípios intencionais entre os que são moralmente permissíveis e os que não são. As máximas que passam o teste são aceitáveis e podem ser seguidas de acordo com a vontade do agente. A moralidade é completamente indiferente, por exemplo, se escolho vestir azul ou verde às terças-feiras, porque, qualquer princípio de escolha de cor que posso construir pode ser universalizado sem contradição. As máximas que falharem no teste são imorais, e, portanto, é proibido agir de acordo com elas, e também moralmente exigido agir de acordo com máximas que a elas se oponham. Não posso, por exemplo, dizer mentiras ou negligenciar completamente o desenvolvimento de meus talentos. E eu preciso, inversamente, dizer a verdade e me esforçar para realizar meu potencial.

Pretender pôr em prática nossos deveres é a primeira condição necessária da ação moral, mas Kant enfatiza que não é suficiente. O valor moral depende, para Kant, não só de tentar fazer a coisa certa, mas também de tentar fazê-la pela razão certa. Esforçar-se em agir de acordo com o dever é sempre algo bom, mas só é moralmente louvável se eu for totalmente responsável pela adoção da máxima em questão, sem ser levado a isso por forças externas além do meu controle. Kant se refere a uma vontade determinada externamente como "heterônoma", que contrasta com uma vontade autodeterminada ou "autônoma". O valor moral depende de escolher autonomamente princípios intencionais de acordo com a lei racional, e então se esforçar para agir de acordo com eles.

Kant reconhece duas fontes possíveis de motivação para a escolha de princípios intencionais de acordo com o dever: a inclinação e o respeito pela lei moral. Posso estar inclinado a ajudar outros, por exemplo, porque espero ser retribuído com ajuda recíproca, ou porque gosto de ser visto em alta estima por meus vizinhos. Nesse caso, de acordo com Kant, independentemente de quão valiosa possa ser minha ajuda, é algo indigno de louvor moral. Fazer boas ações com base na inclinação é agir como um animal que é bem-comportado na esperança de receber em troca uma palavra gentil ou um pedaço de carne. Esses animais não merecem louvor moral do mesmo modo que as aranhas assassinas não merecem condenação moral, uma vez que eles não são responsáveis pelas inclinações que determinam seus comportamentos. Claro que preferimos o cão amigável ao cão que morde, mas os juízos morais não se aplicam à criaturas que não têm escolha que não seja aquela de agir de acordo com suas inclinações mais poderosas. Esses juízos, portanto, aplicam-se apenas aos seres humanos porque, ao contrário do que diz Hume, somos capazes de ignorar todas as nossas inclinações, mesmo aquelas que nos levam a cumprir o nosso dever, a fim de realizar as nossas obrigações com base no respeito puro à lei moral.

Devido ao fato da lei moral ter sua origem em nossa própria racionalidade, ser motivado pelo respeito por ela é agir de forma autônoma, que significa ser autodeterminante e livre. É ao cumprir nosso dever moral para seu próprio bem, então, que efetivamos a liberdade da qual Kant acredita sermos capazes, e na qual ele localiza nossa dignidade como animais racionais.

Religião

Os animais racionais são, na opinião de Kant, criaturas especialmente interessantes e conflituosas. Os animais que não têm racionalidade são motivados exclusivamente pela satisfação de seus desejos; eles buscam a felicidade, e não estão nem preocupados nem são capazes de ação moral. Uma criatura puramente racional, pelo contrário, agiria automaticamente de acordo com os comandos da razão; por não ter desejos, tal criatura não teria uma concepção de felicidade. Os animais racionais, entretanto, são motivados tanto por desejos como pela razão. Como criaturas racionais, estamos bem conscientes de nossas obrigações, e do valor moral que surge somente da luta para cumpri-las. Mas, como animais, estamos também muito preocupados com a felicidade.

O maior bem para um animal racional seria, assim, a coincidência da felicidade e da moralidade, a satisfação suprema da felicidade que é bem merecida. Infelizmente, é por demais evidente que a felicidade e a moralidade estão relacionadas apenas de modo contingente. O esforço para obedecer à lei moral pode resultar na desgraça e na miséria, e é possível, por outro lado, satisfazer nossos desejos enquanto exibimos total desprezo pela obrigação.

Kant preocupa-se com o fato de que essa inegável desconexão entre os nossos dois interesses mais profundos possa enfraquecer a nossa resolução moral. Devemos nos esforçar para cumprir nossas obrigações não importa que elas levem à felicidade ou não, mas como animais simplesmente não temos como deixar de nos preocupar com a satisfação de nossos desejos. Se obedecer à lei moral não contribui para a felicidade, e em certas circunstâncias pode até diminuí-la, então nossa natureza animal pode esmagar nossas boas intenções e nos levar a negligenciar nossos deveres.

Como a resolução moral é nossa obrigação mais fundamental, Kant conclui que devemos pressupor que seja verdade tudo o que for necessário para sustentá-la. Devemos acreditar, portanto, que o esforço moral e a felicidade um dia coincidirão. Como não há evidências de sua correlação no tempo de vida normal de um ser humano, devemos pressupor tanto que a pessoa individual persiste após a morte e que existe um poder capaz de reconhecer e recompensar o valor moral de cada indivíduo. Precisamos, por decorrência, viver *como se* houvesse um Deus e almas imortais, apesar do fato de não poder existir nenhuma justificativa teórica para essas suposições.

A razão prática, portanto, exige e gera, de acordo com Kant, uma "fé racional". Ela exige e apoia a crença em duas das ideias de razão pura – a de Deus e a da alma – para as quais não há nem evidências empíricas, nem bons argumentos. A razão teórica deve ser agnóstica com relação a essas ideias, já que ela pode demonstrar a impossibilidade de provar se algo de fato corresponde a elas. Mas a razão prática não pode permanecer agnóstica porque, se Kant estiver certo, nós precisamos agir, e reconhecemos uma obrigação absoluta de agir moralmente, e não podemos sustentar um compromisso por toda a vida de cumprir essa obrigação a menos que acreditemos em Deus e em nossa própria imortalidade. Kant, portanto, refere-se a Deus e à alma imortal como postulados necessários da razão prática.

A crença nos postulados práticos qualifica-se como "fé", porque não temos, e não podemos ter, conhecimento de Deus ou da alma. Não é uma questão de para que se esperar provas ou desenvolver argumentos melhores. A primeira crítica demonstrou que é rigorosamente impossível saber qualquer coisa sobre entidades que transcendem nossa experiência. Mas essa fé é "racional" porque não é arbitrária e porque é exigida universalmente pela própria razão. Não estamos autorizados a crer em qualquer coisa que quisermos, mas somos obrigados a acreditar no que quer que seja necessário para que possamos responder ao fato da obrigação moral. A racionalidade dessas crenças também decorre do fato de que elas não são impostas por qualquer autoridade externa, mas surgem sim da nossa própria reflexão sobre nossa própria experiência prática.

É importante sabermos os papéis que esses postulados religiosos representam e não representam na teoria moral de Kant. Deus não pode ser a fonte da lei moral, porque isso faria dos deveres que ela especifica arbitrários e frutos de imposições externas, ao invés de ser o produto da razão autônoma; para Kant, como para Platão, Deus deve ser concebido como amando o que é intrinsecamente bom, ao invés de definindo o que é bom através da dádiva do amor. Deus também não pode oferecer o incentivo para realizarmos qualquer obrigação particular, uma vez que cumprir com nossos deveres a partir do medo ou da expectativa de recompensa privaria nossas ações de valor moral, que só pode estar no respeito à própria lei. Kant chega a afirmar que um Deus sábio e benevolente nos tornaria incapaz de saber de Sua existência, uma vez que tal conhecimento faria com que fosse impossível ignorar o nosso medo de punição e cumprir o nosso dever por seu próprio bem;

Deus, em outras palavras, preocupar-se-ia mais com a moral do que com qualquer outra coisa, e, portanto, faria que fosse possível sermos seres morais ao ocultar Sua própria existência. A postulação da existência de Deus pode, portanto, sustentar a nossa resolução de sermos morais, de usar nossa liberdade para cumprir as obrigações da razão sem levar em conta as nossas inclinações, mas isso não nos pode dizer quais são essas obrigações nem motivar a prática de qualquer ação particular.

O lugar da liberdade no mundo natural

A *Crítica da razão pura* afirma que todos os fenômenos naturais devem ser experimentados como sujeitos à necessidade causal, mas que ainda assim é possível pensar-nos como livres. A *Crítica da razão prática* argumenta que devemos nos atribuir a liberdade para explicar nossa experiência da obrigação moral, apesar do fato de que nunca podemos observar o funcionamento da nossa liberdade no mundo natural. Assim, mesmo que as duas obras respondam com sucesso a Hume ao oferecer exposições sobre a possibilidade do conhecimento e da ação racionais, isso ocorre somente com um custo significativo, como o próprio Kant reconhece:

> Há um abismo incalculável fixado entre o domínio do conceito de natureza, como o sensível, e o domínio do conceito de liberdade, como o suprassensível, de modo que, do primeiro para o segundo (assim, por meio do uso teórico da razão), transição alguma é possível, como se existissem dois mundos distintos, o primeiro dos quais não pode ter influência sobre o segundo: ainda assim este último *deveria* ter uma influência sobre o anterior, a saber, o conceito de liberdade deve tornar real no mundo sensível o fim que é imposto por suas leis, e consequentemente a natureza deve também ser capaz de ser concebida de tal forma que as leis de sua forma estejam no mínimo de acordo com a possibilidade dos fins que serão

realizados na mesma, em conformidade com as leis da liberdade (*CFJ*: 63).

A *Crítica da faculdade de julgar* tenta explicar como é legítimo julgar que o universo natural e a operação de liberdade estão de fato harmonizados, e dessa maneira construir uma ponte sobre o abismo entre nossas experiências teórica e prática, e nossas perspectivas científica e moral do mundo. O problema é que todos os fenômenos naturais, incluindo o comportamento humano, parecem ser explicáveis exclusivamente em termos de causalidade mecanicista ou eficiente: as descrições científicas do mundo apresentam sequências de eventos onde os momentos sucessivos causam uns aos outros, mas que não se dirigem em qualquer direção particular nem servem a qualquer propósito particular. Essas descrições evitam resolutamente qualquer teleologia, rejeitando a atribuição que Aristóteles chamou de causas finais, ou propósitos, ao mundo natural. Mas a ausência de propósitos ou intenções é incompatível com a concepção de nós mesmos como agentes morais, e ao invés disso nos reduz a máquinas complexas, cujo funcionamento é regido pelas mesmas forças físicas que controlam todos os outros fenômenos naturais. Como a segunda crítica insiste, já que temos uma obrigação de intervir livremente no mundo natural, precisamos ser capazes de fazê-lo, mas a primeira crítica exclui a possibilidade de jamais haver evidência direta de tal intervenção. A terceira crítica pretende, portanto, completar o sistema de Kant ao argumentar que há evidência indireta da eficácia de liberdade, do impacto de propósitos invisíveis no mundo natural visível.

A terceira crítica, como as duas primeiras, apoia sua afirmativa central por meio de um argumento transcendental que parte de um fato dado para as condições necessárias de sua possibilidade. Neste caso, o fato dado é que fazemos um certo tipo distintivo de juízo, que Kant chama de "reflexivo", e a conclusão é que os juízos reflexivos são possíveis somente se considerarmos a natureza como um sistema que contém seres intencionais (não apenas causas eficientes) e serve ao propósito de fornecer as condições em que seres intencionais livres possam realizar as ações morais de que são capazes.

Kant define os juízos "reflexionantes" em contraste com os juízos "determinantes" que oferecem a base à dedução metafísica das categorias na primeira crítica. Os juízos determinantes, como seu nome sugere, determinam os objetos que julgam. Eles fazem isso pela aplicação de um conceito universal ao objeto particular em pauta, e assim identificam o objeto como uma instância do tipo de ser que o conceito nomeia. Fazer tal juízo exige que já se possua o conceito a ser aplicado, a fim de ser capaz de reconhecer que as características do objeto correspondem a ele. Com o conhecimento das propriedades que definem o conceito "árvore", por exemplo, eu posso passear no parque e fazer um bom número de juízos determinantes bem-sucedidos: "Estas plantas são árvores", "Aquelas plantas são árvores", "E aquelas são também árvores". Se eu encontrar uma planta desconhecida, no entanto, uma com características que não correspondem a nenhum dos meus conceitos disponíveis, não serei capaz de determinar o que é. Em vez disso, terei que partir da observação e descrição cuidadosa do objeto, e então buscar um conceito ao qual suas características correspondam. É este processo de partir de um objeto particular em direção a um conceito universal apropriado que caracteriza o juízo reflexionante.

Kant distingue duas espécies de juízo reflexionante: o estético e o teleológico. Cada um deles, afirma, implicitamente depende da atribuição de um tipo específico de finalidade à natureza. Os juízos estéticos pressupõem que a natureza tem "finalidade subjetiva", ou que é adequada para ser julgada por nós e a nos dar um prazer distintivo quando experimentamos a sua beleza. Os juízos teleológicos pressupõem que a natureza tem "finalidade objetiva", ou que contém seres com finalidades e se destina a permitir que os seres livres e com finalidade dentro dela cumpram sua vocação moral.

Os juízos estéticos de beleza natural surgem, Kant argumenta, a partir de nossos esforços para compreender a nossa experiência através do desenvolvimento de conceitos, princípios e leis universais que descrevem e preveem o comportamento de fenômenos particulares. Essa é a tarefa atribuída à razão na primeira crítica, e a terceira crítica explicita que isso é realizado por meio do juízo reflexivo, que se move das particularidades em busca dos universais que as explicam. Kant afirma que essa operação de juízo reflexivo, que é essencial à racionalidade, depende da atribuição implícita de finalidade subjetiva à natureza. A busca para encontrar e formular leis universais que regem os objetos e eventos particulares pressupõe que a natureza compreende um sistema regular, adequado ao nosso juízo. Embora as condições que tornam a nossa experiência possível garantam que a natureza exibirá causalidade, elas não garantem que ela exibirá unidade sistemática, que os fenômenos particulares serão ordenados de acordo com leis universais, e assim sentimos prazer ao encontrar a regularidade que a razão nos leva a esperar. Esse prazer do qual desfrutamos na regularidade da natureza caracteriza a experiência estética da beleza.

Kant destaca as características essenciais da experiência estética distinguindo-a de outras duas formas através das quais nós respondemos à natureza. Quando nos deparamos com a regularidade na natureza três respostas são possíveis. Podemos entender o fenômeno através da aplicação de um conceito a ele, e nesse caso fazemos um juízo determinante ("Aquelas formas distantes são montanhas") e temos uma experiência cognoscente. Ou podemos sentir prazer pelo material do fenômeno, e nesse caso fazemos um juízo de agradabilidade ("O ar é refrescante hoje") e temos uma experiência sensorial.

Mas podemos também simplesmente apreciar a forma do fenômeno, e nesse caso fazemos um juízo de beleza ("O horizonte está lindo") e temos uma experiência estética.

Kant defende que para desfrutarmos da experiência estética, devemos abstrair de nossos interesses no conhecimento e na satisfação sensorial. Apenas se formos verdadeiramente desinteressados sobre o que um objeto é, e sobre como ele poderia satisfazer nossos desejos, será possível apreciar suas qualidades formais. Se estou pilotando um avião, por exemplo, e quero saber se a massa que está se aproximando é uma montanha ou uma nuvem, a importância do juízo cognoscente de minha experiência sensorial iminente me impedirá de apreciar qualquer aspecto da beleza que a formação possa possuir. Sentado no chão em segurança, no entanto, posso ser capaz de abstrair de meus desejos e interesses cognoscentes e, assim, ser capaz de perceber as qualidades puramente formais nas quais a beleza reside.

A importância da experiência estética para a atribuição de uma finalidade subjetiva à natureza reside nas maneiras específicas em que ela é semelhante e diferente da experiência cognoscente e sensorial. Os juízos de beleza são, segundo Kant, universalmente compulsórios para agentes racionais, já que todos têm as mesmas capacidades mentais para reconhecer e responder à regularidade das formas naturais. Nesse respeito, a experiência estética é como a experiência cognoscente (se algo é uma montanha, é uma montanha para todos), mas diferente da experiência sensorial (o ar da montanha pode me refrescar, mas pode congelar outras pessoas). Mas a experiência estética é como a experiência sensorial e diferente da experiência cognoscente ao nos dar prazer. A beleza é, portanto, algo único por dar prazer a todos os agentes racionais. A natureza parece bela precisamente quando ela aparece como se as suas formas tivessem sido arranjadas pelo propósito de nos agradar ao estimular a atividade de nossas capacidades mentais.

Além da beleza, Kant reconhece também uma outra forma de experiência estética, a da sublimidade. Embora o tratamento de Kant do sublime na terceira crítica tenha se tornado bastante influente, ela é muito menos importante para a conclusão de sua própria filosofia crítica do que o seu tratamento da beleza. Enquanto a beleza envolve a experiência das formas naturais que parecem sugerir que a natureza foi intencionada para nossa apreciação, e assim indica uma reconciliação entre a natureza e a liberdade, a sublimidade envolve a experiência de fenômenos naturais sem forma que ultrapassam nossa capacidade de compreensão. Alguns fenômenos desencadeiam a experiência da sublimidade em virtude de serem infinitamente vastos, como o céu noturno, e outros são incompreensivelmente poderosos, como um tsunami.

O significado do sublime reside no fato de que ele demonstra nossa capacidade para responder à infinitude, ainda que esta exceda a capacidade dos nossos sentidos em absorvê-la. Isso evoca, segundo Kant, nossa capacidade de responder à lei moral, apesar do fato de seu apelo ser inteiramente não sensorial. A capacidade da natureza de sobrecarregar nossos sentidos, portanto, nos lembra da superioridade da nossa mente sobre a natureza, de nossa capacidade de abstrair de todas as intenções e motivações naturais a fim de responder ao chamado superior da moralidade.

A experiência da sublimidade é, portanto, menos importante do que a experiência da beleza para o projeto de reconciliar a liberdade e a causalidade mecanicista, porque, embora ela nos ensine algo sobre nós mesmos, ela nada nos ensina sobre a natureza propriamente dita. Kant escreve que a beleza

> não [amplia] efetivamente o nosso conhecimento dos objetos da natureza, essa finalidade estende o nosso conceito da natureza, desta como mero mecanismo, até o conceito dela como arte, o qual convida a profundas inves-

tigações sobre a possibilidade de tal forma. Mas naquilo que nela costumamos denominar sublime não há absolutamente nada que conduza a princípios objetivos ou formas da natureza conformes a estes, é antes no seu caos e na sua mais selvagem e desregrada desordem e devastação que, onde quer que se possa contemplar a grandeza e o poder, a natureza costuma despertar as ideias do sublime. Isso nos permite notar que o conceito do sublime na natureza é muito menos importante e rico em consequências do que aquele do belo, e que ele não indica nada de conforme a fins na própria natureza, mas apenas no possível *uso* de suas intuições para fazer com que possamos sentir em nós uma finalidade inteiramente independente da natureza (*CFJ*: 130 [142]).

Uma vez que a beleza "não amplia efetivamente o nosso conhecimento dos objetos da natureza", Kant refere-se à finalidade à qual ela nos aponta na natureza como "subjetiva". A beleza natural sanciona o juízo de que a natureza parece ter uma finalidade, no sentido de que ela parece servir ao fim de satisfazer nossa capacidade de apreciar a regularidade formal (como as obras de arte fazem), e assim nos leva a realizar "profundas investigações" de como a natureza poderia ser ao mesmo tempo mecanicista e parecer ordenada com uma finalidade para o nosso benefício. Mas a beleza natural não sanciona a atribuição de propósitos a seres particulares dentro da natureza, ou à própria natureza como um todo. A atribuição de tal "finalidade objetiva" à natureza não pode ser justificada pela experiência estética.

A segunda parte da terceira crítica, que é dedicada à juízo teológico ao invés do estético, visa demonstrar que nós devemos julgar (embora não possamos saber) a natureza como tendo finalidade objetiva, e devemos nos julgar (embora não possamos saber) como sendo a finalidade última da natureza. Kant afirma, em primeiro lugar, que somos levados ao juízo reflexionante de que a natureza tem finalidade objetiva pela nossa experiência de organismos, cuja existência, ele afirma, não pode ser explicada somente por processos mecanicistas. Ele então apresenta uma longa e complexa argumentação em defesa da alegação de que podemos julgar que a natureza tenha uma finalidade objetiva apenas se a considerarmos como tendo sido projetada por um ser inteligente com a intenção de criar animais racionais e livres. Kant acredita que devemos julgar, em outras palavras, que Deus dispôs os mecanismos naturais investigados pela ciência de tal forma que são inerentemente orientados para o surgimento de criaturas com capacidade para a moralidade. O argumento de um mundo regido pela providência divina faz a ponte entre a natureza e a liberdade e, dessa maneira, completa a filosofia transcendental de Kant, ao conceber a finalidade da própria natureza como a criação das condições em que os seres humanos podem exercer a sua liberdade para objetivos morais.

Sumário dos principais pontos

• A revolução epistemológica de Kant tenta estabelecer o conhecimento metafísico ao determinar as condições necessárias da possibilidade da experiência.

• Kant limita o conhecimento aos fenômenos, e nega que possamos saber qualquer coisa sobre as coisas-em-si.

• A limitação do conhecimento aos fenômenos refuta as afirmações dogmáticas do determinismo. Kant argumenta que a nossa experiência da obrigação moral só faz sentido se formos verdadeiramente livres.

• A moralidade, segundo Kant, obriga-nos a ignorar nossas inclinações e a realizar os nossos deveres com base no puro respeito à lei racional que é a sua fonte.

- Kant afirma que nós, como animais racionais, necessariamente esperamos que o valor moral e a felicidade coincidirão. Ele alega que essa esperança pode ser sustentada apenas postulando a existência de Deus e a imortalidade da alma.

- Kant argumenta que a nossa experiência das formas orgânicas na natureza nos leva a julgar que um ser inteligente criou o mundo com o propósito de permitir que animais racionais utilizem sua liberdade para objetivos morais.

3

Desafios céticos e o desenvolvimento do idealismo transcendental

A vida intelectual alemã após a revolução filosófica de Kant era incrivelmente rica e variada. O final do século XVIII e o início do XIX testemunharam o nascimento de Hamann e Herder; Goethe, Schiller e Hölderlin; os primeiros românticos, incluindo Novalis e os Schlegels; e Schopenhauer. Todos esses autores fizeram contribuições duradouras à filosofia e à literatura. O foco deste livro, no entanto, são os pensadores cujo objetivo explícito era concluir o projeto da filosofia crítica, e cujo trabalho nesse sentido contribuiu de forma mais significativa para o desenvolvimento do movimento hoje conhecido como idealismo alemão. As figuras-chave nessa história são Fichte, Schelling e Hegel, que são os temas dos três próximos capítulos. Este capítulo oferece um relato de algumas das respostas iniciais a Kant que influenciaram a trajetória desses idealistas posteriores. Os indivíduos abordados neste capítulo – Jacobi, Reinhold e Schulze – foram selecionados pelo papel direto que desempenharam no surgimento de Fichte, e os textos específicos que são discutidos foram escolhidos por sua importância e por sua disponibilidade em inglês[1]. Os românticos iniciais são tratados na Conclusão, porque, embora seu trabalho

---

1. Nenhuma obra desses três autores está disponível em português [N.R.].

tenha ajudado a impulsionar a transição de Fichte a Schelling e Hegel, sua tendência primária era de enfraquecer, e não de tentar satisfazer as aspirações filosóficas do idealismo alemão.

A *Crítica da razão pura* de Kant não saiu "natimorta do prelo", como Hume descreveu a recepção de seu próprio *Tratado da natureza humana* cerca de 45 anos antes, mas foi vítima de uma patente incompreensão que serviu para rejuvenescer o ceticismo em relação às capacidades cognoscentes da razão. Kant foi inicialmente interpretado como um idealista subjetivo no molde de George Berkeley, que movera o empirismo de Locke na direção do ceticismo de Hume ao argumentar que as ideias com as quais estamos diretamente familiarizados não são uma base para que acreditemos em substâncias materiais independentes da mente. Berkeley havia negado a existência da matéria e acreditava que o universo é composto somente por ideias, por mentes finitas como a nossa e pela mente infinita de Deus. Kant se opôs de forma vigorosa à associação de sua posição com a metafísica do idealismo subjetivo, mas reconheceu que pelo menos parte das confusões eram consequência da complexidade de seu pensamento e da infelicidade de sua prosa, e, portanto, tentou se expressar com mais clareza.

Em 1783, apenas dois anos após o aparecimento da primeira crítica, Kant publicou os *Prolegômenos a qualquer metafísica futura que possa apresentar-se como ciência*. Esse pequeno e notável livro resume os resultados da primeira crítica, com a intenção declarada de "convencer todos aqueles que acham que vale a pena ocupar-se com a metafísica de que é inevitavelmente necessário suspender seu trabalho no momento para analisar tudo o que ocorreu até agora como se não tivesse ocorrido, e antes de qualquer outra coisa se fazer a pergunta: 'Será que algo como a metafísica é realmente possível?'" (*P*: 53).

Os *Prolegômenos* são insuficientes, no entanto, para que os leitores possam distinguir o idealismo transcendental da metafísica idealista de Berkeley, e, por isso, na segunda edição da *Crítica da razão pura*, publicada em 1787, Kant acrescentou uma nova seção que abordou esta questão diretamente. A "Refutação do idealismo", Kant insiste, não acrescenta nada de substantivo que não possa ser encontrado já na primeira edição, mas simplesmente explicita as implicações da posição que ele já tentara articular. A "Refutação" começa com uma rejeição em três sentenças do idealismo "dogmático" de Berkeley, com a justificativa de que a negação positiva da substância material é decisivamente contrariada pelo argumento da "Estética transcendental" de que o caráter das coisas-em-si é completamente impossível de conhecer. O principal alvo da "Refutação" é assim não Berkeley, mas Descartes, cujo "idealismo problemático" Kant considera muito mais respeitável e digno de resposta: "O idealismo problemático que professa [...] somente a nossa incapacidade de provar uma existência fora de nós por nós mesmos através da experiência imediata é racional e apropriado para uma maneira filosófica completa de pensar" (*CRP*: 326). Kant espera derrotar o idealismo problemático na "Refutação" por meio de uma prova "de que até mesmo nossa *experiência interna*, da qual Descartes não duvida, só é possível sob o pressuposto da experiência externa" (ibid.). O idealismo transcendental afirma então, em contraste direto com o idealismo subjetivo, que o fato da experiência pode ser explicado somente se pressupusermos a existência de um mundo exterior de substância material.

Se Kant consegue de fato derrotar o ceticismo em relação ao mundo exterior, e assim evitar cair numa forma de idealismo subjetivo, ainda é uma questão debatida atualmente, e isso foi considerado pelos primeiros leitores da *Crítica da razão pura* como a questão mais urgente sugerida pela obra. Com a publicação da *Fundamentação* (1785) e da segunda Crítica (1788), a filosofia prática de Kant chamou também a atenção, mas por ter sido adequadamente entendida como dependente do trabalho realizado na primeira crítica, o foco permaneceu na filosofia teórica e especialmente nas questões relativas à justificação das premissas básicas do idealismo transcendental.

A mais influente das respostas iniciais foi oferecida por Friedrich Heinrich Jacobi (1743-1819), numa pequena peça intitulada "Sobre o idealismo transcendental", que ele anexou como um suplemento ao seu segundo trabalho importante, *David Hume sobre a fé, ou idealismo e realismo, um diálogo* (1787).

O desafio cético de Jacobi a Kant

A resposta de Jacobi a Kant foi influente em grande parte por causa da reputação que ele estabelecera em 1785 com seu primeiro trabalho importante, *Sobre a doutrina de Espinosa em cartas ao Sr. Moses Mendelssohn*. Jacobi provocou o famoso Mendelssohn (1729-1786) a se corresponder com ele ao dizer que o conceituado Gotthold Ephraim Lessing (1729-1781) confessara em seu leito de morte ser um espinosista, e, assim, ser um panteísta. Mendelssohn imediatamente defendeu seu falecido amigo, e Jacobi publicou então a sua parte da correspondência, que abordou não só a questão estreita das crenças pessoais de Lessing, mas também o assunto mais amplo de se o racionalismo e o teísmo são compatíveis. Jacobi afirmou que ser um racionalista significa necessariamente ser um panteísta, o que ele equivalia a ser um ateu que continua a usar (e abusar) a palavra "Deus". Para ser um teísta, Jacobi concluiu, é preciso fazer um salto de fé.

Por volta de 1787 Jacobi conhecia bem, mas não fora convencido, a tentativa de Kant de refutar o idealismo subjetivo. "Sobre o idealismo transcendental" foi publicado poucos meses antes da segunda edição da *Crítica da razão pura*, mas em 1815 Jacobi acrescentou uma nota em que enfatiza a insistência do próprio Kant de que a segunda edição alterava apenas a forma de apresentação, mas não a posição substantiva da filosofia crítica. Jacobi considerou que isso indicava que "Sobre o idealismo transcendental" conservava todo o seu vigor argumentativo, e que a "Refutação do idealismo" de Kant foi um fracasso melancólico.

Fenômenos e númenos revisitados

O principal argumento de Jacobi é que, apesar de Kant falar de experiência externa e de um mundo exterior, o idealista transcendental usa o termo "objeto" para se referir a representações mentais e nunca é capaz de estabelecer a existência de entidades independentes da mente. "Então", lamenta Jacobi, "o que nós realistas chamamos de objetos efetivos ou coisas independentes das nossas representações são para o idealista transcendental somente seres internos *que nada exibem de uma coisa que talvez possa existir fora de nós, ou à qual o fenômeno possa se referir. Pelo contrário, estes seres internos são meramente determinações subjetivas da mente, totalmente vazias de qualquer coisa verdadeiramente objetiva*" ("SIT": 334). Em outras palavras, Kant é um idealista subjetivo como Berkeley, mas falta-lhe a coragem para admiti-lo. A conversa de Kant sobre "objetos" é meramente, na estimativa de Jacobi, um palavreado autoenganador que o impede de reconhecer que a sua própria posição implica a impossibilidade de encontrar ou conhecer algo que seja independente da mente.

Jacobi concede que Kant distingue entre objetos da experiência, ou fenômenos, e objetos como são independentemente de serem experienciados, ou númenos. Mas essa distinção não resolve o problema, na visão de Jacobi, uma vez que torna o objeto independente da mente incognoscível:

> Se abstrairmos da forma humana, essas leis de nossa intuição e pensamento não possuem qualquer significado ou validade, e não fornecem a menor informação sobre as leis da natureza em si mesma. Nem o princípio da razão--suficiente, nem mesmo a proposição de que nada pode vir do nada, aplicam-se às coisas em si. Em resumo, nosso conhecimento inteiro não contém nada, absolutamente

nada, que possa ter qualquer significado *verdadeiramente* objetivo ("SIT": 337).

Além disso, a relação entre os númenos e os fenômenos que experimentamos é completamente opaca. Tentando ser generoso, Jacobi escreve: "Mesmo que possa ser *admitido* sob a ótica de Kant de que um transcendental *possa* corresponder de alguma maneira a esses seres meramente subjetivos, que são apenas as determinações *de nosso próprio ser*, como sua *causa*, onde essa causa está, e que tipo de ligação ele tem com os seus efeitos, permanece escondido na mais profunda obscuridade" ("SIT": 336).

Jacobi conclui que a filosofia crítica de Kant está presa na contradição de se basear num pressuposto que em última instância é incompatível com o idealismo transcendental que dele resulta. Para dar conta do conhecimento Kant pressupõe que o sujeito deve receber acesso a objetos através da intuição, que no caso dos seres humanos toma a forma de sensibilidade. Mas isso pressupõe que os objetos "fazem *impressões* nos sentidos e que, desta forma, criam representações [...] Pois [...] a palavra 'sensibilidade' não tem qualquer significado, a menos que compreendamos por ela um intermediário real distinto entre uma coisa real e outra" (ibid.). "Não é possível", afirma Jacobi, "ver como até mesmo a filosofia kantiana poderia penetrar a si mesma sem esse pressuposto e obter algum enunciado de sua hipótese", mas, ao mesmo tempo, "é claramente impossível manter-se dentro do sistema com aquele pressuposto" (ibid.). O pressuposto viola o sistema ao se referir a uma relação causal entre númenos e fenômenos, apesar do fato de que o próprio idealismo transcendental insiste que a categoria de causalidade só se aplica a objetos de nossa experiência e que absolutamente nada pode ser conhecido sobre os objetos em si.

O veredito final de Jacobi é que a filosofia crítica de Kant não pode ser salva do ceticismo e do idealismo subjetivo, "a menos que você dê um significado estranho a todas as palavras [...] Pois, segundo o uso comum da linguagem, com 'objeto' precisamos querer dizer uma coisa que *estaria presente fora de nós em um sentido transcendental*. E como poderíamos obter algo desse tipo na filosofia kantiana?" ("SIT": 338). A resposta de Jacobi a sua própria pergunta retórica, claro, é que não podemos. Se Kant está certo, então os "objetos" que conhecemos são representações dependentes da mente, que não são verdadeiramente objetos no sentido ordinário da palavra. No que diz respeito aos objetos independentes da mente, Kant anuncia *"absoluta e incondicionada ignorância"* (ibid.), e é, portanto, um niilista (um termo que Jacobi tornou popular), alguém que nada conhece, ou que conhece um mero fenômeno que em si mesmo é nada. Jacobi conclui seu ensaio proclamando que "o idealista transcendental deve ter a coragem, portanto, de afirmar o mais poderoso idealismo jamais professado" (ibid.).

Fé e razão revisados

O fato de que "Sobre o idealismo transcendental" foi anexado como um curto suplemento a um trabalho muito mais longo revela que Jacobi considerou o seu ataque à posição particular de Kant como algo periférico ao seu ataque mais amplo a todas as tentativas de conhecer a verdade por meio da explicação racional. De fato, em seu livro anterior, *Sobre a doutrina de Espinosa*, Jacobi já argumentara que todos os esforços para explicar a nossa experiência necessariamente resultam em determinismo e ateísmo, e assim que a crença no livre-arbítrio e em Deus dependem de um salto de fé.

O argumento de Jacobi começa com a premissa de que explicar um fenômeno significa identificar a sua causa eficiente. O projeto de explicar todos os fenômenos, por decorrência, pressupõe implicitamente o princípio da razão suficiente, que afirma que deve haver uma causa eficiente para que tudo que existe ou ocorre. Mas pressupor que todos os fenômenos são explicáveis em termos de causas eficientes é pressupor a verdade do determinismo, que leva imediatamente ao que Jacobi chama de "fatalismo", a visão de que as ações humanas, como todos os outros eventos, resultam necessariamente das condições e forças que atualmente prevalecem. O livre-arbítrio é incompatível com essa visão, assim como um Deus pessoal que orienta o rumo do mundo através da providência: "Se houver apenas causas eficientes, mas não finais, então a única função que a faculdade do pensamento tem em toda a natureza é a do observador; sua missão apropriada é acompanhar o mecanismo das causas eficientes [...] Em última instância, o inventor do relógio não o inventou, ele apenas assistiu ao seu aparecimento a partir de forças cegas que se desenvolvem sozinhas" (*SDE*: 189). A conclusão lógica do projeto de explicação é então o determinismo panteísta de Espinosa, que Jacobi considera apenas um outro nome para o ateísmo.

Jacobi considera impossível acreditar no fatalismo e, consequentemente, considera que o projeto de explicação racional refuta a si mesmo, por meio de uma *reductio ad absurdum*: "Eu não tenho nenhum conceito mais íntimo do que o de causa final, nem convicção mais vital do que *eu faço aquilo que penso*, e não que *eu devo pensar o que faço*. Na verdade, portanto, devo pressupor uma fonte do pensamento e da ação que permanece completamente inexplicável para mim" (*SDE*: 193). Ele simplesmente se recusa a abandonar a crença no livre-arbítrio, em outras palavras, e, portanto, deve rejeitar tudo o que for incompatível com ela, incluindo o princípio da razão suficiente e a busca da explicação. Jacobi se apresenta como "aquele que não quer explicar o que é incompreensível, mas só quer saber o limite onde isso começa e simplesmente reconhecer que ele existe", e afirma que é por este reconhecimento do ponto onde a explicação cede ao inexplicável que "ganha-se o maior espaço dentro de si para a verdade humana genuína" (*SDE*: 194). Essa "verdade humana genuína", que Jacobi considera que inclui o livre-arbítrio e o Deus pessoal do cristianismo é "o que não pode ser explicado: o não analisável, o imediato, o simples" (ibid.).

Jacobi reconhece que nunca foi capaz de encontrar "motivos que sejam sólidos o suficiente para rebater os argumentos de Espinosa contra a personalidade e a compreensão de uma causa primeira, contra o livre-arbítrio e as causas finais" (*SDE*: 214-215). Mas ele alegremente declara: "Eu me livrei do problema através de um *salto mortale*" (*SDE*: 189) ou salto de fé. Ele procede, em outras palavras, a partir de convicções que não podem ser comprovadas das quais ele tem certeza, e o faz sem constrangimento, já que acredita que os argumentos filosóficos mais racionais, incluindo os de Espinosa, em última análise devem se assentar em pressupostos que não podem explicar: "Se todo *assentimento à verdade* que não é derivada dos fundamentos racionais é fé, então a convicção baseada no fundamento racional deve derivar da fé, e deve receber sua força somente da fé" (*SDE*: 230).

Depois do salto para o ponto de vista de fé, Jacobi em seguida declara, sem apresentar argumento, suas crenças inabaláveis na existência de corpos materiais, na liberdade e em Deus. Os dois primeiros Jacobi afirma serem "uma revelação da natureza que não só ordena, mas impele todo e qualquer homem a *crer*" (*SDE*: 231). Ele sustenta, em outras palavras, que ninguém pode duvidar seriamente de que possui um corpo ou de que sua vontade seja livre, apesar do fato de que os filósofos podem produzir argumentos engenhosos em nome do idealismo e determinismo metafísicos. Jacobi admite que a fé em Deus não é compelida pela natureza dessa maneira, e em vez disso a atribui a uma decisão prática de se adotar o modo de vida cristão: "Tente criar uma virtude perfeitamente, isto é, exercê-la *pura e incessantemente*. Ou você desiste da tentativa, ou você se torna consciente de Deus em si mesmo, assim como você está consciente de si" (*SDE*: 243). Uma vez que a fé cristã emerge da prática cristã, a decisão inicial de adotar essa última deve ser feita sem se compreender as razões para isso. Jacobi, portanto, aconselha "a completa submissão a uma autoridade superior; uma obediência estrita e santa" (*SDE*: 244) e adverte que "quanto menos puder o homem discernir o bem interior da ordem, antes de obedecê-la, menos capaz é a sua razão para aceitá-la, mais ele precisa de autoridade e da fé" (*SDE*: 245-246).

Em resposta àqueles que não conseguem ver a verdade da posição de Jacobi, seu único recurso é declarar a falta de visão deles: "Eu não pretendo de maneira alguma enunciar [essas proposições] como teses ou defendê-las contra qualquer ataque possível [...] Assim como é impossível fazer com que objetos de alguma forma tornem-se visíveis para um cego através da arte, enquanto o homem for cego; também é impossível para um homem que vê não enxergá-los, quando há luz" (*SDE*: 236). Jacobi não sente compaixão por essas pobres almas que não conseguem ver a verdade, porque ele as considera responsáveis por sua própria cegueira, e pelo desconforto que ele experimenta quando é forçado olhar para elas. Nas passagens de abertura de *David Hume sobre a fé* ele declara que "o que eu odeio é o mal-estar, o desgosto que decorre de ter de convocar o desprezo do fundo da alma – ter que cuspir na presença dos *homens*, porque eles têm feito despudoradamente violência aos seus próprios sentimentos do que é certo e verdadeiro e cedem, sem escrúpulos, à mentira" (*DHF*: 262).

Jacobi sabe muito bem que com o seu descarado abraço de uma fé para a qual não pode haver nenhum argumento, e sua difamação daqueles que não compartilham dela, ele corre o risco de ser desconsiderado como o pior tipo de fanático. De fato, em seu primeiro livro Jacobi retrata Lessing reclamando exatamente disso: "O limite que você pretende estabelecer [entre o explicável e o inexplicável] não permite a determinação. E, além disso, você brinca livremente com fantasias, bobagens e obscurantismo" (*SDE*: 194). E em seu segundo livro Jacobi tenta defender sua confiança na fé ao vincular sua posição à de David Hume, que ninguém poderia acusar de fanatismo.

Jacobi afirma no Prefácio que sustenta que todo conhecimento surge da sensação, e que entende a razão como a capacidade de fazer inferências sobre relações de proposições. Tais inferências produzem certeza apodíctica quanto à necessidade das relações proposicionais em questão, que reivindicações sobre a existência e as propriedades de objetos não podem nunca desfrutar. "Então", confessa Jacobi, "um idealista, baseando-se nesta distinção, pode me obrigar a admitir que minha convicção sobre a existência de coisas reais fora de mim é apenas uma questão da *fé*. Mas então, como realista, sou forçado a dizer que todo conhecimento deriva exclusivamente da fé, já que as *coisas* precisam ser *dadas* a mim antes que eu esteja na posição de me perguntar sobre as relações" (*DHF*: 256). Todo o livro, anuncia então Jacobi, constitui um desenvolvimento desse único ponto, que pretende demonstrar que todo conhecimento depende de uma fé antecedente nos sentidos, e que essa fé não é cega, irracional nem embaraçosa, mas uma consequência inevitável da finitude da condição humana.

Para enfatizar esse ponto, Jacobi passa a citar extensivamente passagens da *Investigação sobre o entendimento humano*, em que Hume argumenta que "toda a diferença entre a *ficção* e a *crença* se deve a algum sentimento ou sensação que se anexa à segunda, e não à primeira, e que não depende da nossa vontade", o que equivale a dizer que "a crença não é outra coisa do que uma mais vívida, vibrante, forçosa, firme e convincente concepção de um objeto, do que aquilo que a imaginação sozinha jamais é capaz de atingir" (*DHF*: 270-271). Jacobi exulta triunfalmente que a grande autoridade Hume compartilha a sua tese de que "a fé é o elemento de todo o conhecimento e ação", e sua visão de que "sem fé, não podemos cruzar o limiar, sentar-se à mesa, nem ir para a cama" (*DHF*: 272).

As leituras que Jacobi fez de Hume e Kant são parciais e tendenciosas. Sua interpretação da distinção que Kant faz entre os fenômenos e os númenos pressupõe que ambos são tipos diferentes de objetos, entre os quais deve haver uma relação causal misteriosa. Jacobi não reconhece a possibilidade de que, para Kant, o fenômeno e o númeno designam duas perspectivas distintas sobre um mesmo objeto, onde as "aparências" são tão reais como as "coisas-em-si", e são, por definição, o único tipo de objeto que poderíamos encontrar ou vir a conhecer. A interpretação que Jacobi faz de Hume não faz qualquer distinção entre a confiança habitual na indução e a fé supersticiosa em entidades e capacidades para as quais não há provas. Jacobi não reconhece, ou pelo menos não admite, que para Hume a generalização indutiva a partir de experiências particulares é necessária para a condição humana, enquanto a superstição que transcende toda a experiência é perigosa e deve ser evitada tenazmente.

Mas para Jacobi as sutilezas da interpretação realmente não vinham ao caso. Kant e Hume serviram para realçar as duas posições que Jacobi queria distinguir: uma que tenta conhecer a verdade sobre a natureza, os seres humanos e Deus sem se basear na fé, e que resulta no idealismo, no determinismo e no ateísmo; e a que reconhece que só a fé pode garantir a verdade do realismo, da liberdade e do teísmo. Hume e Kant podem não ser exatamente aquilo que Jacobi retratou, mas tais minúcias interpretativas dificilmente poderiam comprometer a lógica necessária das únicas posições disponíveis sobre a fé e a razão.

A imperfeição das interpretações de Jacobi também pouco importaram para seus contemporâneos, que estavam em sua maior parte tão perplexos com as obras de Kant que foram incapazes de reconhecer os pontos do ataque de Jacobi ao idealismo transcendental que podiam ser defendidos. A mais importante tentativa de defender Kant das acusações de Jacobi veio de Karl Leonhard Reinhold (1757-1823), cuja obra transformaria o idealismo transcendental de modos que levaram, em primeiro lugar, a ataques céticos renovados e, em seguida, aos esforços de Fichte, Schelling e Hegel para assegurar e completar a filosofia crítica.

A defesa transformativa de Kant por Reinhold

Reinhold estabeleceu sua reputação como um expositor de Kant, num tempo em que a apresentação da filosofia crítica era extremamente necessária. Começando em 1786, ele produziu uma série de *Cartas sobre a filosofia kantiana*, que foram reunidas e publicadas em dois volumes em 1790 e 1792. Estes esforços para popularizar o idealismo transcendental foram bem aceitos pelo público, e inicialmente pelo próprio Kant, que pensou ser Reinhold o primeiro a ter compreendido adequadamente a *Crítica da razão pura*. Muito rapidamente, no entanto, Reinhold passou a crer que à filosofia crítica de Kant faltava a base que precisava para fazer frente aos ataques céticos a suas reivindicações positivas. Reinhold continuou a se conceber como um kantiano, mas estabeleceu para si a tarefa de oferecer uma fundamentação adequada para o idealismo transcendental. Ele deu os primeiros passos na direção de realizar esta tarefa na obra *Os fundamentos do conhecimento filosófico*, publicada em 1791, que tenta identificar as limitações da própria obra de Kant, estabelecer critérios para superá-las e propor um princípio básico para a filosofia que passasse o teste estabelecido.

Reinhold caracteriza a causa que o motiva da seguinte maneira: "Suponha que a *Crítica da razão pura* já seja ciência autêntica: então onde estão os princípios que, juntamente com o mais elevado deles, constituiriam a sua fundamentação?" (*FCF*: 87). Ele em seguida avalia a contribuição que pretende realizar: "Que eu saiba, nenhum defensor da filosofia de Kant admitiu, ou mesmo expressou como uma mera conjectura, o ponto de vista de que pode haver, e de que realmente existam, objeções à *Crítica* que não possam ser respondidas a partir da *Crítica*; ou de que sua *fundamentação* precisaria ser defendida e justificada independentemente de qualquer coisa que já esteja construída nela" (*FCF*: 93). Embora Kant teria questionado que sua filosofia necessitaria de uma fundamentação do tipo que Reinhold procurou oferecer, e futuros filósofos considerariam que a fundamentação fornecida por Reinhold era insuficiente para fazer o trabalho necessário, a tentativa de Reinhold de defender o projeto kantiano transformou a filosofia crítica de maneira a possibilitar as realizações posteriores de Fichte, Schelling e Hegel.

A resposta fundacionalista ao ceticismo

Reinhold procura vencer o ceticismo estabelecendo um princípio inatacável com o qual a filosofia pode começar, e a partir do qual a dedução cuidadosa pode garantir resultados verdadeiros. Ele exclui a lei da não contradição como um candidato, por razões já reconhecidas pelos empiristas, Kant e Jacobi: o raciocínio dedutivo pode preservar a verdade ao garantir que as conclusões obtidas a partir de premissas verdadeiras são derivadas por meio de inferências válidas, mas não pode garantir a verdade das próprias premissas iniciais. Nas palavras de Reinhold:

> O uso do princípio da contradição pressupõe em todos os casos [...] *que aquilo que já foi pensado é correto* sem estabelecer essa correção de qualquer forma [...] Para sua correta aplicação, o princípio da contradição pressupõe uma base diferente dele; por decorrência ele não é de modo algum o *princípio fundamental* da filosofia. A base que ele pressupõe diz respeito a nada menos do que à *realidade* das proposições a qual ela é aplicada (*FCF*: 54-55).

Hume considera essa limitação da lei da não contradição, que descreve como ser restrita em escopo a estabelecer relações de ideias, como a sentença de morte do racionalismo, uma vez que ela implica que o conhecimento das questões de fato pode vir somente da experiência. Ele então argumenta pela impossibilidade de utilizar a experiência para fundamentar a verdade necessária e universal, e conclui que a metafísica precisa dar passagem à ciência empírica.

No entanto, Reinhold considera a resposta inovadora de Kant a Hume como decisiva. Ele escreve que, em resposta a Hume, "Kant descobriu uma nova *fundamentação do conhecimento filosófico*" derivada "da *possibilidade da experiência* que é encontrada *determinada* na mente *antes de qualquer experiência*" (*FCF*: 61). Kant conseguiu assim, na visão de Reinhold, distinguir os aspectos *a priori* da experiência que foram contribuídos pela mente daqueles dados *a posteriori*, e ao fazê-lo derrotou o empirismo e o ceticismo ao qual ele leva. Kant também conseguiu fazer isso, na avaliação de Reinhold, sem retornar à indefensável pressuposição racionalista de que nossas mentes armazenam um estoque de ideias inatas que nos informam sobre o mundo. Reinhold julga, em outras palavras, que Kant realmente realizou tudo que ambicionava alcançar.

O problema de certa maneira surpreendente identificado por Reinhold, no entanto, é que Kant não foi ambicioso o suficiente:

> Com Hume, Locke e Leibniz, a razão filosófica impusera a si certas exigências que Kant enfrentou ao demonstrar que a fundamentação do conhecimento filosófico está na *possibilidade da experiência*. Ainda assim, embora tenha sido bem-sucedido nisso, ainda não se pode negar que sua [nova] fundamentação descoberta falha em fundamentar *todo* o conhecimento filosófico; ao contrário, ele pode fundamentar *somente* UMA PARTE dele (*FCF*: 63-64).

Reinhold considera a metafísica como a parte da filosofia bem fundamentada por Kant, e reconhece que essa fundamentação foi alcançada por meio da revolução copernicana de Kant: "A *Crítica* mostrou que se a metafísica ambiciona ser a ciência dos objetos reais e conhecíveis, ela tem que ser uma metafísica da *natureza sensível*, i. e., a ciência das características necessárias e universais dos fenômenos, cujo conceito somatório constitui o *mundo sensível* ou o *domínio da experiência*" (*FCF*: 65). Reinhold também compreendeu que a revolução de Kant produz uma radical reconceituação do que significa ser um "objeto", que nunca foi imaginada nem pelos racionalistas nem pelos empiristas, e nunca foi compreendida por Jacobi: "Este resultado assegura um *conceito* de 'objeto adequado' e de 'objeto conhecível' de um tipo que nem Locke nem Leibniz tinham em mente quando defenderam suas teses, nem Hume quando desafiou a fundamentação da verdadeira ciência. Por 'objeto conhecível' todos eles entendiam não só um objeto distinto de sua mera representação, mas a *coisa-em-si*" (ibid.).

Apesar de sua reconceituação e fundamentação revolucionárias da metafísica, no entanto, as realizações de Kant permanecem parciais, aos olhos de Reinhold, porque o próprio primeiro princípio da filosofia transcendental permanece sem base. Reinhold identificou essa fundamentação como a proposição que o próprio Kant chamou de "o maior princípio de todos os juízos sintéticos", ou seja, "cada objeto está sob as condições necessárias da unidade sintética da multiplicidade da intuição numa experiência possível" (*FCF*: 66). O problema, na visão de Reinhold, é que essa proposição, "como qualquer outro primeiro princípio [...] *não é*, e *não pode ser*, *demonstrado* pela ciência que fundamenta, ou através dela" (*FCF*: 66). Todo o idealismo transcendental de Kant depende dessa proposição, mas a proposição como enunciada não é nem suficientemente específica nem adequadamente justificada. Ainda é preciso especificar o que significa "experiência", e como a mente a torna possível, mas Reinhold considera as respostas a estas questões como pressupostas, e não demonstradas, pela primeira crítica. Ele conclui que "o destino da nova metafísica fundamentada de Kant depende, portanto, dessa explicação de como a experiência se torna possível na mente, i. e., de como a faculdade do conhecimento é originalmente constituída" (*FCF*: 67).

A finalização da filosofia crítica demanda então, Reinhold insiste, que a ciência da metafísica seja suplementada e precedida por uma ciência da faculdade do conhecimento. Reinhold reconhece as mesmas três capacidades cognoscentes identificadas por Kant: sensibilidade, entendimento e razão. Cada uma delas é um modo de receber ou manipular representações mentais, portanto Reinhold as considera três espécies da capacidade cognoscente mais geral, aquela da representação. A fundamentação da filosofia precisa então ser uma ciência da faculdade da representação, que fundamentará não somente as ciências teóricas subsequentes, mas também a filosofia prática, uma vez que toda vontade e ação envolvem a capacidade de representar um resultado desejado.

Reinhold chama a ciência fundacional da representação de "Filosofia Elementar", e declara que "o objeto desta ciência é tudo que pode ser conhecido *a priori* sobre as representações da sensibilidade, entendimento e razão – e nada mais" (*FCF*: 68). O nome que Reinhold dá a sua ciência fundacional é imediatamente reminiscente da "Doutrina dos Elementos" da primeira crítica de Kant, que inclui tanto a "Estética Transcendental" (a teoria da sensibilidade) e a "Lógica Transcendental" (a teoria do entendimento e da razão). Reinhold distinguiu as duas rapidamente, no entanto, assinalando que o objetivo de Kant na "Doutrina dos Elementos" era de preparar o caminho para uma metafísica científica, enquanto o objetivo da "Filosofia Elementar" é assegurar a teoria da representação que Kant pressupõe.

A principal queixa de Reinhold é que Kant considera um fato óbvio certos conceitos básicos – incluindo o pensamento, a intuição, a sensação, o conceito e o juízo –, sem oferecer nada que se pareça com uma exposição rigorosa de seu significado. Kant ou pressupõe que seu uso desses termos não é problemático, ou adota sem questionar o uso existente nos textos-padrão de lógica de seu tempo. O que Reinhold quer afirmar não é necessariamente que a exposição de Kant desses elementos do conhecimento comete algum erro em particular, mas que lhes falta uma espécie de justificação que possa oferecer uma fundamentação adequada para uma filosofia verdadeiramente científica. Reinhold resume suas acusações a Kant da seguinte maneira:

> A *fundamentação* da *Crítica da razão pura* não é nem suficientemente *universal* (i. e., totalmente inclusiva) nem suficientemente *firme* para sustentar *todo o edifício filosófico* da filosofia. Não é suficientemente *universal*: a crítica da razão teórica fundamenta somente a metafísica. [...] Não é suficientemente *firme*: por mais *verdadeiro* tudo que a *Crítica pressupõe* como *estabelecido* sobre sua própria fundamentação possa ser, (ou tudo sobre o qual ela efetivamente erga seu edifício), é igualmente verdadeiro que nada disso FOI ESTABELECIDO *como verdadeiro* (FCF: 92).

Reinhold deseja retificar a situação em sua "Filosofia Elementar" ao obter uma verdadeira compreensão dos aspectos específicos do conhecimento por meio de uma análise de suas raízes na faculdade geral da representação. Reinhold afirma que ele "reduzirá sistematicamente a *um* aquilo que [Kant] [...] abstrai de modo *rapsódico* de *muitos*", e desta forma "estabelecerá o que é pressuposto como estabelecido na *Crítica da razão pura*" (FCF: 93). Aqui Reinhold acusa Kant de cometer o mesmo tipo de erro que o próprio Kant acusa Aristóteles de cometer. Em sua dedução metafísica das categorias Kant tem orgulho de ter derivado rigorosamente os conceitos básicos do pensamento a partir da natureza do próprio juízo, enquanto rejeita as *Categorias* de Aristóteles como tendo "surgido de modo rapsódico de uma procura a esmo por conceitos puros", nos quais Aristóteles "não tinha nenhum princípio", mas simplesmente "os recolheu à medida que neles tropeçava" (CRP: 213). A linguagem de Reinhold torna claro que ele considera a teoria de Kant dos elementos do conhecimento igualmente a esmo e sem princípio. A "Filosofia Elementar" visa, assim, melhorar a *Crítica da razão pura* ao fornecer um princípio primeiro fundacional da ciência da representação que possa fundamentar a teoria das capacidades cognoscentes, que, por sua vez, fundamentam a metafísica e a filosofia prática.

O princípio da consciência como a fundamentação da filosofia

Antes de introduzir o único princípio que acredita ser capaz de oferecer uma fundamentação adequada à filosofia, Reinhold brevemente considera o principal critério que tal princípio fundamencional precisa preencher. Uma vez que o princípio precisa justificar tudo dentro do campo da filosofia, ele próprio não pode ser justificado filosoficamente: "O que precisa estar na *cabeça* da *Filosofia Elementar* – e, assim, de todas as explicações e provas filosóficas – não pode ser estabelecido através de uma prova obtida de parte alguma da filosofia, e também nenhuma filosofia do passado ou do futuro pode prová-lo" (*FCF*: 70). Qualquer tentativa de argumentar em favor do princípio fundamencional da filosofia, portanto, seria manifestadamente circular, e assim inválida. O princípio precisa, por decorrência, ser autoevidente, um fato cuja verdade seja imediatamente aparente: "o critério da *fundamentação* da Filosofia Elementar é a imediata evidência de seu *conteúdo* passível de descoberta pela mera reflexão, independentemente de qualquer raciocínio – a natureza não analisável dos conceitos nos quais ela é originalmente exibida, ou a natureza *de facto* de suas características" (*FCF*: 84).

Reinhold se refere à fundamentação de sua Filosofia Elementar como o "princípio da consciência", que afirma preencher o critério que acabou de estabelecer: "Não é através de qualquer inferência da razão que sabemos *que na consciência a representação se distingue através do sujeito tanto do objeto como do sujeito e é referida a ambos*, mas através de simples *reflexão* sobre o fato efetivo da consciência" (*FCF*: 70). A filosofia começa, em outras palavras, quando o sujeito atenta ao que está implícito no incorrigível fato de sua própria consciência. Essa atenta reflexão torna explícito que a consciência envolve perceber um objeto por meio de uma representação. A consciência é assim constituída por um sujeito, um objeto de sua percepção (que pode ser uma coisa espaçotemporal no mundo, como uma rocha, ou pode ser um de seus estados internos, como a fome), e uma representação desse objeto, onde cada um deles precisa estar presente e distinguido dos outros. A ciência filosófica do conhecimento, de acordo com Reinhold, só pode partir dessa verdade autoevidente.

Imediatamente após introduzir o princípio da consciência, Reinhold enfatiza que o mesmo não é uma definição. Ele faz isso para se antecipar à acusação de recair no racionalismo, que começa definindo termos e princípios axiomáticos a partir dos quais proposições adicionais são deduzidas. O problema, do qual Reinhold está bem consciente, é que embora o método racionalista possa nos informar sobre as relações das ideias contidas em suas definições, ele não pode garantir que seus pontos de partida definidos correspondam às questões de fato que valem no mundo. A longa insistência de Reinhold de que seu princípio fundacional não é uma definição visa então provar que sua filosofia atende à estipulação empirista de que o conhecimento do mundo precisa se originar da experiência das questões de fato.

Reinhold argumenta que porque "o conceito de *representação* [...] é *imediatamente* obtido da consciência [...] ele é inteiramente *simples* e incapaz de análise", do que se segue que "o princípio da consciência, longe de ser uma *definição*, qualifica-se melhor como o primeiro *princípio* de toda a filosofia precisamente porque apresenta um conceito que não permite definição" (*FCF*: 70). Ele afirma que "o conceito da representação pode somente ser obtido da CONSCIÊNCIA de um *fato efetivo*" (ibid.), e reclama que "qualquer um que me acuse de *construir a partir de meras definições* [...] estará distorcendo toda a fundamentação sobre a qual o meu sistema se apoia" (*FCF*: 71).

Reinhold reconhece que ao basear sua filosofia sobre um fato supostamente imediato, ele evita a acusação de racionalismo mas se arrisca a ser acusado de arbitrariedade. Sem mencionar Jacobi pelo nome, ele se esforça para distinguir sua posição daquela "motivada por caprichos e preconceitos" da fantasia ou imaginação (*FCF*: 72). O relato de Reinhold de como é possível fazer esta distinção resulta na identificação de vários critérios adicionais que o princípio fundacional da filosofia precisa preencher. Esses critérios foram importantes não somente ao próprio projeto de Reinhold, mas também ao desenvolvimento de Fichte, Schelling e Hegel, os quais adotaram aspectos do teste de Reinhold para a fundamentação da filosofia, apesar de concordarem que o princípio dele não consegue passar no teste.

O primeiro critério de Reinhold para um princípio fundacional não arbitrário é que ele seja "*auto*determinado no sentido que qualquer explicação possível dos conceitos que ele exibe seja possível apenas através dele; já ele, por outro lado, não permite qualquer explicação, e não precisa de nenhuma" (*FCF*: 72). Um princípio que precise de explicação não pode ser fundacional, uma vez que seu próprio significado e justificação se baseiam em princípios explanatórios adicionais mais básicos do que ele mesmo. Isso também é verdadeiro para qualquer princípio que incorpore conceitos dependentes de qualquer coisa externa ao princípio para sua explicação. Um princípio verdadeiramente fundacional precisa, portanto, ser autoevidente ou autoexplicativo, e precisa determinar ou especificar o significado de todos os conceitos que emprega. Tal princípio, que depende somente de si para seu significado ou justificação, é autodeterminante.

Do fato que a fundamentação da filosofia precisa ser autodeterminante, Reinhold imediatamente deduz uma segunda característica do princípio fundacional: "A autodeterminidade do princípio lhe confere sua posição de ser ABSOLUTAMENTE O PRIMEIRO entre todos os possíveis princípios, e sobre a fundamentação por ele expressa, a propriedade de ser DEFINITIVO" (*FCF*: 85). Um princípio autodeterminante, em outras palavras, é também um princípio não condicionado, uma vez que seu significado e verdade não são condicionados do significado e da verdade de quaisquer outras proposições. O primeiro princípio da filosofia precisa então ser um princípio incondicionado e é assim que Reinhold considera seu próprio ponto de partida: "Eu chamo a definição da representação de 'explicação *absolutamente* fundamental' da Filosofia Elementar porque ela não inclui nenhuma característica que poderia permitir ou precisar de uma explicação" (*FCF*: 80).

Caracterizar o primeiro princípio como incondicionado é também caracterizá-lo como racional, dada a compreensão kantiana de Reinhold da atividade da razão como a investigação das cadeias das condições em busca de seu término definitivo e não condicionado. O incondicionado é racional, nesse sentido, tanto porque é autoexplicativo quanto porque permite a compreensão de todas as proposições que condiciona, e assim completa o processo da explicação. Com a descoberta do princípio incondicionado a razão é finalmente satisfeita, porque não faz mais sentido perguntar "por quê?"

Da incondicionalidade do primeiro princípio Reinhold deduz a seguir uma terceira característica da fundamentação da filosofia, sua habilidade de assegurar a certeza dos resultados que são dela derivados, que considera indispensável para alcançar um *status* científico:

> A *probabilidade*, que a Filosofia Elementar simplesmente não pode tolerar se quiser realizar a filosofia como ciência, dá lugar à *certeza apodítica* na ciência da faculdade da representação. Em virtude do princípio da consciência, a explicação absolutamente fundamental é determinada por completo, e nela o conceito original de representação é exaustivamente detalhado em todas as suas características, nenhuma das quais pode ser mais analisável posteriormente (*FCF*: 80-81).

Reinhold não afirma nem exige que a totalidade da filosofia seja derivada somente do primeiro princípio, mas insiste que devido ao primeiro princípio estar implicado em todos os resultados filosóficos posteriores, compreendê-lo de forma equivocada comprometeria todo o resto: "a precisão da maior característica não determina *por si só* a das demais subordinadas; mas sua *imprecisão* torna sua precisão impossível" (*FCF*: 77).

Por fim, Reinhold conclui que uma verdadeira filosofia científica, que esteja baseada num princípio incondicionado e autodeterminante que produza resultados apoditicamente corretos, precisa ser uma filosofia sistemática. Tal filosofia seria caracterizada por sua "*forma científica*, a profunda interligação de seu material, a unidade sob um princípio da multiplicidade que compõe o seu conteúdo – numa palavra, seu caráter *sistemático*" (*FCF*: 84). O critério formal desta filosofia científica "é sua *sistematização rigorosa* – a profunda determinidade, baseada em princípios, de seus teoremas e corolários, e a subordinação de todos seus princípios sob *um único*" (*FCF*: 84-85). Não é preciso dizer que Reinhold pretendia que a Filosofia Elementar fosse a única filosofia verdadeiramente científica e sistemática, e assim cumprir a promessa implícita no idealismo transcendental de Kant.

Conclusão

Os grandes idealistas que seguiram Reinhold – Fichte, Schelling e Hegel – concordaram com ele que qualquer filosofia merecedora desse nome precisa ser científica, e que uma filosofia verdadeiramente científica precisa ser sistemática. A filosofia precisa ser científica a fim de afastar o cético sem cair no dogmatismo. Somente demonstrando a necessidade de suas reivindicações de verdade a filosofia é capaz de derrotar o ceticismo sem se tornar vítima da arbitrariedade e do preconceito. E somente por ser sistemática a filosofia é capaz de demonstrar que as suas reivindicações de verdade são de fato necessárias, em virtude de se seguirem estritamente de um ponto de partida incondicionado.

As principais disputas entre os idealistas, como veremos, giravam em torno de como selecionar um ponto de partida capaz de realmente dar conta dos critérios de incondicionalidade e autodeterminidade, e de como avançar desse ponto de partida de uma maneira capaz de dar conta do critério de sistematicidade. Eles também discutiram sobre até que ponto a filosofia pode determinar sistematicamente, e sobre como as verdades necessárias da filosofia se relacionam às verdades contingentes de outras disciplinas e da experiência ordinária. Apesar destes desacordos, no entanto, os idealistas pós-kantianos estavam unidos na busca de um sistema filosófico verdadeiramente científico, e na convicção de que somente um sistema desse tipo pode responder ao desafio proposto pelo cético e assim realizar as aspirações da filosofia.

A previsão final de Reinhold em *A fundamentação do conhecimento filosófico* pareceria, portanto, presciente, e bem antes do que ele imaginava:

> Daqui a vinte anos não será mais tão difícil compreender que sem *primeiros princípios universalmente obrigatórios*, nem a *lógica* apropriada nem a *metafísica* (a metafísica dos objetos sensíveis e supersensíveis), nem a *lei moral* nem a *natural*, nem qualquer outra parte particular da filosofia até aqui apelidada de 'ciência' poderá alcançar a posição, a estabilidade e a primazia das *ciências* autênticas (*FCF*: 96).

Antes disso, no entanto, o ceticismo apareceria novamente, agora na forma de um ensaio de autoria de Gottlob Ernst Schulze (1761-1833), que atacou diretamente a *Fundamentação* de Reinhold, e de uma forma mais geral colocou em questão o potencial da filosofia crítica. Foi a provocação de Schulze que daria o impulso imediato à tentativa de Fichte de defender o idealismo transcendental, que acabou levando ao desenvolvimento da própria posição distinta de Fichte.

O desafio cético de Schulze a Reinhold

O ensaio de Schulze apareceu em 1792, um ano após a *Fundamentação* de Reinhold, com o notável título que deixava clara suas ambições: *Aenesidemus [Enesidemo], ou, Sobre a fundamentação da Filosofia Elementar publicada pelo Professor Reinhold em Jena junto com uma Defesa do ceticismo contra as pretensões da crítica da razão*. Essa obra toma a forma de uma conversa construída entre dois personagens com nomes de homens reais que viveram na Grécia antiga: Enesidemo, um cético, e Hérmias, um discípulo de Platão e Aristóteles. Enesidemo, que representa a posição de Schulze (embora o ensaio tenha sido publicado anonimamente), ataca tanto Reinhold como Kant, e argumenta que nenhum dos dois conseguiu derrotar o ceticismo de Hume.

Enesidemo retrata a tese da filosofia crítica como sendo aquela na qual "uma larga porção das determinações e características com as quais as representações de certos objetos ocorrem em nós devem ser fundamentadas na essência de nossa *faculdade de representação*" (*A*: 106). Ele então afirma sua intenção de fazer uma estimativa adequada do valor verdadeiro da filosofia crítica, e diz que para fazer isso "precisamos dar especial atenção aos fundamentos e princípios a partir dos quais, e também de acordo com os quais, ela estabelece que existe em nosso conhecimento algo determinado *a priori* pela mente, e que esse algo constitui a forma do material dado a nosso conhecimento *a posteriori*" (ibid.). Enesidemo enfatiza então que "neste exame [...] precisamos também dar atenção especial às demandas do ceticismo de Hume [...]. É de grande importância [...] na avaliação do valor de toda a filosofia crítica fazer a pergunta de se a *Crítica da razão* fez justiça às demandas feitas por Hume" (A: 106).

Embora essa descrição inicial da filosofia crítica não faça distinção entre Kant e Reinhold, Enesidemo reconhece que existem diferenças aparentes entre os dois, e ele as examina separadamente. A conclusão destes exames, no entanto, será que as diferenças entre

Kant e Reinhold são meramente aparentes, e que ambos são vítimas das mesmas autocontradições e objeções céticas. Fichte levou muito a sério o ceticismo de Schulze, e uma de suas primeiras publicações importantes seria uma resenha de *Aenesidemus*, na qual ele assumiu o desafio de defender a filosofia crítica.

Reinhold insiste que a fundamentação da filosofia precisa ser um fato em vez de uma definição, e que sua própria ciência da representação se baseia no simples fato da consciência. Enesidemo, no entanto, imediatamente desafia a factualidade alegada do princípio fundacional de Reinhold. Ele concorda que temos consciência, mas nega que a reflexão sobre a consciência possa revelar qualquer coisa sobre a constituição efetiva de nossas mentes ou o processo de representação.

Enesidemo prefacia esta crítica com a introdução de várias das reivindicações básicas feitas por Reinhold em sua "Filosofia Elementar". Enesidemo está mais interessado na reivindicação que a partir da consciência das representações podemos inferir a existência de uma faculdade da representação, e a reivindicação que essa faculdade da representação desempenha um papel causal na constituição dessas representações. Enesidemo cita a *Teoria da faculdade da representação* (1789) de Reinhold:

> A existência da representação é a única coisa sobre a qual todos os filósofos concordam. De fato, se há qualquer coisa sobre a qual existe acordo no mundo filosófico, é a representação. Idealista algum, nem solipsista, nem cético dogmático, pode negar sua existência. *Quem quer que admita uma representação, no entanto, também deve admitir uma faculdade da representação, ou seja, aquilo sem o qual uma representação não pode ser pensada* (A: 107-108).

Enesidemo ataca esse argumento, que acusa de confundir a necessidade de *pensar* que x é o caso com a necessidade de *ser verdade* que *x* é o caso. Ele escreve que "a prova realmente consiste no seguinte argumento: Quaisquer duas coisas que não podem ser *pensadas* dissociadas uma da outra não podem também *existir* separadas uma da outra; o ser e a efetividade das representações não podem ser *pensados* dissociados de ser e da efetividade de uma faculdade da representação; assim, a faculdade da representação também precisa existir objetivamente" (*A*: 108).

Enesidemo considera este deslize particularmente irônico e imperdoável, vindo de um filósofo crítico, uma vez que o idealismo transcendental está construído sobre a distinção entre as condições da possibilidade da experiência e as condições da possibilidade do ser, e é normalmente tão meticuloso quanto a negar nossa habilidade em ter qualquer percepção sobre as segundas. Esquecer esta distinção, como Reinhold parece ter feito, é abandonar a postura crítica e voltar ao racionalismo desacreditado: "Se esse silogismo fosse correto, e se ele provasse qualquer coisa, então o espinosismo seria invulnerável ao ataque, assim como o sistema de Leibniz e o idealismo – na verdade, todo o dogmatismo em todas suas reivindicações diversas e contraditórias sobre a coisa-em-si" (*A*: 108). Em outras palavras, "tudo o que Kant afirmou e acredita ter demonstrado, sobre a inabilidade do entendimento e da razão de descobrir através do pensamento a natureza das coisas-em-si, tudo isso seria falso e desencaminhado; em vez disso nós possuiríamos um princípio através do qual podemos descobrir a natureza das coisas como são fora de nossas representações" (ibid.). Enesidemo conclui que Reinhold é culpado da mais flagrante autocontradição: "A Filosofia Elementar, ao derivar representações efetivas de uma faculdade que considera ser algo objetivamente efetivo, e ao defini-la como a causa das representações, contradiz seus próprios princípios assim como os resultados da *Crítica da razão*" (*A*: 109).

Enesidemo não nega que temos representações, nem mesmo que temos representações de nós mesmos como portadores de uma faculdade da representação que possui as capacidades distintas: sensibilidade, entendimento e razão. O que ele rejeita é a inferência da presença dessas representações para a conclusão de que nós de fato temos tal faculdade que desempenha um papel causal para dar forma às próprias representações. Essa atribuição da causalidade à suposta faculdade da representação significa, acredita Enesidemo, aplicar a categoria de causa e efeito às coisas-em-si, que a filosofia crítica expressamente proíbe. Enesidemo considera esse erro tão óbvio que fica perplexo sobre como Reinhold pode ter feito isso: "É [...] simplesmente incompreensível de onde a Filosofia Elementar obtém o direito, ao estabelecer suas fundamentações, de aplicar as categorias de *causa* e *efetividade* a um objeto suprassensível, viz., a uma faculdade particular de representações que não é nem passível de intuição nem dada a qualquer experiência" (*A*: 110).

Para piorar as coisas, Enesidemo argumenta, a inferência explicativa a partir das representações para uma faculdade da representação não somente é inválida, mas também inútil. Pois "apelar a alguma causa ou faculdade particular por trás de uma alteração, ou alguma outra questão de fato, a fim de explicá-la, como normalmente se faz, é não mais do que uma repetição de um fenômeno ou fato efetivo cujas propriedades queríamos explicar, com a adição da palavra *poder* ou *faculdade*" (*A*: 111). Tentar explicar a presença e a alteração das representações por referência ao fato de termos uma faculdade da representação é, de acordo com Enesidemo, tão vazio como tentar explicar o fato de que as gotas de água se prendem aos objetos referindo-se aos objetos como tendo uma "faculdade de atrair a água". Em nenhum dos casos dissemos qualquer coisa significativa sobre o mecanismo que está por trás do fenômeno, e assim Enesidemo conclui que "as respostas desse tipo não são nada mais do que admissões da ignorância humana no que se refere à fundamentação dos fatos dados, ou das mudanças nos objetos sensíveis" (ibid.).

A posição do próprio Enesidemo é que a filosofia ainda não descobriu uma base suficiente para decidir as questões sugeridas pela inegável experiência das representações:

> Se [as faculdades da representação] têm um ser efetivo fora das nossas representações delas ou não; se o pensamento de algo que deveria tornar as intuições, conceitos e ideias possíveis em nós em primeiro lugar é totalmente destituído de valor objetivo ou não; e onde a representação desse algo pode se originar – estas são, de acordo com o ceticismo, *questões totalmente não decididas* (A: 109).

Ele toma cuidado para não declarar que é impossível decidir sobre as questões, mas insiste que elas não podem ser decididas até que a filosofia consiga estabelecer um princípio que sancione inferências a partir das representações para as coisas-em-si, e assim nos permita determinar a verdade sobre as coisas efetivas a partir das representações com as quais estamos diretamente familiarizados. Enesidemo diz estar aberto à possibilidade de que tal princípio seja estabelecido, mas ele enfaticamente rejeita o "princípio da consciência" de Reinhold como um candidato capaz de assegurar a fundamentação da filosofia crítica.

Enesidemo volta então sua atenção a Kant, e afirma que a apresentação original da filosofia crítica está sujeita a precisamente as mesmas objeções já levantadas contra Reinhold. Schulze utiliza como título dessa seção da obra a pergunta que orienta a investigação de Enesidemo: "A crítica da razão realmente refutou o ceticismo de Hume?"

Enesidemo começa com um claro enunciado da questão decisiva que determinará como a pergunta deve ser respondida. Tudo depende, ele escreve, de "se David Hume poderia considerar a prova do sr. Kant de que os juízos sintéticos necessários precisam se originar na mente, na fonte interior das representações, e que eles são a forma do conhecimento experiencial, significativa e convincente" (A: 112).

Enesidemo conclui, naturalmente, que Hume consideraria a prova de Kant muito pouco convincente, e pelas mesmas razões que Enesidemo já invocara para condenar a suposta ciência da representação de Reinhold.

O veredito final de Schulze é que as reivindicações positivas da filosofia crítica, sejam defendidas por Kant ou Reinhold, são tão arbitrárias quanto os "fatos" que Jacobi afirma conhecer com base na fé. Elas podem ser verdadeiras ou falsas, mas de qualquer forma não são justificadas adequadamente, e certamente não merecem ser chamadas de científicas. A resposta apropriada para todas estas reivindicações é a suspensão do juízo, a *epoché* que os céticos antigos defendiam não só por sua honestidade intelectual mas também pela paz de espírito que afirmavam que apenas ela poderia trazer. Para Schulze, como para Jacobi, Hume ainda não foi refutado, e se as pretensões da razão quiserem algum dia ser realizadas, isso exigirá um novo e heroico esforço.

Conclusão

Dez anos após a *Crítica da razão pura* aparecer pela primeira vez, os debates que ela provocou permaneciam irresolutos e, para os envolvidos, mais urgentes do que nunca. Consenso nenhum foi obtido sobre as questões fundamentais no que se refere à possibilidade, à origem e ao escopo do conhecimento sintético *a priori*. Todos os principais intelectuais alemães aceitaram, ao contrário de Hume, a existência de tal conhecimento, mas seu acordo não foi além disso. Schulze considerou que a fonte dos juízos sintéticos necessários era um completo mistério, e que todas as reivindicações de Kant, no que se refere à estrutura e operação da mente, eram desavergonhadamente dogmáticas. Jacobi juntou-se a Schulze ao rejeitar a ideia de que somente a razão poderia determinar o escopo do conhecimento sintético *a priori*, e insistiu que a filosofia não tinha alternativa a não ser começar com os pronunciamentos da fé. Reinhold defendeu o projeto da filosofia crítica, mas concordou que ele necessitava de uma fundamentação melhor que o próprio Kant tinha sido capaz de oferecer. A tentativa de Reinhold de basear a filosofia numa teoria da representação fundada sobre o suposto princípio da consciência, no entanto, foi completamente inconvincente.

Esses debates em epistemologia e metafísica permaneceram urgentes não só em virtude de seu interesse filosófico intrínseco, mas também porque eram vistos, por todos os envolvidos, como tendo grandes consequências práticas. O que estava em jogo nas disputas sobre a racionalidade e a liberdade eram questões morais e políticas no que se refere a como os seres humanos devem viver. A Revolução Francesa de 1789 fora motivada pelo chamado da rejeição da autoridade tradicional em prol de uma vida livre guiada pela razão, e os intelectuais alemães sentiram uma necessidade poderosa em determinar o que essa vida envolveria, se ela era possível e desejável para os seres humanos, e como suas próprias circunstâncias poderiam e deveriam ser transformadas.

Os defensores do projeto kantiano viram a filosofia crítica como a única esperança para determinar as condições de uma vida livre e racional. As alternativas lógicas, representadas pelas figuras de Schulze e Jacobi, eram um ceticismo que não daria sustentação para o questionamento dos costumes e das autoridades existentes, e um dogmatismo religioso que apoiaria uma submissão inquestionável aos ditames da cristandade. A resistência a estas escolhas desanimadoras exigia o desenvolvimento de uma filosofia que pudesse derrotar o ceticismo e o determinismo, e estabelecer as condições da efetivação da liberdade, proporcionando assim o padrão contra o qual todas as instituições e práticas sociais, políticas e religiosas deveriam ser medidas.

Foi essa a tarefa que Fichte herdou e procurou realizar. Ele desejava derrotar o ceticismo de Schulze e Hume ao colocar a filosofia na fundamentação que Reinhold invocara, mas que fora incapaz de oferecer. O objetivo primário de Fichte, em outras palavras, era tornar a filosofia realmente científica ao identificar um primeiro princípio inatacável, e então derivar todas as reivindicações de conhecimento subsequentes a partir dele numa maneira estritamente sistemática. Com essa derivação ele esperava refutar a afirmativa de Jacobi de que a explicação filosófica é necessariamente determinista, estabelecendo a verdade da liberdade humana e especificando as condições morais e políticas de sua realização.

Sumário dos principais pontos

• Jacobi pondera que a limitação de Kant do conhecimento aos fenômenos o torna um idealista subjetivo, incapaz de justificar nossa crença numa realidade independente da mente.

• Jacobi alega que somente um salto de fé pode assegurar a crença no mundo externo, na liberdade e em Deus.

• Reinhold tenta defender Kant ao estabelecer o "princípio da consciência" como uma fundamentação inatacável, sobre a qual o idealismo transcendental poderia se tornar científico e sistemático.

• Schulze objeta que o princípio de Reinhold falsamente pressupõe que a maneira que a mente parece funcionar precisa ser a maneira que a mente efetivamente funciona.

• Schulze considera as reivindicações que Reinhold e Kant fazem sobre a operação da mente como uma violação da própria insistência do idealismo transcendental de que não podemos conhecer nada sobre as coisas em si.

4

Fichte: rumo a um idealismo científico e sistemático

Johann Gottlieb Fichte (1762-1814) explodiu na cena filosófica alemã em 1792 (o mesmo ano em que apareceu *Aenesidemus*) com a publicação de *Ensaio de uma crítica de toda a revelação*. O ensaio, que desenvolve os temas de Kant sobre filosofia da religião, foi publicado inicialmente de forma anônima, e o público inicialmente pensou que tivesse sido escrito pelo próprio Kant, que tinha na verdade aprovado o texto previamente e ajudou em sua publicação, esperando que o jovem Fichte se tornasse um valoroso campeão do idealismo transcendental. Quando a autoria de Fichte tornou-se conhecida ele foi imediatamente elevado a um *status* superior na comunidade intelectual. Em 1793, ele publicou dois ensaios políticos ("Reivindicação da liberdade de pensamento dos príncipes da Europa, que a oprimiram até agora" e "Contribuições para a retificação do juízo do público sobre a Revolução Francesa") que estabeleceram ainda mais seu compromisso com a liberdade e sua disposição de apoiar visões controversas, mesmo sob o risco de contrariar autoridades poderosas.

Em 1794, com 32 anos de idade, Fichte foi nomeado como substituto de Reinhold na prestigiosa cátedra de filosofia na Universidade de Jena, e ao mesmo tempo assumiu o manto de Reinhold como o mais proeminente defensor da filosofia crítica. Sua primeira contribuição importante aos debates metodológicos da época foi uma resenha de *Aenesidemus*, que apareceu em fevereiro. Alguns meses depois apareceu a primeira apresentação de Fichte de sua própria abordagem da filosofia, especialmente quanto aos temas fundacionais questionados por Jacobi, Reinhold e Schulze. Essa obra, "Sobre o conceito da doutrina-da-ciência", foi escrita como um programa aos estudantes da Universidade de Jena, visando apresentá-los ao novo professor de filosofia. A fundamentação do sistema filosófico de Fichte seria chamada de A Doutrina-da-ciência[2], e nesse programa Fichte tentou explicar as tarefas que a filosofia sistemática precisa realizar, e os métodos através dos quais ela poderia realizá-las.

Durante o ano acadêmico de 1794-1795 Fichte deu as preleções que formariam a base da primeira versão publicada de *A doutrina-da-ciência*. Ele então voltou sua atenção à filosofia prática, tentando tratar questões políticas e morais "cientificamente" ao fundamentar sua explicação delas nos princípios fundacionais de *A doutrina-da-ciência*. Este esforço resultou na publicação de duas outras obras que completaram o sistema de Fichte: *Fundamento do direito natural* (1797) e *O sistema da doutrina dos costumes* (1798).

Em 1798 Fichte também publicou um ensaio sobre a filosofia da religião, "Sobre a base de nossa crença numa governança divina do mundo", que o levou a ser acusado de ateísmo, iniciando uma controvérsia que pôs fim prematuramente a sua carreira em Jena. A controvérsia foi inflamada em 1799 quando *A doutrina-da-ciência* foi denunciada por Jacobi como "niilista", e por Kant como tendo ultrapassado os limites de uma verdadeira filosofia crítica. A universidade respondeu demitindo Fichte, que se mudou para Berlim, onde continuou a reformular *A doutrina-da-ciência*, e a escrever vários textos visando apresentar seu sistema ao público intelectual,

---

2. [Em inglês, o termo alemão *Wissenschaftslehre* normalmente é traduzido por "Science of Knowledge" ou "Science of Knowing", literalmente, "Ciência do conhecimento" ou "Ciência do saber". Em português, a tradução mais estabelecida é "Doutrina-da-ciência" [N.R.].

com a esperança de encontrar uma forma de apresentação que consagraria sua filosofia com a aclamação universal que ele estava certo de merecer. A frustração de Fichte com sua incapacidade de obter esse reconhecimento foi talvez mais evidente no notável título de um ensaio publicado em 1801: "Comunicado claro como o sol ao grande público onde se mostra em que se consiste propriamente a novíssima filosofia: um ensaio para forçar o leitor à inteligência". Sua reputação continuou a diminuir, no entanto, e na primeira década do século XIX Fichte foi superado por Schelling e Hegel, que se tornaram os novos porta-estandartes do idealismo alemão.

Resposta ao ceticismo de Schulze: "Resenha de *Aenesidemus*"

O desenvolvimento filosófico de Fichte foi fortemente influenciado pelos ataques céticos de Schulze a Kant e a Reinhold. Em sua "Resenha de *Aenesidemus*", Fichte produziu uma avaliação crítica do ceticismo de Schulze, reconhecendo seu valor filosófico enquanto rejeitava sua reivindicação de ter enfraquecido o idealismo transcendental.

Já a primeira sentença da resenha de Fichte concede a Schulze que "não se pode negar que a razão filosófica deve todos os avanços perceptíveis que já fez às observações do ceticismo sobre a precária posição onde ela até agora se sustenta" ("R": 137). A posição deste momento, naturalmente, era o princípio da consciência, que Reinhold oferecera como a fundamentação de sua teoria da representação, que ele considerava ser a condição *sine qua non* de uma filosofia crítica completamente justificada. Em sua resenha Fichte explica que, embora deseja e espere que o princípio da consciência de fato se mostre verdadeiro, as objeções levantadas por Enesidemo o persuadiram que o princípio ainda necessitava de uma justificação adequada, e, portanto, que a posição filosófica de Reinhold é de fato precária. Fichte então declara que o ensaio de Schulze o convenceu da necessidade de descobrir um ponto de partida ainda mais fundamental para a filosofia, de onde a verdade do princípio da consciência possa ser deduzida *a priori*.

Ao mesmo tempo em que elogiava o ceticismo por estimular a filosofia a reforçar suas fundamentações, Fichte critica Schulze por não compreender corretamente Kant e a natureza do conhecimento de modo mais geral. O ceticismo de Schulze, de acordo com Fichte, decorre do pressuposto equivocado de que o objeto do conhecimento é a coisa-em-si. Com base nesse pressuposto, o conhecimento seria de fato impossível, mas continuar a desejar o acesso às coisas-em-si é demonstrar um fracasso completo na compreensão do ponto básico de Kant: qualquer objeto do qual temos consciência precisa já ter sido processado pelo aparato cognoscente que permite nossa percepção, e assim pode ser conhecido somente à medida que aparece à luz de tal processamento. A conclusão adequada que se pode obter não é que o conhecimento é impossível, mas em vez disso que as coisas-em-si não podem ser conhecidas; os únicos objetos possíveis de conhecimento são as aparências, os fenômenos que resultam da interação de nossas faculdades cognoscentes com o mundo. O problema filosófico genuíno, insiste Fichte, não é explicar como podemos conhecer as coisas-em-si (porque não podemos), mas em vez disso explicar como podemos ter um conhecimento sintético *a priori* dos fenômenos.

Schulze concordara que de fato nós temos tal conhecimento, mas argumentou em *Aenesidemus* que a explicação de Kant de sua possibilidade não precisa ser verdadeira, mesmo que seja a única que possamos imaginar. Talvez Kant esteja correto ao dizer que a mente contribui formas necessárias aos objetos do conhecimento, mas talvez a necessidade que caracteriza alguns de nossos juízos tenha uma fonte alternativa que precisamos ainda compreender. Enquanto for esse o caso, Schulze concluiu, a posição adequada é uma moderação cética que se recuse a fazer declarações que excedam nossa capacidade de justificação.

Fichte também é crítico desta linha de raciocínio, no entanto, ao afirmar que ela falha em considerar a diferença entre explicações empíricas e as *a priori*. As explicações empíricas são sempre hipóteses provisórias resultantes da inferência indutiva sobre todas as evidências disponíveis, e como tais permanecem abertas à revisão ou substituição em face das novas informações ou contraexemplos adquiridos. As explicações *a priori*, em contraste, conferem necessidade dedutiva a suas conclusões, desde que empreguem inferências indiscutivelmente válidas para tirar as implicações de premissas indiscutivelmente verdadeiras. A explicação transcendental da possibilidade dos juízos sintéticos necessários pode ser estabelecida definitivamente, portanto, se pudermos mostrar que ela resulta de uma dedução *a priori* adequada. Tal dedução ofereceria à filosofia crítica uma fundamentação imune à preocupação cética de Schulze sobre a possibilidade de explicações alternativas que simplesmente não conseguimos imaginar.

As reflexões de Fichte sobre *Aenesidemus* o levaram à conclusão que sua vocação filosófica era a de desenvolver uma fundamentação para o idealismo transcendental que se apoia inteiramente em premissas indiscutíveis e raciocínio *a priori* válido. Fichte considera ser essa a sua tarefa porque ele concorda com Schulze que Reinhold fracassou completamente em realizá-la, mas enaltece Reinhold por ter reconhecido o que precisa ser feito para completar e aperfeiçoar a revolução kantiana: "Depois de Kant, Reinhold obteve para si o mérito imortal de chamar a atenção da razão filosófica ao fato de que toda a filosofia precisa ser rastreada a um único princípio, e que não se pode descobrir o sistema dos modos de operação permanentes do espírito humano antes da descoberta de sua pedra angular" ("R": 150).

A resenha de Fichte de *Aenesidemus* também contém sugestões provocativas sobre a fundamentação para a filosofia que ele pretende desenvolver. A premissa ou princípio indiscutível do qual Fichte começará é o fato da consciência-de-si, cujo reconhecimento como o único ponto de partida filosófico apropriado ele credita a Descartes. Fichte planeja então continuar de modo transcendental, refletindo sobre as condições que são necessárias para explicar a possibilidade do fato da consciência-de-si. Ele credita Kant com o reconhecimento, mais explicitamente na "Refutação do idealismo", de que uma dessas condições da individualidade é a intuição de um mundo que é experimentado como distinto e exterior ao eu. O próprio programa filosófico de Fichte resultaria na dedução de todos os aspectos do mundo, do eu e de suas interações que são necessárias para explicar a consciência-de-si.

A primeira tentativa de Fichte de estabelecer a fundamentação de seu programa filosófico apareceu dois anos após a "Resenha de *Aenesidemus*", em *A doutrina-da-ciência* de 1794-1795. Antes de realizar esse empreendimento fundacional, no entanto, Fichte procurou primeiro especificar o método através do qual isso deveria proceder, e os critérios através dos quais seu sucesso precisa ser avaliado. Ele publicou esse trabalho preparatório sob o título "Sobre o conceito da doutrina-da-ciência", o programa de sua filosofia com o qual ele se apresentou aos estudantes em Jena.

Idealismo sistemático: "Sobre o conceito da *doutrina-da-ciência*"

No Prefácio à primeira edição de seu programa Fichte outra vez reconhece Kant, Reinhold e Schulze como seus mais importantes predecessores. A sentença de abertura assinala que, "ler os céticos modernos, em particular *Aenesidemus* [...] convenceu o autor deste tratado [que] [...] a filosofia ainda não chegou ao nível de uma ciência claramente evidente" ("SC": 94). Fichte continua acrescentando que está "sinceramente convencido que nada, seguindo o espírito de gênio de Kant, poderia contribuir mais à filosofia do que o espírito sistemático de Reinhold" ("SC": 96). Fichte claramente se percebe como aplicando o espírito sistemático de Reinhold ao serviço do gênio original de Kant com a finalidade de vencer o ceticismo de Schulze.

No Prefácio à segunda edição do programa, que apareceu em 1798, Fichte distingue o papel de seu ensaio preliminar e o da própria *Doutrina-da-ciência* (que já havia sido escrita e publicada). *A doutrina-da-ciência* é um estudo de metafísica, sobre o qual Fichte, cuidadoso, observa que "não precisa ser uma teoria das assim chamadas coisas-em-si, mas pode ser uma dedução genética do que encontramos em nossas consciências" ("SC": 97). "Sobre o conceito" é uma "crítica", que Fichte define como uma investigação "sobre a possibilidade, o significado real, e as regras que governam" a ciência da metafísica (ibid.). "Sobre o conceito" procura assim preparar o caminho para *A doutrina-da-ciência* ao definir suas tarefas, explicar sua metodologia, e estabelecer os critérios para sua finalização bem-sucedida.

"Sobre o conceito" está dividido em três partes, a primeira das quais tenta definir "Doutrina-da-ciência" mais precisamente. Fichte começa observando que se aceita universalmente que a filosofia é uma ciência. Há uma ampla discordância, no entanto, sobre os objetos e métodos dessa ciência, porque o significado de "ciência" não foi especificado.

Fichte se junta a Reinhold ao definir "ciência" como um corpo de conhecimento proposicional que tem forma sistemática, e ao definir forma sistemática como a unificação de todas as proposições através de um único primeiro princípio. Para as proposições se qualificarem como conhecimento, Fichte raciocina que é preciso haver certeza sobre o primeiro princípio, e sua certeza precisa ser transmitida a todas as proposições subsequentes em virtude de sua conexão sistemática. A sistematicidade é assim não um fim em si mesma, mas um meio para a certeza que a ciência exige. A sistematicidade requerida, no entanto, é de um tipo muito forte, pois as proposições precisam não somente estar inter-relacionadas (que é tudo que uma noção fraca de "sistema" poderia implicar), como também conectadas de tal maneira que se houver certeza sobre o primeiro princípio, isso se aplicará a toda outra proposição.

Fichte observa que estas primeiras reflexões sobre o significado de "ciência" sugerem imediatamente duas questões essenciais: "Como se pode estabelecer a certeza do primeiro princípio? E qual é a garantia desse tipo específico de inferência através da qual inferimos a certeza de outras proposições a partir da certeza do primeiro princípio?" ("SC": 105). Estas questões precisam ser respondidas, insiste Fichte, se quisermos ser capazes de determinar se nosso conhecimento tem uma fundamentação sólida (e, portanto, se de fato temos qualquer conhecimento).

Fichte começa a tratar da primeira pergunta assinalando, outra vez em acordo com Reinhold, que um primeiro princípio não pode ser provado, uma vez que o resultado de uma prova depende das premissas pelas quais a prova procede e, portanto, por definição não é um *primeiro* princípio. Portanto, a certeza possuída pelo primeiro princípio precisa ser imediata, e não mediada por qualquer processo de dedução.

A questão que agora surge, no entanto, é se existem de fato quaisquer princípios que desfrutem de certeza imediata. Fichte candidamente admite que a resposta não é óbvia. É possível que não existam tais princípios, e nesse caso nada existiria que pudesse servir como a fundamentação da ciência filosófica, e então nada de nosso conhecimento seria certo. E é possível que existam vários desses princípios, e nesse caso o conhecimento que se apoia em cada um deles seria certo, mas nosso conhecimento como um todo não poderia ser unificado numa única ciência. E, finalmente, é possível que exista exatamente um único princípio imediato certo que poderia servir como a fundamentação de todo o nosso conhecimento.

A única maneira de determinar qual dessas possibilidades é o caso, argumenta Fichte, é fazer um esforço para identificar e examinar as proposições candidatas:

> Tudo depende da tentativa. Se encontramos uma proposição que tenha as condições internas da proposição

fundamental de todo saber humano, faremos então uma tentativa para verificar se também tem as externas: se tudo o que sabemos ou acreditamos saber pode ser reconduzido a ela. Se tivermos êxito, teremos provado, pelo estabelecimento efetivo da ciência, que esta era possível e que há um sistema do saber humano, de que ela é a exposição. Se não tivermos êxito, então – ou não há em geral um tal sistema, ou simplesmente não o descobrimos, e temos de deixar sua descoberta para sucessores mais afortunados ("SC": 113).

A *doutrina-da-ciência* constituirá a tentativa de Fichte de reconstruir todo o conhecimento humano com base num único primeiro princípio imediatamente certo.

Após definir a "Doutrina-da-ciência" mais precisamente na primeira parte de "Sobre o conceito", Fichte volta-se na segunda parte a questões que dizem respeito ao método pelo qual a doutrina-da--ciência precisa avançar, e a relação dessa ciência fundacional com as outras ciências.

Uma das primeiras questões metodológicas que Fichte trata é a de como é possível saber que a "doutrina-da-ciência" estaria completa. Fichte já argumentou que a ciência filosófica precisa começar com um primeiro princípio imediatamente certo, e que todas as proposições subsequentes da ciência precisam ser deduzidas *a priori* deste princípio a fim de garantir a certeza dos resultados. Mas ele agora se pergunta como podemos saber que esse processo de dedução foi realizado por completo, que todo o conhecimento possível foi extraído do primeiro princípio? Podemos considerar impossível deduzir quaisquer consequências posteriores do primeiro princípio, mas, assinala Fichte, isso pode indicar um limite de nossas habilidades e não a finalização do sistema. A única maneira de excluir a possibilidade de proposições adicionais serem acrescentadas ao sistema, conclui Fichte, é a dedução voltar ao seu ponto de partida, garantindo assim que qualquer inferência subsequente simplesmente repetiria passos já dados em vez de demonstrar qualquer coisa nova. A filosofia científica precisa, portanto, formar um sistema fechado e circular, elaborado a partir de um único princípio fundacional e, em última instância, voltar a ele por meio de cuidadosos passos dedutivos que assegurem a integralidade e a certeza do conjunto de proposições resultantes.

Após discutir como a filosofia precisa começar e terminar, a seguir Fichte oferece uma teoria dos objetos da filosofia – aquilo que a filosofia reivindica conhecer – e do método pelo qual a filosofia pode vir a conhecê-los. Fichte considera que o primeiro objeto da filosofia, como já indicado em sua resenha de *Aenesidemus*, é o sujeito consciente-de-si, cuja existência considera ser uma certeza imediata e incorrigível. Os outros objetos da filosofia são então determinados, Fichte argumenta, pela tentativa de explicar as condições necessárias da possibilidade da consciência-de-si. Por partilhar da posição de Kant de que somente a mente pode oferecer tais condições transcendentais, Fichte especifica estes objetos da filosofia como os atos da mente que são necessários para ela tomar consciência de si mesma.

A reconstrução dos atos mentais necessários para a consciência do eu é o que Fichte queria dizer antes quando descreveu a tarefa metafísica levada a cabo em *A doutrina-da-ciência* como a "dedução genética do que encontramos em nossa consciência". Na realidade, nós descobrimos que estamos conscientes de nós mesmos, de um mundo exterior, e de várias formas de interação entre nós e o mundo. A tarefa da filosofia, como Fichte a concebe, é explicar como é que cada um destes elementos dos quais temos consciência (cada um dos quais pode ser construído como um ato mental – o ato mental de se tornar consciente do elemento em questão) não é simplesmente uma questão de fato contingente, e sim uma condição necessária de termos consciência-de-si.

Os objetos da filosofia são portanto os atos da mente sem os quais não haveria nenhuma "mente". A filosofia não ambiciona descrever a ordem em que acabamos tendo consciência dessas operações mentais, pois isso é uma questão de fato empírico. Em vez disso, ela ambiciona oferecer uma teoria sistemática da mente que deduz numa maneira puramente *a priori* todos os atos mentais que são condições necessárias da possibilidade do fato imediato da consciência-de-si. Se esta dedução for bem-sucedida, então os atos mentais que ela reconstrói devem corresponder àqueles que temos de fato consciência de realizar, mesmo que a ordem da realização, consciência e reconstrução filosófica não precise ser a mesma.

Fichte observa que o método pelo qual a filosofia reconstrói os atos necessários da mente é em si próprio um ato mental adicional, o da reflexão. A filosofia envolve a mente voltando-se sobre si mesma e tornando-se explicitamente consciente dos modos de sua própria ação, que já estarão em operação por algum tempo antes da sua reapropriação filosófica. Fichte observa também que tal reflexão envolve abstrair esses modos das formas concretas nas quais eles ocorrem naturalmente, tratando cada um em separado dos outros, na ordem em que eles aparecem na reconstrução *a priori* da consciência-de-si.

Neste ponto Ficthe aproveita a oportunidade para se distinguir de Reinhold ao apontar que, embora o ato filosófico de reflexão seja uma forma de representação (ele representa os atos mentais sobre os quais a filosofia reflete), nem todos os atos mentais sobre os quais ele reflete são necessariamente atos de representação. Em outras palavras, embora a representação seja o ato básico da filosofia, pode não ser o ato básico da própria mente, como pressupunha Reinhold. A filosofia, portanto, não pode considerar a representação como algo dado, muito menos como um princípio fundacional, mas em vez disso precisa deduzir a necessidade da representação do fato mais básico da consciência-de-si.

Enquanto declara que seu próprio método é mais sistemático e verdadeiramente fundacional que o de Reinhold, Fichte também de forma franca chama a atenção ao fato de que ele é inevitavelmente circular. A filosofia opera por meio de reflexão e dedução, e, portanto, precisa pressupor as regras para a performance adequada desses atos mentais que somente podem ser sancionados com base nas deduções que essas pressuposições permitem. Fichte não vê nenhuma maneira de escapar deste círculo de justificação, e conclui que é impossível excluir a possibilidade de que a filosofia sistemática, independentemente de como pareça estar completa e necessariamente unificada, fundamente-se numa dedução falsa. Ele confessa que "ninguém pode jamais reivindicar infalibilidade", mas, em vez de ver isso como uma razão para rejeitar o projeto da filosofia sistemática, ele coloca a responsabilidade de volta sobre aqueles que a criticam: "Se alguém duvidar da possibilidade de defesa do nosso sistema, poderemos exigir que *ele nos aponte o erro em nosso raciocínio*" ("SC": 130). Se tal erro puder de fato ser identificado, então o sistema exigirá uma revisão, mas o mero fato de que a possibilidade de erro não pode ser desconsiderada não deve nos impedir de realizar nossos melhores esforços para assegurar a fundamentação do conhecimento.

Fichte oferece várias estratégias para aumentar nossa confiança de que nossas reflexões filosóficas são sólidas, entre elas: repeti-las, e examiná-las em ordem reversa, mas em última instância não oferece consolo ao fato de que nossos raciocínios não são nunca indiscutíveis, e nossas conclusões filosóficas são no melhor dos casos "prováveis". Os objetos de nossos raciocínios filosóficos discutíveis e conclusões prováveis, no entanto, são as condições necessárias da possibilidade da consciência-de-si, e sua necessidade não é impugnada pela nossa falibilidade.

Fichte reconhece que definir os objetos da filosofia em termos de sua necessidade para a consciência-de-si requer que o filósofo discrimine entre aqueles atos da mente que são necessários a sua operação e aqueles que são contingentes ou acidentais. Mas outra vez ele não tem problemas em admitir que não há nenhuma regra infalível para se fazer esta discriminação. Não temos escolha que não seja realizar o experimento da filosofia sistemática na melhor forma possível, e permanecer abertos para revisar nossas deduções e conclusões toda vez que percebamos ter cometido erros.

A distinção entre as ações da mente necessárias e contingentes desempenha um importante papel na teoria de Fichte sobre a relação entre a filosofia e as outras ciências. A filosofia, que começa a partir do princípio imediatamente certo da consciência-de-si, precisa servir como a fundamentação para todas as outras ciências, caso contrário suas conclusões não terão a certeza que Fichte considera o critério do conhecimento científico. Como a fundamentação das outras ciências, a filosofia precisa oferecer os princípios a partir dos quais elas começam, mas se estas ciências quiserem se distinguir da própria filosofia, então algo extrafilosófico precisa ser acrescentado a seus princípios iniciais. Fichte sugere que devido a todos os princípios da filosofia serem operações necessárias da mente, os objetos das outras ciências precisam ser operações mentais que são contingentes ou livres.

Fichte oferece vários exemplos para ilustrar esse ponto. Ele considera parte da tarefa da filosofia deduzir a necessidade da experiência de um mundo natural para nossa própria consciência-de-si, mas considera as leis particulares que descrevem o comportamento dos objetos no mundo como contingentes no que diz respeito ao nosso eu (uma vez que este poderia surgir em vários mundos possíveis, mas não se não existisse mundo natural nenhum), e assim ele atribui o exame destas leis às ciências naturais em vez da filosofia. Da mesma forma, Fichte espera que a filosofia deduza a necessidade de espaço para nossa experiência do mundo (que Kant já tinha tentado fazer, mas sem sucesso na opinião de Fichte), mas considera a construção e a manipulação de figuras espaciais particulares que não são condições necessárias da consciência-de-si como a província da geometria.

É o fato da filosofia preocupar-se somente com as operações necessárias da mente que a permite formar um sistema fechado, em contraste com as outras ciências, que são abertas ou "infinitas", uma vez que experimentos ou construções adicionais são sempre possíveis. O cientista natural sempre pode coletar mais dados, e o geômetra sempre pode imaginar outra figura, mas a tarefa da filosofia chega ao fim quando todas as condições necessárias da consciência-de-si tiverem sido deduzidas. Naturalmente, nossa falibilidade significa que qualquer exposição destas condições precisa sempre permanecer aberta a revisões e melhorias, mas o escopo da investigação filosófica é fixado e limitado pela natureza das operações necessárias da mente.

Fichte tem um cuidado especial ao distinguir a filosofia da lógica, já que ambas reivindicam serem ciências universais, em contraste com as ciências particulares que delas dependem. A diferença-chave, na visão de Fichte, é que a lógica é uma disciplina puramente formal, enquanto a filosofia também oferece conteúdo, ou seja, conhecimento substantivo da mente e do mundo. A lógica, como Fichte a compreende, procede através da abstração da forma das proposições a partir de seu conteúdo, e por isso não pode ser uma disciplina fundacional, uma vez que depende de outras disciplinas, incluindo a filosofia, para dar a ela as proposições a partir das quais ela abstrai as qualidades formais. Fichte então conclui, de forma indiscutível, que a metafísica não pode ser deduzida somente da lógica formal. No entanto, ele não se detém aí e declara que a validade das leis lógicas não pode ser pressuposta pelo metafísico, e precisa ser derivada de certos princípios da "Doutrina-da-ciência". A subordinação altamente controversa da lógica formal à metafísica recebe uma explicação mais aprofundada na seção de abertura de *A doutrina-da-ciência*, que será discutida abaixo.

A terceira e última parte de "Sobre o conceito", denominada "Divisão hipotética de *A doutrina-da-ciência*", é bem breve, mas oferece uma percepção valiosa da estrutura geral do sistema filosófico que Fichte está prestes a desenvolver. Aqui Fichte observa que o primeiro princípio da filosofia é o sujeito consciente-de-si, ou o "Eu", e pede ao leitor supor aquilo que ele mais tarde afirmará ter demonstrado, ou seja, que o Eu pode ser consciente-de-si somente em virtude de se distinguir do mundo, ou do "não-Eu", que é, portanto, o segundo princípio da filosofia. Ele então aponta que existem somente duas maneiras nas quais o Eu e o não-Eu podem ser determinados adicionalmente. Ou o não-Eu pode determinar o Eu (o mundo pode afetar o sujeito), ou o Eu pode determinar o não-Eu (o sujeito pode afetar o mundo). No segundo desses modos de determinação o Eu funciona como uma "vontade", um sujeito consciente que busca realizar os seus fins no mundo. No primeiro modo de determinação o Eu funciona como um "intelecto", um sujeito consciente que registra os impactos do mundo em si. O sistema filosófico de Fichte começará com uma dedução dos princípios básicos que são fundamentais a toda consciência-de-si, e em seguida se ramificará para a filosofia teórica, que trata das condições necessárias da atividade intelectual, e para a filosofia prática, que trata das condições necessárias da vontade.

A doutrina-da-ciência

Introduzindo A doutrina-da-ciência

A doutrina-da-ciência é precedida não por uma, mas por duas introduções, um fato que reflete a frustração de Fichte de que seu sistema filosófico não obteve uma aceitação imediata e universal dos seus contemporâneos. Fichte abre a segunda introdução declarando que a introdução original é "perfeitamente adequada para o leitor sem preconceitos" e que o esforço atual se destinava "àqueles que já têm um sistema filosófico" (*CC*: 29), que os impede de dar ao trabalho de Fichte a recepção que ele merece. Porções significativas da segunda introdução são assim explicitamente polêmicas, dirigidas em resposta a incompreensões específicas que Fichte sente-se compelido a retificar, mas essas polêmicas também servem para complementar a primeira introdução (que é muito mais curta), de forma que o texto é melhor abordado lendo-se as duas juntas.

Fichte introduz *A doutrina-da-ciência* declarando que a filosofia precisa "fornecer a fundamentação de toda experiência" (*CC*: 6), e então oferece uma breve análise do próprio conceito de experiência. Ele começa declarando que a experiência envolve uma relação entre uma coisa que é experimentada e um sujeito que experimenta. Ele então argumenta que as tentativas de explicar o fato da experiência podem avançar somente de duas maneiras, porque as únicas bases explicativas disponíveis são a coisa e o sujeito. O "idealismo", como Fichte usa o termo, é definido pela tentativa de traçar a experiência até o sujeito consciente, enquanto o "dogmatismo" (que seria mais útil chamar de "materialismo") busca a explicação definitiva da experiência na coisa-em-si.

Fichte anuncia então, de forma um tanto surpreendente, que nem o idealismo nem o dogmatismo são capazes de refutar um ao outro, porque procedem a partir de primeiros princípios contrários para os quais justificação nenhuma pode ser oferecida. O idealista postula a existência de um eu livre e independente, que o dogmático considera uma ilusão devido a sua incompatibilidade com suas pressuposições mecanicistas. E o dogmático postula a existência das coisas-em-si, que são consideradas pelo idealista como meras invenções do pensamento que não têm uma realidade independente.

Após negar que possam ser oferecidas razões quanto a escolha do idealismo ou do dogmatismo, Fichte propõe que os fatores que levam à decisão precisam ser a inclinação e o interesse. Ele então acrescenta, no entanto, que o dogmatismo é incapaz de explicar o fato básico que precisa ser explicado, o da "representação", e é, portanto, indefensável. O fato da "representação" é equivalente ao da consciência, ao fato de que há seres que têm experiência de si próprios e de outros seres. O dogmatismo não pode explicar esse fato porque não há transição possível de sua base explicativa fundamental, a coisa-em-si completamente material – ao que precisa ser explicado – o fenômeno imaterial da consciência. Fichte pondera que todo dogmatismo é necessariamente materialismo, todo materialismo é necessariamente mecanismo, e mecanismo nenhum pode explicar a consciência. O dogmatismo então não tem escolha a não ser negar o fato da consciência, que o idealista considera como uma *reductio ad absurdum* da posição dogmática, e que também contradiz o comportamento e tratamento de outros do próprio dogmático. Fichte consequentemente conclui que o idealismo é a única filosofia possível.

A negativa de Fichte de que o dogmatismo é uma filosofia possível não resulta num recuo de sua afirmação de que o idealista não será capaz de persuadir o dogmático da impossibilidade de defender sua posição. Fichte não afirma que o dogmatismo é impossível de sustentar, mas sim destaca as implicações da sustentação de seus comprometimentos. Estas implicações incluem, na visão de Fichte, uma incapacidade de explicar a experiência que em última instância força a negação da experiência, e assim força um cisma entre a maneira como se age (como um ser consciente) e a maneira como se fala (como se não houvesse seres conscientes).

Então Fichte concede que o "dogmatismo" pode ser sustentado, e é de fato sustentado, mesmo por aqueles que reconhecem suas implicações radicais, e ele não tem esperança de converter ao idealismo aqueles que estão dispostos a negar a existência da consciência. Ele insiste, no entanto, que o dogmatismo não pode se qualificar como uma *filosofia* defensável, uma vez que entende a filosofia como o projeto de explicar a possibilidade da experiência, que é um projeto que o dogmático consistente não tem interesse em realizar (uma vez que sustenta que não existe de fato nenhuma experiência a ser explicada).

A tarefa de Fichte é oferecer uma teoria idealista da experiência, que envolve explicar como a mente pode ser a fonte das condições que tornam possível sua consciência de si mesma e do mundo exterior. Fichte credita a Kant o fato de ter reconhecido essa como a tarefa filosófica definitiva, mas critica Kant por ter oferecido deduções inadequadas das formas de intuição e das categorias do entendimento. O objetivo de Fichte, no entanto, não é simplesmente melhorar os detalhes das deduções de Kant, mas em vez disso realizar toda a tarefa desde o começo, oferecendo uma teoria *a priori* de como todas as características essenciais de nossa experiência são necessárias para explicar a existência da consciência-de-si, que ele considera como um fato imediatamente certo, e que ele afirma ser a única pressuposição que sua filosofia faz.

O programa idealista de Fichte, em outras palavras, é explicar como os elementos constitutivos de nossa experiência consciente (as "determinações da consciência" na linguagem de Fichte) são gerados pela atividade da própria mente. Esta é a "dedução genética do que nós encontramos em nossa consciência" prometida em "Sobre o conceito de *doutrina-da-ciência*", que serve como a resposta de Fichte à dedução metafísica das categorias de Kant. A dedução de Fichte procederá refletindo sobre os atos mentais que são necessários à consciência-de-si, e derivando deles os aspectos definitivos de nossa experiência consciente, cujo exemplo mais óbvio inclui um mundo exterior de objetos materiais, cuja existência e comportamento parecem ser em grande medida independentes da atividade de nossas mentes. Fichte explica que o idealismo explicará esta independência aparente do mundo atribuindo-a ao caráter necessário dos atos mentais que são sua verdadeira fonte. Porque nossas mentes precisam, em virtude de sua natureza, agir de certas maneiras, nós experimentamos as apresentações que resultam dessas ações como necessárias ou inevitáveis, e é essa necessidade, e não a independência da mente, que explica a objetividade do mundo. Fichte, portanto, rejeita a necessidade de uma dedução transcendental das categorias, uma vez que ele considera o mundo dos objetos como sendo constituído pelas condições que tornam a experiência possível e, portanto, necessariamente conformando-se a elas.

Ao introduzir *A doutrina-da-ciência* Fichte oferece comentários sobre o método através do qual ele pretende levar a cabo seu programa idealista que aperfeiçoam sua discussão prévia em "Sobre o Conceito", e que em última instância oferecem percepções importantes no que se refere à relação entre seu projeto filosófico e o de Kant. Fichte escreve que o idealismo

> mostra que o que é antes de tudo estabelecido como princípio fundamental e diretamente demonstrado na consciência é impossível, a menos que algo mais ocorra junto com isso, e que este algo a mais é impossível, a menos que uma terceira coisa ocorra, e assim por diante até que as condições daquilo que foi exibido em primeiro lugar sejam completamente esgotadas, e que este último seja, com respeito a sua possibilidade, plenamente inteligível [...] Se a hipótese do idealismo estiver correta e o raciocínio na dedução for válido, o sistema de todas as apresentações necessárias ou toda a experiência [...] precisa emergir como o resultado final, como a totalidade das condições da premissa original (*CC*: 25-26).

O filósofo idealista procura oferecer, então, uma reconstrução *a priori* daquilo que é dado na experiência *a posteriori*.

Os elementos que emergem nessa reconstrução serão, como já indicado em "Sobre o Conceito", os atos mentais que são condições necessárias da possibilidade da consciência-de-si. Ao deduzir estes atos o filósofo "meramente torna claro a si o que ele realmente pensa, e que sempre pensou, quando ele pensa *em si mesmo*; aquilo que ele pensa de si é, no entanto, um fato imediato da consciência para ele" (*CC*: 36).

Embora a consciência-de-si seja experimentada como um fato imediato pelo filósofo (e por todos os outros), Fichte argumenta que esta experiência precisa ser precedida por um ato original de autoconstituição, sem o qual não haveria nenhum sujeito consciente. Fichte escreve que "é somente através deste ato, e, primeiro, por meio dele, por um ato sobre si mesmo, ato específico que não é precedido por nenhum outro, que o eu *originalmente* passa a existir por si mesmo" (*CC*: 34).

Fichte famosamente caracteriza o ato original de autoconstituição, através do qual um ser existente desenvolve a consciência reflexiva, e assim se torna um "eu", como um ato de "intuição intelectual". Ele parece adotar a pressuposição de Kant (sem dizer de forma explícita) de que existem somente dois tipos de atos mentais através dos quais os sujeitos se relacionam aos objetos sobre os quais têm consciência: a concepção e a intuição. Ele pressupõe ainda que conceber um objeto depende de primeiro intuí-lo, pois é apenas depois de encontrar um objeto através da intuição que se torna possível desenvolver uma concepção do mesmo. O ato original que dá existência ao eu, assim, não pode ser de autoconcepção, mas em vez disso de intuição. Essa intuição não pode ser sensorial, no entanto, porque o eu não é um objeto que pode ser encontrado através dos sentidos; é impossível ver, ouvir, cheirar, tocar ou sentir o gosto do eu. A única possibilidade restante é que o eu passa a existir através de um ato original de intuição intelectual, através de um momento constitutivo no qual ele se torna imediata e diretamente consciente de sua própria atividade mental.

Fichte conhece muito bem a famosa negativa de Kant de que os seres humanos teriam uma capacidade para a intuição intelectual, e ele caracteristicamente se esforça para argumentar que sua posição não só é consistente com a de seu grande predecessor, mas na realidade expressa o que Kant realmente pretendia dizer. Kant rompeu com a tradição racionalista e se alinhou aos empiristas ao rejeitar a reivindicação de que somos capazes de conhecer objetos diretamente com nossas mentes. Todo acesso humano aos objetos, insistiu Kant, é mediado através dos sentidos, e sem as intuições que eles fornecem nossos conceitos são "vazios" ou incapazes de nos informar sobre o mundo. Fichte rapidamente observa que ele também rejeita a possibilidade de conhecer as coisas-em-si com nossas mentes, e enfatiza que a capacidade de "intuição intelectual" que ele atribui a nós nada tem a ver com isso, e na verdade nomeia uma capacidade que o próprio Kant reconhece sob um nome diferente: "A intuição intelectual mencionada em *A doutrina-da-ciência* se refere não à existência, mas à ação, e simplesmente não é mencionada em Kant (a não ser, talvez, sob o título de *apercepção pura*)" (*CC*: 46).

Fichte continua explicando que utiliza "intuição intelectual" para nomear a ideia que está no coração do idealismo transcendental de Kant: a condição tanto da intuição sensorial como do pensamento conceitual é a unidade do sujeito consciente, e o estabelecimento deste sujeito unificado requer um ato de espontaneidade pura que não pode ser experimentado, mas que sem o qual a experiência é impossível de explicar. Fichte então cita várias passagens da *Crítica da razão pura* em defesa de sua interpretação. Primeiro, ele nota a declaração de Kant de que "o princípio supremo da possibilidade de toda a intuição, em sua relação com o entendimento, é que toda a multiplicidade da intuição deve estar sujeita às condições da unidade sintética original da apercepção" (*CC*: 48). Então Fichte aponta para o reconhecimento de Kant de que a condição da unidade da apercepção é que "deve ser *possível* para minhas apresentações estarem acompanhadas pelo 'Eu penso'" (ibid.). E, por fim, Fichte apodera-se triunfalmente da reivindicação de Kant de que "esta representação ("Eu penso") é um ato de *espontaneidade*, ou seja, não pode ser considerado como pertencente à sensibilidade" (*CC*: 49). Uma vez que esse ato espontâneo que torna possível o eu e a experiência é precisamente o que Fichte quer dizer por "intuição intelectual", ele conclui que sua diferença aparente de Kant é meramente semântica e não a traição da filosofia crítica da qual ele foi acusado.

Após gastar um significativo esforço para defender as credenciais kantianas de seu princípio fundamental, Fichte imediatamente antecipa e desconsidera outra objeção. Embora tanto Kant como

Fichte comecem a partir da espontaneidade da consciência-de-si, alguém dirá que os dois filósofos designam papéis bem diferentes à consciência-de-si na constituição da experiência. "De acordo com Kant", os críticos de Fichte certamente apontarão, "toda consciência é meramente condicionada pela consciência-de-si, ou seja, seu conteúdo pode ser fundamentado sobre algo fora da consciência-de-si", mas, "de acordo com *A doutrina-da-ciência*, toda consciência é determinada pela consciência-de-si, ou seja, tudo que ocorre na consciência é encontrado, dado e introduzido pelas condições da consciência-de-si; e simplesmente não há qualquer base para ela fora da consciência-de-si" (*CC*: 50).

Fichte insiste mais uma vez, no entanto, que esse desvio aparentemente significativo de Kant não é na verdade um desvio. Ele admite que sua posição é que os conteúdos da consciência precisam ser determinados completamente pelo sujeito consciente-de-si, independentemente de todo e qualquer dado exterior. Mas ele então tenta argumentar que esta é de fato também a posição de Kant. Citando o ensaio de Jacobi "Sobre o idealismo transcendental" como uma autoridade, Fichte afirma que "Kant nada sabe de nada que seja um pouco distinto do eu" (*CC*: 54). É claro que Kant faz referência às coisas-em-si, mas somente como "algo que nós meramente anexamos *em pensamento* aos fenômenos" (*CC*: 55). Uma vez que as coisas-em-si são meramente uma invenção de nosso próprio pensamento, pondera Fichte, o único candidato restante para ser a base real dos fenômenos que compreendem a experiência é a própria consciência-de-si e esta deve ter sido, portanto, a própria posição de Kant. Fichte conclui que "todo nosso conhecimento procede a partir de *uma afecção*; mas não afecção *por um objeto*. Esta é a posição de Kant, e também de *A doutrina-da-ciência*" (*CC*: 60). Compreender essa noção de que o conhecimento procede a partir da autoafecção da mente é uma das principais tarefas de *A doutrina-da-ciência*, e a dificuldade de Fichte em argumentar persuasivamente sobre a plausibilidade da ideia acabou se mostrando como um dos principais obstáculos à aceitação de sua filosofia.

Fichte resume a posição que se propõe a defender da seguinte maneira: "a intuição intelectual é o único ponto de vista firme para toda a filosofia. A partir daí nós podemos explicar tudo o que ocorre na consciência; e ainda mais, apenas daí. Sem a consciência-de-si não há qualquer consciência; mas a consciência-de-si é possível somente na maneira indicada: eu sou simplesmente ativo" (*CC*: 41). Fichte também defenderá a reivindicação, no entanto, de que a consciência-de-si necessariamente envolve a consciência de uma existência exterior a ela, e assim que "a intuição intelectual é [...] constantemente associada com uma intuição do *sentido*. Não posso me encontrar numa ação sem descobrir um objeto sobre o qual ajo, na forma de uma intuição sensorial conceitualizada" (*CC*: 38)

A doutrina-da-ciência procura então estabelecer *a priori* que todas as determinações da consciência são necessárias e baseadas na existência da própria consciência-de-si. A mais básica dessas determinações, que definitiva da consciência, é a oposição entre o sujeito e os objetos de sua percepção, de forma que a dedução de Fichte precisa demonstrar que sem a experiência de um mundo exterior não pode haver consciência-de-si, nem experiência da subjetividade. Uma parte importante de *A doutrina-da-ciência* preocupa-se então em dar conta das relações que valem entre o sujeito consciente-de-si e o mundo exterior.

Princípios fundamentais de toda a doutrina-da-ciência

A primeira parte de *A doutrina-da-ciência* introduz e tenta justificar os três princípios sobre os quais Fichte afirma que todo nosso conhecimento se baseia. Ele se refere a esses três princípios como o princípio da identidade, o princípio da oposição e o princípio da fundamentação, respectivamente.

O primeiro princípio, como já sabemos da "Resenha de *Aenesidemus*", de "Sobre o conceito" e das duas introduções a *A dou-

trina-da-ciência, não pode ser defendido sem perder seu estatuto de *primeiro* princípio. Fichte, portanto, começa afirmando e examinando uma proposição cuja certeza todos aceitarão sem discutir: A = A. Fichte então converte esse enunciado de identidade lógica para uma forma condicionada: se A existe, então A existe. Uma vez que esta proposição é equivalente à original, ele pondera que todos precisam aceitar sua certeza, e assim a necessidade da conexão que liga o antecedente ao consequente. Mas o que, pergunta Fichte, poderia ser responsável por essa conexão que constitui a forma de juízo em questão? A única possibilidade, responde, é o eu que realiza o juízo. Designando a conexão como "X", Fichte escreve que "X está pelo menos *no* eu, e é postulado *pelo* eu, pois é o eu que julga na proposição acima, e de fato julga de acordo com X, como uma lei" (*CC*: 95).

O ponto básico de Fichte é que sem juízos não pode haver qualquer tipo de experiência, e que sem o eu não pode haver juízos. Consequentemente, a mais simples e certa experiência depende da existência do eu. "Por decorrência", conclui Fichte, "esta é uma base para a explicação de todos os fatos da consciência empírica: que antes de qualquer postulação no eu, o próprio eu é postulado" (*CC*: 96).

O eu é então o primeiro princípio da experiência e do conhecimento, e o ato através do qual ele vem a existir é a intuição intelectual discutida por Fichte na segunda introdução. Aqui ele descreve esta intuição intelectual como uma "autopostulação": "O eu *se postula*, e em virtude de sua autoafirmação ele *existe*; e, inversamente, o eu *existe* e *postula* sua própria existência em virtude de meramente existir. É ao mesmo tempo o agente e o produto da ação; o ativo e aquilo que a atividade causa" (*CC*: 97).

"Postular" [*"Posit"*] é um dos verbos favoritos de Fichte (de fato, os editores da edição inglesa de *A doutrina-da-ciência* comentam que às vezes parece ser o único verbo que ele conhece), e é notoriamente difícil de traduzir. A palavra alemã *setzen* é etimologicamente relacionada ao termo inglês *set*, e significa aproximadamente "expor", "propor" ou "estabelecer". A palavra em alemão para "lei" é *das Gesetz*, aquilo que foi exposto ou estabelecido. Na forma como Fichte a usa, a consciência "postula" os objetos de sua percepção. A ideia que ele está tentando comunicar é que tornar-se consciente de um objeto requer uma atividade por parte do sujeito, um foco que expõe ou estabelece um objeto como o centro da atenção.

O sujeito pode "postular", ou tomar como objeto de sua atenção, ou uma coisa ordinária, como uma maçã, ou o seu próprio eu. Quando uma coisa ordinária é postulada, o sujeito simplesmente torna-se consciente de um objeto previamente existente. Mas no caso da autopostulação o ato de se tornar consciente de um objeto traz efetivamente o objeto à existência, porque o eu é uma entidade de um tipo muito peculiar, cuja existência é definida pela percepção reflexiva. Na linguagem de Fichte: *"Aquele cujo ser ou essência consiste simplesmente no fato de que ele postula a si próprio como existente*, é o eu como sujeito absoluto" (*CC*: 98).

A posição de Fichte é, portanto, que é verdade para o eu, mas não para qualquer outro objeto, que ser é ser postulado. Se e somente se o eu é postulado, ou é o objeto de sua própria percepção, então o eu existe. Fichte prossegue com uma pergunta retórica: "*O que* eu era, então, antes de adquirir consciência-de-si? A resposta natural é: eu não existia; já que eu não era um eu. O eu existe somente à medida que está consciente de si" (ibid.). A postulação do eu é, portanto, constitutiva da sua realidade, e Fichte considera o estabelecimento do eu como o primeiro princípio da filosofia equivalente à dedução da "realidade" como a primeira e mais básica categoria (*CC*: 100).

Há um óbvio paradoxo que ameaça a teoria de Fichte (e com isso todo seu sistema filosófico): se o eu não existe, então não pode causar sua própria existência; mas se o eu existe, então ele não precisa causar sua própria existência. A estratégia de Fichte para enfraquecer esta objeção é distinguir entre o eu como uma ação e o eu como uma entidade. O "sujeito absoluto" não é nada mais do que atividade pura, e é somente como um resultado desta atividade que o eu surge como uma entidade: "O eu se apresenta a si próprio, e nessa medida impõe a si próprio a forma de uma representação, e é agora pela primeira vez *alguma coisa*, ou seja, um objeto; nessa forma a consciência adquire um substrato, que *existe*" (*CC*: 98).

O primeiro princípio do conhecimento no sistema de Fichte é, portanto, a atividade pura que traz à existência um eu consciente capaz de fazer as intuições e juízos por meio dos quais a experiência é constituída. Caso isso soe estranho ou misterioso, Fichte nos diz calmamente que não é nada de novo: "Que nossa proposição é o princípio absolutamente básico de todo o conhecimento que foi apontado por *Kant* em sua dedução das categorias [...] *Descartes*, antes dele, expôs uma proposição similar: *cogito, ergo sum* – que [...] ele pode muito bem ter considerado [...] como um *datum* imediato da consciência" (*CC*: 100). Raciocínio complicado e terminologia proibitiva à parte, Fichte parece estar dizendo que o ponto é bem simples: a existência do eu consiste e é confirmada pela percepção imediata de seu próprio pensamento, e este eu pensante é a condição necessária da possibilidade da experiência e do conhecimento.

Fichte encerra sua discussão do primeiro princípio fundamental do conhecimento com uma breve reflexão sobre o procedimento que seguiu, que também ilumina sua compreensão da relação entre a lógica e a metafísica: "Nós começamos com a proposição A = A; não como se a proposição 'Eu sou' pudesse ser deduzida disso, mas porque tínhamos que começar com algo dado com a *certeza* na consciência empírica. Mas, efetivamente, apareceu em nossa discussão que não é o 'Eu sou' que está baseado em 'A = A', e sim que este último é que está baseado no primeiro" (*CC*: 99). A fim de assegurar a certeza do conhecimento, em outras palavras, a prioridade metodológica precisa ser concedida àqueles fatos que são imediata e incorrigivelmente dados na consciência, e a proposição que representa a identidade lógica é o melhor exemplo de tal fato. Mas a filosofia transcendental investiga as condições que são necessárias para explicar a possibilidade destes fatos dados, e essas investigações revelam que a prioridade ontológica precisa ser concedida ao eu, sem o qual não poderia haver juízos, incluindo juízos de identidade. Reformulando o ponto numa linguagem kantiana mais explícita, Fichte escreve que "a forma desta proposição [A = A], por ser uma proposição puramente lógica, é realmente compreendida sob a mais alta das formas, a condição de *ter uma forma*, a saber, a unidade da consciência" (*CC*: 102).

Fichte segue o mesmo procedimento em sua explicação do segundo princípio fundamental do conhecimento, o princípio da oposição. O fato imediato e certo do qual Fichte começa é a proposição: não-A≠A. A condição de fazer este juízo negativo é que o sujeito julgador faça uma distinção entre um objeto, A, e aquilo que é outra coisa que não o objeto, não-A. Fichte refere-se à atividade de opor um objeto postulado ao que é distinto dele como "contrapostulação". Ele então pondera que, como a única entidade que ainda não foi postulada (no primeiro princípio) é o próprio sujeito, o ato inicial de contrapostular precisa envolver fazer a distinção entre o eu e aquilo que é distinto dele, ou o não-eu. Fichte conclui que "tão certo como a certeza absoluta da proposição não A é diferente de A é incondicionadamente admitida entre os fatos da consciência empírica, *da mesma forma certamente é um não-eu oposto absolutamente ao eu* [...] E com isso nós também descobrimos o segundo princípio básico de todo conhecimento humano" (*CC*: 104). A descoberta deste princípio é também equivalente, ele nos diz, à dedução da categoria da "negação" (*CC*: 105).

O terceiro e último princípio fundamental do conhecimento é deduzido de maneira diferente. Em vez de começar com outra proposição lógica, Fichte reflete sobre os dois primeiros princípios, encontra uma contradição aparente entre eles e então deriva o terceiro princípio como aquilo que é exigido para permitir sua reconciliação (que é necessária, uma vez que ambos foram estabelecidos como absolutamente certos). A reconciliação de uma contradição aparente entre princípios estabelecidos por meio de uma adição de um novo princípio torna-se então o método geral de Fichte para a expansão *a priori* de seu sistema do conhecimento filosófico.

A contradição original emerge, de acordo com Fichte, quando a consciência postula a realidade do não-eu (como faz no segundo princípio), e desta maneira desloca o eu como o único objeto da consciência (que fora no primeiro princípio). Consequentemente, se a consciência pode somente "postular" a efetividade de um objeto, então o primeiro e segundo princípios são incompatíveis. A solução óbvia é reconhecer que a consciência precisa ser capaz de postular o eu e o não-eu simultaneamente, e desta maneira atribuir efetividade a cada um, o que implica reconhecer que cada um é limitado ou determinado pelo outro. A "determinação" é, portanto, a categoria deduzida no decorrer do estabelecimento do terceiro princípio.

Fichte descreve o resultado desta reconciliação como a síntese entre o eu e o não-eu. Eles são sintetizados, ou reunidos, no sentido de que reconhece-se que eles têm algo em comum, que neste caso é simplesmente o fato de serem ambos efetivos. Esta síntese depende, assinala Fichte, da postulação anterior das duas teses em questão, sem as quais nada haveria para sintetizar. Ela também depende da antítese ou da oposição das duas teses, sem a qual não haveria necessidade de sua reconciliação. O terceiro princípio fundamental do conhecimento surge assim do enunciado das duas teses, a identificação de sua antítese mútua, e a derivação de sua síntese.

Fichte afirma que todo o conhecimento subsequente terá que ser gerado aplicando este mesmo método básico (tese-antítese-síntese) a esta união original do eu com o não-eu: "Todas as outras sínteses, se quiserem ser válidas, precisam estar enraizadas nesta [...] Precisamos então buscar características opostas que permanecem, e uni-las através de uma nova base de conjunção [...] E isso precisa continuar enquanto pudermos, até chegarmos a opostos que não possam mais ser combinados" (*CC*: 112-113).

Uma apreciação adequada do idealismo alemão requer notar e enfatizar que este método foi inventado e praticado por Fichte, e não por Hegel, a quem ele é muitas vezes erroneamente atribuído (uma longa tradição de mal-entendidos popularizada por Marx). As considerações de Hegel sobre o método e sua própria prática filosófica, que serão analisadas no capítulo 5, divergem muito do programa de Fichte de síntese transcendental.

A fundamentação do conhecimento teórico

Fichte inicia sua teoria do conhecimento teórico com um sumário sucinto da posição a partir da qual este conhecimento precisa começar e o método pelo qual ele precisa proceder:

> Nós estabelecemos somente três princípios lógicos; o da *identidade*, que é a fundamentação de todos os outros; e então os dois que estão baseados reciprocamente nele, o princípio da *oposição* e o princípio do *embasamento* [...] No primeiro ato sintético, a síntese fundamental (do eu e do não-eu), estabelecemos do mesmo modo um conteúdo para todas as sínteses futuras possíveis [...] Mas se quisermos derivar alguma coisa disso, deve haver ainda outros conceitos contidos naqueles que ele une que ainda não foram estabelecidos; e nossa tarefa é descobri-los [...] Todos os conceitos sintéticos surgem através de uma unificação de opostos. Nós devemos então começar procurando tais características opostas nos conceitos já postulados (o eu e o não-eu) [...] e isso é feito através da reflexão (*CC*: 120).

O eu e o não-eu até aqui foram determinados somente como sendo duas efetividades opostas e mutuamente limitadoras. A filosofia prática de Fichte estará preocupada com as maneiras que o eu deve limitar ou determinar o não-eu, as maneiras que o sujeito deve se esforçar para impor sua vontade sobre o mundo. Sua filosofia teórica trata das maneiras que o eu é limitado ou determinado pelo não-eu, as maneiras como o mundo se impõe sobre o sujeito cognoscente.

Ao postular-se, na qualidade de sujeito cognoscente, como determinado pelo não-eu, o eu precisa postular o mundo como causalmente eficaz, ou ativo. Inversamente, o eu precisa postular-se como passivo, como receptivo ao mundo que o confronta. Embora isso seja consistente com nossa compreensão ordinária de como o conhecimento empírico é adquirido, e, portanto, provavelmente não nos parecerá problemático, Fichte assinala que a passividade do eu é incompatível com ele ser puramente ativo e autodeterminante, que é o primeiro princípio a partir do qual seu idealismo procede. A fim de reconciliar esta contradição, o eu precisa ser postulado como ativamente responsável por sua própria passividade. Fichte famosamente afirma que a atividade do sujeito precisa ser "restringida" numa maneira que torne possível a experiência subsequente de ser determinado por um mundo exterior. O mecanismo preciso pelo qual esta restrição ocorre, confessa Fichte, a filosofia não é capaz de determinar, mas isso precisa acontecer com a "concordância" da própria atividade do eu, de maneira que a limitação subsequente seja em última instância uma autolimitação. Fichte atribui a receptividade do sujeito ao ser restringido ao poder da imaginação, que ele então considera "a base para a possibilidade de nossa consciência, nossa vida, nossa existência para nós mesmos, ou seja, nossa existência como eus" (*CC*: 202). Para concluir ele declara dramaticamente que "nossa doutrina é, portanto, que toda a realidade – entendendo aqui 'realidade *para nós*', já que não se pode entender isso de outro modo num sistema de filosofia transcendental – é criada somente pela imaginação" (*CC*: 202).

Essa doutrina bastante notável oferece a transição à filosofia prática de Fichte, porque indica que nossa capacidade de conhecer o mundo depende de nossa capacidade de constituir ativamente o mundo que conhecemos. Portanto, o eu prático tem prioridade ontológica sobre o eu teórico, no sentido que ele gera o não-eu que é o objeto da atividade intelectual. O eu teórico, no entanto, tem prioridade filosófica sobre o eu prático, no sentido que nós somente acabamos conhecendo a verdade sobre nossas capacidades práticas através do trabalho reflexivo da filosofia.

A fundamentação do conhecimento prático

A filosofia prática de Fichte considera o eu como um ser absolutamente ativo, capaz de determinar a si mesmo e ao mundo de acordo com a sua vontade. Para determinar o não-eu, o eu precisa ser capaz de afetá-lo causalmente. Mas, sugere Fichte, isto gera outra contradição: se o não-eu está sob o controle do eu, então não pode ser considerado um não-eu, algo verdadeiramente distinto e diferente do sujeito; mas se o não-eu resiste ao controle do eu, então o eu não pode ser considerado absolutamente independente e autodeterminante. A contradição, em outras palavras, é que para ser autodeterminante o sujeito precisa ser "infinito", sem ser limitado por qualquer coisa exterior a si, mas para poder ser um eu, o sujeito precisa ser "finito", limitado por um mundo exterior do qual ele se distingue.

A solução de Fichte para esta contradição é considerar o eu como infinito num certo sentido, e finito noutro. O eu precisa ser infinito no sentido de que é ilimitado seu *empenho* em fazer o não--eu se conformar aos ditames de sua vontade, mas finito no sentido que esta conformidade sempre permanece incompleta. O eu precisa, portanto, ter um impulso absoluto para transformar o mundo, mas esse impulso precisa ser sempre parcialmente frustrado, deixando o sujeito ansioso para realizar mais.

Fichte considera a preocupação central da filosofia prática como a determinação das transformações particulares do mundo que agentes racionais precisam se empenhar para realizar. Fichte trata destas questões em *Fundamento do direito natural* e em *O sistema da doutrina dos costumes*, seus principais trabalhos de filosofia política e moral, que apareceram menos de três anos após a publicação de *A doutrina-da-ciência*.

Fundamento do direito natural e O sistema da doutrina dos costumes

A filosofia prática de Fichte é mais bem conhecida por seu endosso de várias disposições detestáveis destinadas a estabelecer e preservar a ordem política. Fichte argumenta, por exemplo, que os indivíduos não devem se reunir sem que as autoridades saibam e permitam tal encontro, e que todo cidadão precisa carregar uma carteira de identificação (preferivelmente com uma imagem do portador) todo o tempo para ajudar as autoridades a manter vigilância sobre a localização de cada um. Embora estas doutrinas particulares sejam certamente lamentáveis, e não devam ser ignoradas, é uma pena que elas tenderam a inibir e obscurecer a recepção mais geral da filosofia moral e política de Fichte, que no seu todo é atraente e original, e que desenvolve vários temas que tiveram influência significativa na obra de Hegel e Marx.

O principal aspecto atraente da filosofia prática de Fichte é sua preocupação central com a liberdade. Como Kant antes dele, Fichte buscava libertar as pessoas de sua subordinação irracional a autoridades religiosas e políticas injustificadas em favor de uma vida determinada por sua própria razão. Fichte pretendia que a contribuição mais importante de sua própria filosofia a esse projeto fosse a dedução das condições da autodeterminação racional. Mas Fichte também acreditava, como argumenta em "Lições sobre a vocação do sábio" e outras peças escritas para consumo popular, que os intelectuais têm a responsabilidade de comunicar seu conhecimento ao público mais amplo, e desta maneira acelerar a realização universal da liberdade.

A originalidade da filosofia prática de Fichte é ao mesmo tempo metodológica e substantiva. Mantendo sua insistência de que a filosofia precisa ser estritamente sistemática, Fichte tenta derivar todas suas prescrições de ordem política e moral sem pressupor outra coisa que não os princípios que considera terem sido estabelecidos em *A doutrina-da-ciência*. O resultado desta inovação metodológica é uma concepção da liberdade diferente de maneira significativa daquela de Kant. Enquanto Kant concebera a autodeterminação ou autonomia em termos da capacidade de um agente individual de ser uma causa não causada, Fichte reconcebe a liberdade como um ideal fundamentalmente comunitário, de modo que a libertação de agentes racionais dependeria deles estabelecerem as formas corretas de relacionamento uns com os outros.

A percepção de Fichte essencialmente significa uma dedução transcendental da noção aristotélica de que os seres humanos são animais políticos, e é difícil superdimensionar a importância deste desenvolvimento filosófico. Uma consequência é a reversão da prioridade que Kant dera à moralidade sobre a política. Para Kant, a liberdade é uma capacidade metafísica que precisa ser postulada para explicar nossa experiência da obrigação moral. Nossa preocupação primordial, na visão de Kant, precisa sempre ser a de utilizar nossa liberdade para tentar viver de acordo com as demandas da lei moral. Consequentemente, o objetivo da política (assim como o da educação e o da religião) pode somente ser o de servir a moralidade ao criar as condições que conduzam à nossa liberdade (deve-se lutar contra a guerra, a ignorância e o ateísmo porque eles aumentam a tendência das pessoas de agir imoralmente). Para Fichte, no entanto, a liberdade não é um dado metafísico, mas sim uma condição que somente pode ser desfrutada em comunidades que desenvolvam certas características essenciais, cujo estabelecimento é, portanto, considerado como um fim em si mesmo, e não meramente como um meio de sustentar a moralidade individual.

Um segundo aspecto importante da concepção comunitária de liberdade de Fichte é sua percepção de que as condições necessárias à autodeterminação não são unicamente políticas, mas também econômicas. Fichte enfatiza que sem um nível apropriado de recursos e oportunidades as pessoas não são livres num sentido pleno, e assim coloca questões econômicas no centro das discussões que dizem respeito à justiça social. Esta ideia, junto com o ponto mais geral de que a liberdade de cada agente racional depende da liberdade de todos os agentes racionais, seria mais tarde apropriada por Hegel e Marx, que a tornariam elemento definidor da teoria social e política alemã.

Fundamento do direito natural

A introdução ao *Fundamento do direito natural* descreve o objeto e a tarefa da filosofia política como Fichte a concebe. A filosofia política se preocupa com as ações que se seguem do conceito de ação racional, que Fichte compreende que sejam as ações que são condições necessárias da possibilidade de consciência-de-si. Isso deriva de seu pressuposto de que os seres podem ser racionais somente se forem conscientes-de-si, e, portanto, precisam fazer o que suas consciências-de-si exigem a fim de realizar seu potencial de racionalidade. A filosofia política precisa determinar tão precisamente quanto possível as exigências particulares da ação racional, que Fichte considera equivalente à dedução dos direitos possuídos por todos os seres livres.

O grosso do *Fundamento do direito natural* está composto de três partes principais: a primeira divisão deduz o conceito de direito dos princípios de *A doutrina-da-ciência*; a segunda divisão deduz as condições que são minimamente necessárias para que o conceito de direito seja aplicável ao mundo; e a terceira divisão desenvolve uma teoria detalhada da aplicação do conceito de direito às instituições sociais e políticas.

As deduções que Fichte desenvolve na primeira e na segunda divisão do *Fundamento do direito natural* procedem por meio de uma série de "teoremas", o primeiro dos quais enuncia que *"um ser racional finito não pode se postular sem atribuir uma eficácia livre para si mesmo"* (*FDN*: 18). Isso é simplesmente uma reafirmação de uma das principais conclusões de *A doutrina-da-ciência*, na qual Fichte também argumentou que esta atribuição da liberdade a si mesmo também requer a postulação da existência de um mundo exterior, sobre o qual a eficácia causal pode ser exercida. O segundo teorema do *Fundamento do direito natural* elabora o primeiro teorema, e ultrapassa o que foi estabelecido em *A doutrina-da-ciência*, ao proclamar que "o ser racional finito não pode atribuir a si uma eficácia livre no mundo sensível sem também atribuir tal eficácia aos outros, e desta maneira sem também pressupor a existência de outros seres racionais finitos fora de si" (*FDN*: 29).

É suficientemente simples dizer o que o notável segundo teorema significa, embora seja mais difícil reconstruir o argumento de Fichte em defesa dele. A implicação da proclamação é que *"para haver seres humanos, é preciso haver mais de um"* (*FDN*: 37). Isso não significa uma negação da possibilidade de um futuro apocalíptico no qual um único membro sobrevivente da espécie *Homo sapiens* caminha sozinho sobre uma Terra devastada e poluída. O ponto de Fichte é sim que um animal da espécie *Homo sapiens* somente pode se tornar consciente-de-si de sua liberdade, e desta maneira se tornar um ser humano, na presença de outros animais aos quais ele também atribui liberdade e humanidade. A vida do animal começa *in utero*, e poderia talvez ser sustentada após o nascimento na companhia de um bando de chimpanzés inteligentes o bastante, mas a transformação do animal numa pessoa, afirma Fichte, ocorre somente se e quando ele é criado numa comunidade de seres livres que gradualmente trazem à tona sua consciência de sua própria liberdade.

O argumento transcendental de Fichte para a natureza essencialmente comunitária dos seres humanos depende (como é preciso se ele quiser satisfazer as exigências da filosofia sistemática a não pressupor nada que não seja os princípios já estabelecidos em *A doutrina-da-ciência*) de uma especificação adicional das condições da possibilidade da consciência-de-si. Em *A doutrina-da-ciência* Fichte argumenta que a emergência da consciência-de-si requer que o sujeito "postule-se", e reconhece que esta exigência gera um paradoxo a menos que uma distinção seja feita entre o eu como atividade pura, e o eu como objeto da consciência criada pela ação. O argumento de Fichte em defesa do segundo teorema do *Fundamento do direito natural* parece ser que o eu puramente ativo precisa ser provocado a se postular como um objeto da consciência, e que essa provocação ou "convocação" somente pode vir de outro ser livre, que demanda e inspira o outro ser a efetivar seu potencial para a liberdade. Fichte escreve que esta "convocação para se envolver na autoatividade livre é o que chamamos de educação" (*FDN*: 38), e assim coloca a educação no coração de sua teoria dos meios pelos quais os animais com a capacidade para a ação racional podem se transformar em pessoas. Antecipando a famosa descrição de Marx de humanidade como um "ser-espécie", Fichte conclui que o "conceito de ser humano não é o conceito de um indivíduo – já que um ser humano individual é impensável –, mas sim o conceito de uma espécie" (*FDN*: 38).

O terceiro teorema, que conclui dedução da primeira divisão do conceito de direito, afirma que *"o ser racional finito não pode pressupor a existência de outros seres racionais finitos fora dele sem se postular ao lado desses seres numa relação particular, chamada de uma relação de direito"* (*FDN*: 39). Aqui Fichte elabora as condições sob as quais animais racionais podem enunciar e responder às provocações sem as quais eles não podem efetivar sua liberdade. A principal condição de tais provocações, ele argumenta, é que ambas as partes *reconheçam* a racionalidade do outro: se a pessoa capaz de emitir a convocação não reconhece a racionalidade do animal com o qual se confronta, então não emitirá convocação alguma (não se exige que um esquilo, por exemplo, transforme-se numa pessoa);

inversamente, se o animal que recebe a convocação não reconhece a racionalidade do ser que o confronta, então ele ou rejeitará sua convocação ou não a reconhecerá como uma convocação (uma pessoa não interpreta o comportamento brincalhão de um bando de esquilos, por exemplo, como um chamado para se juntar a eles numa comunidade de pessoas que se autodeterminam). Uma convocação bem-sucedida para o exercício da liberdade consciente-de-si, portanto, depende do reconhecimento mútuo das partes de sua racionalidade, e isso, acredita Fichte, depende da concessão de um ao outro do respeito que os seres racionais merecem: *"Eu só posso esperar que um ser racional particular me reconheça como um ser racional se eu tratá-lo como tal"* (FDN: 42).

A conclusão de Fichte é que o surgimento da liberdade depende não somente da existência de uma pluralidade de animais racionais (que é a condição estabelecida pelo segundo teorema), mas também que esses animais formem uma comunidade que estabeleça e assegure uma "relação de direito" entre eles. Tal relação requer que cada possível membro da comunidade limite o exercício de sua própria liberdade em reconhecimento de que todo membro merece e precisa desfrutar do direito de ser livre.

As implicações do terceiro teorema de Fichte são profundas. Mais importante ainda, segue-se disso que não pode haver pessoas verdadeiramente humanas na ausência de comunidades justas que cultivem o desenvolvimento e reconhecimento da capacidade de racionalidade de cada indivíduo. Essa percepção, que faz das relações sociais e políticas uma condição anterior da possibilidade da ação moral, está diretamente em confronto com a filosofia prática de Kant, e foi mais tarde adotada com destaque por Hegel e Marx.

Uma segunda implicação do teorema à qual Fichte chama a atenção é que não pode haver algo como os "direitos dos animais". Isso não significa dizer que os animais que não sejam *Homo sapiens* não podem ter direitos, mas sim que a posse de direitos só pode ser conferida em virtude da racionalidade de um ser, e não de sua animalidade. Talvez os golfinhos, chimpanzés ou organismos extraterrestres tenham de fato a capacidade de serem pessoas, e nesse caso nós podemos (e devemos) formar comunidades com eles que garantam seus direitos, mas essa relação de direito seria concedida como reconhecimento de seu estatuto de agentes racionais e não como meramente seres vivos.

Após completar sua dedução sobre o conceito de direito como uma condição necessária da possibilidade de subjetividade consciente-de-si, Fichte se volta para as condições de aplicação do conceito de direito no mundo. Sua teoria destas condições introduz dois teoremas adicionais em *Fundamento do direito natural*.

O quarto teorema propõe que "*o ser racional não pode postular-se como um indivíduo que tem eficácia sem atribuir-se, e desta maneira determinar, um corpo material*" (FDN: 53). A consciência-de-si, como argumentou previamente Fichte, depende do sujeito postular-se como agente causal e também o mundo exterior como um campo sobre o qual o sujeito pode exercer sua causalidade. O mundo exterior, como o não-eu, é postulado como um domínio da substância material, diferente da consciência imaterial que é definidora do caráter do eu. A fim de agir nele e sobre este mundo, portanto, o eu precisa ser capaz de controlar um corpo material, por meio do qual pode transferir suas intenções conscientes aos objetos a seu redor.

O quinto teorema acrescenta então que "*a pessoa não pode atribuir um corpo a si mesma sem postulá-lo como estando sob a influência de uma pessoa fora de si, e por decorrência sem determiná-lo ainda mais*" (FDN: 58). Isso se segue da combinação do segundo teorema, que afirma que uma pessoa não pode tornar-se consciente-de-si de maneira nenhuma sem a provocação de outro ser consciente-de-si, e do quarto teorema, que afirma que as ações de seres conscientes-de-si precisam ser realizadas através de seus corpos. Qualquer ser consciente-de-si precisa, portanto, considerar seu próprio corpo como tendo sido influenciado pelos outros seres conscientes-de-si que o convocaram a desenvolver e exercitar sua capacidade de ação racional.

Fichte passa a argumentar então que é a visão de corpos humanos como o nosso que nos encoraja a designar racionalidade a outros seres. Nossa pressuposição, em outras palavras, é que os animais que partilham de nossa forma também partilham de nossa capacidade de ação livre, que Fichte considera significar que "a forma humana é necessariamente sagrada ao ser humano" (*FDN*: 79). Naturalmente, é concebível que alguns animais com forma humana possam não ser agentes racionais, e também que uma espécie de animais com um tipo completamente diferente de corpo possam ser capazes de racionalidade e liberdade. Mas nossa predisposição, acredita Fichte, é a de reconhecer todos e somente aqueles animais que têm corpos humanos como criaturas racionais.

A divisão final do *Fundamento do direito natural* é de longe a maior das três, e trata em bastante detalhes os direitos específicos que Fichte acredita que possam ser deduzidos como condições necessárias ao estabelecimento do tipo de comunidade na qual as pessoas podem se desenvolver. Antes desta divisão, tudo o que foi dito sobre tais comunidades é que cada membro precisa limitar sua própria liberdade em nome do reconhecimento e respeito pela liberdade dos outros membros. Mas essa estipulação muito geral, reconhece Fichte, precisa se tornar muito mais específica se quiser ser a fundamentação de uma teoria política aplicável.

Fichte primeiro discute os direitos que considera diretamente implicados pela liberdade das pessoas, que ele se refere como "direitos originais". O mais básico deles é o direito de ser um agente causal, e não meramente uma coisa determinada por causas externas. Deste direito Fichte deriva o direito à inviolabilidade do corpo, e também o direito à propriedade, os quais considera necessário para permitir que as pessoas sejam agentes efetivos no mundo. Sem um corpo não se pode agir, e sem pelo menos alguma propriedade a capacidade de agir é insuficiente para garantir um grau de liberdade significativo, uma vez que a posse de objetos materiais é um pré-requisito para a realização de quase qualquer intenção que se possa ter. Finalmente, Fichte também defende o "direito de coerção", que permite que membros da comunidade exerçam controle sobre quaisquer indivíduos que não respeitem os direitos de outros e desta maneira são privados de sua própria liberdade.

Fichte justifica a seguir a existência do Estado político com o argumento de que ele é necessário para assegurar os direitos originais das pessoas. Embora as pessoas possam de fato respeitar umas às outras na ausência de uma autoridade política, esse respeito é precário, contingente à confiança mútua dos indivíduos envolvidos. Para estabelecer a inviolabilidade do corpo e a posse de propriedade como *direitos*, portanto, esta contingência precisa ser superada e substituída por uma garantia de que os indivíduos não violarão uns aos outros. Tal garantia só é significativa se for sustentada por uma ameaça crível de coerção sobre aqueles que cometem violações, portanto ela precisa ser oferecida por uma autoridade que foi designada para exercer o direito de coerção em nome da comunidade.

A autoridade política só é legítima, no entanto, se ela de fato assegurar a liberdade dos membros da comunidade, e Fichte enfatiza que a submissão da autoridade política é racional somente com esta condição. Os indivíduos, portanto, têm o direito, ele pondera, de examinar e considerar as leis que qualquer possível autoridade política pretenda impor, e de conceder poder definitvo somente àquelas leis, e não a qualquer pessoa particular cuja vontade possa ser instável ou arbitrária.

Se um grupo de pessoas de fato concorda em estabelecer uma autoridade política legítima, o resultado é um contrato para criar uma comunidade ou Estado. No entanto, Fichte distingue sua versão da teoria de contrato social de outras ao lamentar que "a única maneira em que até agora se concebeu o Estado como um todo foi pensando num agregado ideal de indivíduos; e, assim sendo, um discernimento verdadeiro da natureza dessa relação foi obstruído" (*FDN*: 180). A posição de Fichte é que "a imagem mais apropriada para ilustrar este conceito é a de um produto orgânico da natureza" (ibid.). A diferença mais saliente entre um agregado e um organismo é que no último, mas não no primeiro, a participação no todo é efetivamente constitutiva do caráter essencial das partes. Uma bola de gude que é retirada de um agregado de bolas de gude é ainda uma bola de gude; mas um pé que é removido de um ser humano é um pedaço de carne em decomposição. Fichte caracteriza o Estado como um organismo porque argumenta que os indivíduos somente podem ser pessoas como membros de comunidades políticas justas; fora de tais comunidades os indivíduos podem continuar a viver como animais, mas não como agentes racionais. Essa ideia, que se origina na verdade em Aristóteles, é outro aspecto central da filosofia prática de Fichte que é mais tarde endossada por Hegel, embora que este rejeite a teoria do contrato social mais amplo dentro da qual Fichte a formula.

Os únicos aspectos do Estado que podem ser deduzidos filosoficamente na opinião de Fichte são aqueles necessários para estabelecer e assegurar os direitos de agentes racionais. Fichte usa o termo "constituição" para se referir ao conjunto de características necessárias que qualquer autoridade política precisa ter a fim de se qualificar como um Estado. Todos os outros aspectos de Estados particulares que estejam fora da constituição precisam ser decididos empiricamente, e estão além da capacidade da filosofia de determinar.

Fichte considera o núcleo da constituição como as autoridades executiva, legislativa e judicial que permitem que o Estado defina e defenda os direitos de seus cidadãos. Ele também argumenta, no entanto, que o Estado precisa oferecer uma garantia constitucional de que todos os cidadãos que desejem e sejam capazes de trabalhar possam ganhar a vida com seu trabalho, uma vez que isso, como o direito à propriedade, é uma precondição de uma liberdade plena. Sempre que o Estado não puder manter esta garantia ele precisa oferecer assistência aos cidadãos que fizeram tudo que era possível para se sustentar. Fichte conclui de forma memorável que "não deve haver pessoas pobres num Estado racional [...] nem vadias" (*FDN*: 186-7). Esta insistência de que questões econômicas são centrais para a justiça política é outro aspecto da filosofia política de Fichte adotado por Hegel e Marx.

O sistema da doutrina dos costumes

A teoria moral é frequentemente considerada como precedente à teoria política, porque a moralidade trata de agentes individuais enquanto a política trata de coleções desses agentes. De acordo com esta pressuposição comum, poderia haver ação moral sem comunidade política, mas não comunidade política sem agentes morais, e assim tal teorização das entidades políticas é considerada como subordinada a uma compreensão anterior do indivíduo humano. Fichte vira essa maneira de pensar de cabeça para baixo, no entanto, ao argumentar que não existem indivíduos verdadeiramente humanos fora de comunidades políticas que permitam o surgimento da racionalidade e assegurem a efetivação da liberdade. Sua filosofia política, portanto, precede sua filosofia moral; somente depois que ele determinou as condições necessárias da ação livre em *Fundamento do direito natural* é que Fichte se volta em *O sistema da doutrina dos costumes* à questão do que os indivíduos são obrigados a fazer com a liberdade que suas comunidades lhes concedem.

O sistema da doutrina dos costumes tem a mesma estrutura básica que *Fundamento do direito natural*. A primeira parte do livro deduz o conceito em pauta, que neste caso é "ética", e as condições gerais de sua aplicabilidade ao mundo. A segunda parte do livro aplica o conceito do modo mais concreto possível.

Fichte identifica as ações éticas como aquelas que se seguem das leis necessárias da racionalidade. As leis necessárias da racionalidade são aquelas as quais o sujeito precisa se entregar para ser autônomo, em vez de ser dirigido por inclinações pelas quais ele não é em última instância responsável. Um sujeito ético é, portanto, aquele que utiliza sua capacidade para ação (seu livre-arbítrio) a fim de se tornar autodeterminante, independente de todas as determinações externas, e assim livre no seu sentido mais pleno. Porque a liberdade que a ação ética efetiva é a característica definitiva de agentes racionais, Fichte atribui a todos estes agentes um impulso para agir eticamente devido à própria ética, sem levar em consideração qualquer outro motivo.

Fichte compreende sua filosofia moral como plenamente consistente com a de Kant, muito embora ele considere que melhorou a de seu predecessor ao deduzir as leis específicas da eticidade como condições necessárias da possibilidade da ação racional. Ao fazer isso, exulta Fichte,

> torna-se compreensível o assim chamado imperativo categórico. Este não parece mais ser algum tipo de propriedade escondida (*qualitas occulta*), que é o que previamente aparentou ser, embora é claro que não havia nenhum pretexto positivo para tal interpretação oferecido pelo criador da crítica da razão. Graças a essa derivação, aquela região escura de todos, o entusiasmo irracional, que se abriu em conexão com o imperativo categórico (por exemplo, a noção de que a lei moral é inspirada pela divindade) está seguramente aniquilada (*SDC*: 52).

A crítica de Fichte de Kant não é inteiramente transparente (o que não surpreende, uma vez que ele deseja evitar a aparência de fazer qualquer crítica a Kant), mas parece ser dupla: primeiro, Kant concebe a obrigação moral como um fato bruto (e, portanto, misterioso ou oculto), em vez de derivá-lo como uma condição necessária da própria experiência consciente-de-si; e, segundo, ao tratar a obrigação moral como um fato bruto Kant deixa o campo aberto para o "entusiasmo irracional" manifestar nossos deveres específicos de várias maneiras. Fichte considera suas próprias deduções como solucionadoras deste problema, determinando precisamente quais ações são necessárias para a consciência-de-si e, portanto, obrigatórias para todos os seres racionais.

Fichte afirma sua própria versão do imperativo categórico na conclusão da primeira parte de *O sistema da doutrina dos costumes*: "*Sempre aja de acordo com sua melhor convicção no que se refere ao seu dever*, ou, *Aja de acordo com sua consciência*" (*SDC*: 148). Ele então se volta imediatamente à "aplicação" deste princípio, devotando a segunda parte do livro à especificação dos atos da consciência que um agente racional deveria registrar como deveres.

Fichte afirma que deve existir um critério absoluto por meio do qual podemos testar a correção de nossas convicções no que se refere aos nossos deveres, senão a moralidade seria impossível. Isso ele considera, aparentemente com base numa crença kantiana de que "dever implica poder", como uma *reductio ad absurdum*. Nós *devemos* ser morais e portanto, argumenta Fichte, deve ser possível para nós determinar se nossas convicções no que se refere a nossos deveres são exatas.

O único critério que Fichte é capaz de oferecer a uma consciência saudável, no entanto, é que nossas convicções sejam acompanhadas por um sentimento de verdade e certeza. Este sentimento, ele insiste, pode ser distinguido de outros sentimentos em virtude da imediação da certeza que traz, assim como a paz e a satisfação que oferece.

Se prestarmos atenção cuidadosamente a esses sentimentos, Fichte continua, será impossível que a consciência erre, e nos será impossível estar equivocados sobre se a consciência fez seu juízo ou não. Consequentemente, a moralidade é de fato possível, e tudo o que qualquer agente racional precisa fazer é atender as convicções de sua consciência. Uma implicação que Fichte tira é que a moralidade não pode nunca envolver a ação sobre a autoridade de outros, uma vez que fazer isso é não ter a certeza sobre nossos próprios juízos, e assim agir de forma inescrupulosa.

Embora ele acredite que a consciência de todo agente racional sirva como uma espécie de detector da moralidade integrado a nós, Fichte também pensa que precisa ser possível à filosofia oferecer uma derivação *a priori* dos deveres que a consciência confirmará. Tal derivação somente pode começar a partir do fato de que o propósito definitivo da eticidade é a independência e autossuficiência absolutas dos agentes racionais. O agente ético, portanto, *"deseja que a razão e somente a razão tenha o domínio no mundo sensível.* Toda força física deve estar subordinada à razão" (*SDC*: 262).

Desta prescrição geral Fichte deriva vários deveres específicos. O primeiro é que todo ser consciente-de-si deve se transformar num instrumento da lei moral, utilizando todas suas capacidades para avançar a efetivação da racionalidade. Todo ser desse tipo também tem um dever, portanto, de ajudar a estabelecer as condições nas quais ele possa ser um instrumento efetivo. Isso significa cultivar seu próprio corpo de forma que possa servir à sua busca dos fins da razão, e resistir às tentações de utilizá-lo como um meio de desfrute de prazeres meramente sensíveis. Isso também significa cuidar de outros indivíduos que são instrumentos potenciais da moralidade, ao respeitar a propriedade de que eles necessitam para realizar seus objetivos, mostrando-lhes benevolência quando o Estado falha em lhes prover o sustento ou a assistência que necessitam para se manterem, e ao dar um bom exemplo. Por fim, todo agente racional tem o dever, Fichte conclui, de controlar todo o mundo sensível, tomando posse de todos os objetos naturais como propriedade que pode ser empregada como instrumentos adicionais no arsenal da razão.

Fichte se refere a um grupo de agentes racionais que servem uns aos outros em seu serviço mútuo em prol da moralidade como uma comunidade ética ou "igreja". Um aspecto de tais igrejas racionais é que elas não precisam limitar o livre-pensar e comunicação de seus membros, uma vez que tal liberdade é necessária para se ter a certeza da convicção e clareza da consciência que a eticidade requer. A comunidade ética não aceitará, portanto, nenhuma direção prescrita para seus pensamentos e ações, mas insistirá sobre seu direito de determinar para si própria as obrigações às quais seus membros são chamados.

Conclusão

Em 1798, o ano no qual *O sistema da doutrina dos costumes* apareceu, Fichte também publicou um ensaio intitulado "Sobre a base de nossa crença numa governança divina do mundo". Este ensaio tornou explícito, como os leitores cuidadosos de *O sistema da doutrina dos costumes* também se dariam conta, que Fichte apoiou a subordinação da religião à moralidade. O lugar de uma "igreja", em sua visão, não era nem restringir o pensamento em favor da afirmação de dogmas, nem promulgar mandamentos com base na revelação em vez da razão. A única igreja verdadeira era a comunidade ética descrita na filosofia moral de Fichte, uma comunidade de agentes racionais comprometidos em determinar as obrigações da razão para si, e realizar aquelas obrigações livremente e por elas próprias.

Fichte foi rapidamente acusado de ateísmo, e sua tentativa de se defender tornou-se mais difícil quando Kant denunciou *A doutrina-da-ciência* como uma traição da filosofia crítica. Jacobi adicionou combustível ao fogo ao descrever o sistema de Fichte como uma forma de "niilismo", e em 1799 Fichte foi demitido de Jena. Ele se retirou para Berlim, onde escreveu vários ensaios populares, e realizou várias revisões substanciais de *A doutrina-da-ciência*, mas sua estatura na filosofia alemã nunca mais foi a mesma.

Sumário dos pontos principais

• Fichte adotou a estratégia fundacionalista de Reinhold para tornar o idealismo transcendental científico, sistemático e capaz de enfrentar os desafios céticos, rejeitando, no entanto, "o princípio da consciência" como um ponto de partida para a filosofia.

• Fichte começa com o fato da consciência-de-si, e tenta então determinar todas as condições necessárias de sua possibilidade.

• A primeira condição da consciência-de-si, de acordo com Fichte, é uma "postulação" ativa que cria o eu. Ele argumenta que esta autopostulação depende da postulação de um não eu, ou de um mundo independente, em contraste ao qual o eu pode experimentar sua própria liberdade.

• Fichte concebe a liberdade como uma realização comunitária que requer agentes racionais que se respeitam mutuamente e estabeleçam instituições políticas e econômicas apropriadas.

• Fichte considera os indivíduos como moralmente obrigados a usar sua liberdade para subordinar o mundo natural (incluindo seus próprios corpos) para fins racionais. Os indivíduos podem determinar suas obrigações específicas, afirma Fichte, consultando suas consciências.

5

Schelling: o idealismo e o absoluto

Friedrich Wilhelm Joseph Schelling (1775-1854) foi, destacadamente, prodigioso, prolífico e multiforme: ele começou a atuar na filosofia desde muito jovem, e o fez durante um período de tempo extraordinário, e ao longo de sua vida a natureza de seus projetos filosóficos se alterou repetida e dramaticamente. Consequentemente, Schelling está entre os mais intimidativos e influentes idealistas alemães: o volume e a variedade de sua obra o tornam excessivamente difícil de ser encapsulado ou resumido, mas ao mesmo tempo, inspirou um leque notável de pensadores e movimentos subsequentes.

Schelling entrou no seminário teológico de Tübingen quando tinha somente 15 anos. Seus amigos mais próximos no seminário incluíam Hegel e Hölderlin, os quais acabariam se tornando mais proeminentes que Schelling, mas que foram obscurecidos inicialmente pelo brilho de seu companheiro mais jovem. Juntos os três estudaram Kant, celebraram a Revolução Francesa e aspiraram empregar a filosofia e a poesia para disseminar e aprofundar o espírito da liberdade na Alemanha.

Schelling começou a publicar quando ainda era adolescente, atraindo rapidamente a atenção e a admiração do grande Goethe, e em 1798, com 23 anos, foi nomeado professor de filosofia em Jena. Juntando-se a Fichte no corpo docente, Schelling foi considerado por muitos como o herdeiro incipiente e natural da tradição kantiana, e sua ascensão foi ainda mais acelerada quando Fichte foi repentinamente demitido da universidade no ano seguinte. Enquanto esteve em Jena, Schelling participou e se beneficiou de um círculo intelectual que incluiu várias das figuras-chave no nascimento do romantismo. As conversações e os trabalhos gerados por esse círculo desempenharam um papel importante para estimular e moldar as posições em desenvolvimento de Schelling. Schelling permaneceu em Jena somente até 1803, mas entre 1795 e 1805 ele publicou um número impressionante de trabalhos que garantiram sua reputação como o filósofo alemão mais importante.

Na década seguinte, no entanto, as circunstâncias profissionais e pessoais de Schelling mudaram significativamente. A *Fenomenologia do espírito* de Hegel apareceu em 1807, e seu Prefácio continha um ataque maldisfarçado à filosofia de Schelling que contribuiu para uma deterioração rápida da amizade e colaboração entre os dois. Em 1809 Schelling ficou arrasado com a morte súbita de sua esposa, e, embora tenha continuado a escrever por mais quatro décadas, nunca mais publicou nada após esse ano crucial. A *Ciência da lógica* de Hegel apareceu em 1812, e logo depois Schelling viu-se eclipsado por seu antigo amigo, a quem foram oferecidos cargos em Heidelberg e depois em Berlim numa rápida sucessão.

Schelling conseguiu desfrutar de um breve renascimento no final de sua vida. Em 1841, aos 66 anos, ele foi convidado pelo rei da Prússia a assumir a cátedra que fora de Hegel em Berlim, com o propósito expresso de combater a influência política progressista que ainda existia dez anos após a morte de Hegel. As preleções de Schelling foram inicialmente uma grande sensação, atraindo multidões enormes e entusiásticas, e através delas Schelling teve um impacto significativo em Kierkegaard e Marx. O entusiasmo logo desapareceu, no entanto, e Schelling morreu em 1854, deixando como seu legado não um único sistema definitivo, mas sim uma série de esforços filosóficos relacionados, dos quais muitos elementos acabaram desempenhando um papel importante na filosofia europeia desde então.

A evolução em série dos pontos de vista de Schelling foi uma fonte de diversão para Hegel, que zombou de seu antigo colega por "conduzir sua educação filosófica em público". Mas um julgamento mais caridoso e preciso é que Schelling estava ferrenhamente comprometido com a verdade, e notavelmente disposto a abandonar uma opinião, ou até mesmo toda uma abordagem filosófica, quando concluía que era falha. Como já observado, este fato torna Schelling particularmente difícil de compreender e apresentar. Kant, Fichte e Hegel, difíceis como eram, conseguiram estabelecer uma posição filosófica madura que permaneceu essencialmente inalterada após seu desenvolvimento inicial. Entender Kant é entender o idealismo transcendental que surgiu com a *Crítica da razão pura* e que se desenvolveu nos próximos vinte anos. Entender Fichte é entender a transformação sistemática do idealismo transcendental apresentada em *A doutrina-da-ciência* e suas extensões práticas. E entender Hegel é entender a crítica da filosofia transcendental desenvolvida na *Fenomenologia do espírito*, e o projeto ontológico subsequente encapsulado em sua *Enciclopédia das Ciências Filosóficas*. Mas não há um único Schelling para se entender, e assim qualquer tentativa de compreender ou apresentar seu trabalho precisa confrontar a existência de vários projetos filosóficos distintos, muito embora relacionados.

Os especialistas dividem a carreira de Schelling em muitos tipos de períodos, mas para propósitos introdutórios é suficiente distinguir três principais etapas de seu desenvolvimento filosófico. Em seus escritos iniciais, Schelling é um autodeclarado discípulo de Fichte, que acredita que a filosofia pode ser completada por meio de uma execução bem-sucedida da tarefa estabelecida em *A doutrina-da-ciência*. Seu objetivo é produzir uma demonstração transcendental de que as características definitivas de nossos mundos natural e social são de fato condições necessárias da possibilidade da experiência consciente-de-si.

Muito rapidamente, no entanto, Schelling chegou à conclusão de que o idealismo transcendental precisava ser não somente completado, mas também complementado por um esforço distinto que ele denominou de a filosofia da natureza. Enquanto a filosofia transcendental considera a subjetividade como dada, e tenta explicar certos aspectos do mundo natural como condições necessárias de sua possibilidade, a filosofia da natureza começa com o mundo objetivo e tenta explicar por que a subjetividade precisa necessariamente emergir dele. Nessa segunda fase de seu desenvolvimento, Schelling acreditava que a filosofia exige a finalização de ambas essas "ciências" distintas, assim como sua reconciliação bem-sucedida. Frequentemente referimo-nos a esses projetos como a "filosofia da identidade", uma vez que nesse período Schelling partilhava da convicção de Espinosa de que a subjetividade e a objetividade não são absolutamente diferentes, mas sim dois modos nos quais uma única substância subjacente se manifesta. Schelling rejeitou o determinismo de Espinosa, no entanto, e, portanto, esforçou-se em demonstrar que o monismo e a liberdade humana são de fato compatíveis.

Entretanto, Schelling nunca ficou plenamente satisfeito com suas tentativas de completar seja a filosofia transcendental, seja a filosofia da natureza, e ele acabou ficando cético quanto à possibilidade e o valor desses projetos *a priori*. Em sua terceira e última fase, então, Schelling rejeitou o objetivo de articular as características logicamente necessárias da consciência e da natureza (que ele compartilhara com Hegel, e que Hegel nunca abandonou) em favor de um retorno ao empirismo e a uma ênfase na temporalidade e na liberdade existencial.

Qual dessas três fases escolhemos enfatizar, e como as interpretamos, depende provavelmente de como enxergamos Hegel e de como enxergamos Schelling. Os hegelianos com frequência consideram

Schelling como uma mera estação da estrada de Fichte à *Fenomenologia do espírito* e à *Ciência da lógica*. Eles concordam com a avaliação de Schelling de que seus projetos *a priori* fracassaram, mas rejeitam sua conclusão de que esses fracassos indicam a impossibilidade de uma filosofia *a priori*. Eles, portanto, consideram as fases inicial e intermediária de Schelling como um precursor importante de Hegel, e o Schelling tardio como alguém postulando desafios importantes que o sistema de Hegel é por fim capaz de enfrentar. Os críticos de Hegel, no entanto, estão muito mais propensos a valorizar a filosofia de Schelling por seus próprios méritos, e a celebrar sua rejeição final da metafísica como que pavimentando o caminho para Kierkegaard, Marx, Heidegger e o pós-modernismo.

Este capítulo focará nas duas fases iniciais do desenvolvimento de Schelling. A primeira seção explorará os primeiros trabalhos de Schelling, nos quais ele se propõe a completar o idealismo transcendental de Fichte, mas rapidamente se convence da necessidade de desenvolver uma filosofia da natureza. A segunda seção examinará o período intermediário de Schelling, no qual ele trabalha no tema da filosofia da natureza e tenta reconciliá-la com o idealismo transcendental e seu compromisso com a liberdade humana. A rejeição tardia de Schelling da filosofia *a priori* será discutida na conclusão do livro, onde ela se encaixa melhor, uma vez que esta rejeição funciona conceitual e historicamente como o início do fim do idealismo alemão e da transição a ambições radicalmente diferentes que definiram a filosofia europeia após 1840.

A fase inicial de Schelling: de Fichte a Espinosa

A elaboração e transformação do projeto de Fichte por Schelling são apresentadas em dois ensaios publicados em 1795: "Sobre o Eu como princípio da filosofia, ou, Sobre o incondicionado no conhecimento humano" e "Cartas filosóficas sobre o dogmatismo e o criticismo". No primeiro destes ensaios Schelling está expressamente comprometido com o projeto de Fichte, e utiliza de forma extensa a terminologia de Fichte, mas os sinais de sua mudança iminente para a filosofia da identidade já estão evidentes. No segundo ensaio Schelling continua a considerar-se como um filósofo crítico, mas agora afirma diretamente que uma expansão da crítica de Kant e Fichte inclua uma consideração da relação entre a substância absoluta subjacente a todas as coisas e o surgimento da subjetividade consciente. Dois anos mais tarde, Schelling responderia a este pedido com sua primeira publicação sobre a filosofia da natureza, e com este claro acolhimento da metafísica seu rompimento com a filosofia crítica em favor do que logo se tornaria a filosofia da identidade tornou-se transparente.

"O incondicionado no conhecimento humano" abre apoiando as duas críticas centrais de Fichte a Kant: a *Crítica da razão pura* é insuficientemente científica, porque pressupõe princípios que não demonstra; e a filosofia crítica de Kant como um todo é insuficientemente sistemática, porque nenhum princípio comum une seus componentes teóricos e práticos. O Prefácio a esse ensaio também aceita o objetivo de Fichte de remediar essas deficiências ao estabelecer os princípios que Kant pressupõe, e derivar de forma estrita deles o conteúdo tanto da filosofia teórica como da prática. Schelling concorda com Fichte que a filosofia precisa ser científica e sistemática, e que a ciência sistemática precisa começar a partir de um único primeiro princípio, cujo conhecimento é imediato e incondicionado. Todo outro conhecimento precisa ser derivado deste princípio, e será, portanto mediado e condicionado por ele.

Schelling rapidamente se distancia de Fichte, no entanto, ao misturar o conhecimento incondicionado de um princípio com a existência incondicionada de um absoluto ontológico. No espaço de uma única sentença Schelling se move do pressuposto de Fichte de que a filosofia precisa começar com um princípio que é conhecido imediata, incondicionada, ou absolutamente, para uma pressuposição muito diferente de que precisa haver algo que existe incondicionada ou absolutamente: "tão logo a filosofia começa a ser uma ciência, ela precisa ao menos *pressupor* um princípio último e, com ele, algo incondicionado" ("ICH": 72). Essa passagem da busca de um absoluto epistemológico à busca de um absoluto ontológico é o primeiro sinal do abandono incipiente de Schelling do projeto crítico kantiano em favor de uma aceitação sincera da metafísica racionalista na tradição de Espinosa.

Após afirmar que a filosofia deve partir do pressuposto da existência de algo incondicionado, Schelling imediatamente começa a considerar as características necessárias desse algo incondicionado. O incondicionado, argumenta, não pode ser nem um sujeito nem um objeto, uma vez que cada um destes é o que é apenas em virtude de sua distinção do outro: todo sujeito é dependente ou condicionado pelos objetos de que é distinto, e todo objeto é igualmente condicionado pelos sujeitos que se distinguem dele. Schelling conclui de modo mais genérico que o incondicional não pode ser uma coisa. Seu argumento para esta reivindicação inicialmente parece ser linguístico, dependendo do fato de que em alemão uma coisa é *"ein Ding"* e incondicional é *"unbedingt"*, ou "não-coisa". Por trás dessas relações linguísticas, no entanto, encontra-se o ponto conceitual de que toda coisa deve sua existência e caráter inicial a outras coisas e forças que servem como a causa de seu surgimento como a coisa particular que ela é. Portanto, ser uma coisa é, por definição, ser condicionado, e assim ser descartado como candidato ao absoluto ontológico que Schelling procura identificar.

Se o incondicional não pode ser uma coisa, Schelling conclui, então ele deve ser um pensamento, e se não pode ser o efeito de causas anteriores, então ele deve ser responsável pela sua própria existência. O incondicionado deve, portanto, ser um pensamento que causa a si próprio, que Schelling chama de o "Eu-absoluto". Schelling tem o cuidado de distinguir o Eu-absoluto de sujeitos empíricos, cuja existência e características são condicionadas por outros sujeitos e objetos. Mas ele afirma que podemos inferir a existência de um tal sujeito absoluto a partir da existência de sujeitos e objetos condicionados, uma vez que serve como a condição definitiva sem a qual eles não existiriam. Esta inferência se baseia implicitamente no princípio da razão suficiente; Schelling pressupõe, como os racionalistas que o precederam, que deve haver uma explicação suficiente para explicar a existência e as características das coisas contingentes que constituem o mundo, que somente um ser absolutamente necessário poderia oferecer.

Schelling também afirma que esse absoluto ontológico deve servir como um absoluto epistemológico, como "aquilo que fornece validade em todo o sistema de meu conhecimento" ("ICH": 76). Consequentemente, um "regresso [bidirecional] deve ser possível; isto é, devo ser capaz de *ascender* a partir da proposição condicionada mais baixa ao incondicionado, assim como posso *descender* do princípio incondicional à proposição mais baixa numa sequência condicional" (ibid.).

Schelling, mesmo neste ponto inicial de sua carreira, claramente já abandonou a insistência crítica de Kant de que devemos evitar a tentação de tratar as ideias da razão (incluindo a ideia de um absoluto ontológico) como se elas pudessem nos informar sobre o mundo. Kant advertira que tais ideias poderiam ser empregadas legitimamente apenas como hipóteses reguladoras para nossas investigações teóricas e práticas, mas Schelling está envolvido numa metafísica *a priori* precisamente do tipo que Kant procurou tornar obsoleto. Após afirmar ter estabelecido a existência de um absoluto ontológico, Schelling dedica uma parcela substancial de seu ensaio a uma especificação das características do Eu-incondicionado. Sua maneira de avançar, e as conclusões que estabelece, são altamente reminiscentes de Espinosa. Schelling afirma que o Eu-absoluto deve ser totalmente responsável por seu próprio ser ("ICH": §7), e, portanto, puramente livre (§8). Deve ser absolutamente unificado (§9), e deve conter todo o ser em si próprio (§10). Deve, portanto, ser infinito (§11) e singular (§12), a única substância e a causa imanente de tudo o que existe (§13).

Schelling afirma, no entanto, que não é culpado de transcender os limites da razão estabelecidos por Kant. Já que o Eu-absoluto não é uma coisa, ele não é o sujeito hipostasiado da psicologia racional que Kant atacou em seus paralogismos como o resultado quimérico de uma falácia lógica. Além disso, já que o Eu-absoluto não é uma coisa, não é a coisa-em-si que Kant insistiu que não podemos conhecer. O Eu-absoluto, Schelling enfatiza, "não é nem um princípio meramente formal, nem uma ideia, nem um objeto, mas o eu puro determinado pela intuição intelectual como realidade absoluta" ("ICH": 104).

Schelling admite que essa caracterização do Eu-absoluto pode não ser totalmente clara, e concede que desejaria ter "o dom da linguagem de Platão, ou o de seu espírito afim, Jacobi, para ser capaz de diferenciar entre o ser absoluto e imutável de cada tipo de existência condicionada e mutável" ("ICH": 109). Na sentença seguinte, no entanto, Schelling afirma que a culpa não é dele, mas da própria linguagem, pois "o absoluto que está em nós não pode ser capturado por uma simples palavra... [e] apenas a percepção pessoal do que é intelectual em nós pode nos resgatar da colcha de retalhos de nossa língua" ("ICH": 109-110).

Apesar da reconhecida dificuldade em apresentar seu argumento, Schelling resolutamente insiste que permanece dentro dos limites da investigação filosófica legítima, como definida por Kant. Ele afirma inclusive que a questão da qual a filosofia crítica de Kant começa é idêntica à questão central de sua própria atividade: "Como são possíveis juízos sintéticos *a priori*? [...] Esta questão em sua mais alta abstração não é outra do que: Como é possível para o Eu-absoluto sair de si mesmo e opor a si mesmo um não eu? ("ICH": 81) A equação de Schelling destas questões bem diferentes torna-se possível graças à fusão do epistemológico e o ontológico subjacente a todo esse ensaio. Kant fez uma pergunta epistemológica (Como é possível *conhecer* se alguma coisa é necessária e universalmente verdadeira não sendo uma relação conceitual analítica?) à qual Schelling oferece uma transformação ontológica (Como é possível *existir* sujeitos e objetos diferenciados sem os quais não haveria necessidade de síntese cognoscente?).

"O incondicional no conhecimento humano" parte então de um comprometimento explícito em completar o projeto transcendental de Fichte, mas conclui com um comprometimento implícito em completar o projeto metafísico de Espinosa. Schelling escreve: "o sistema perfeito da ciência avança a partir de um Eu-absoluto, excluindo tudo que se posta em contraste com ele" ("ICH": 81). A tarefa dupla da filosofia, como ele a entende neste ensaio, é explicar como qualquer coisa surge do Eu-absoluto e indiferenciado, e reconciliar a existência desse eu que a tudo abrange com a liberdade dos sujeitos empíricos particulares que ele criou. Esta tarefa, a reconciliação do panteísmo de Espinosa com a liberdade humana, orientou as reflexões de Schelling através de seus períodos inicial e intermediário, até ele eventualmente abandonar a metafísica *a priori* de uma vez por todas.

O segundo ensaio de Schelling de 1795, "Cartas filosóficas sobre dogmatismo e o criticismo" é mais explícito sobre o rompimento com Kant e Fichte. O ensaio é construído como uma série de "cartas" escritas por um defensor da posição "crítica" a um defensor do "dogmatismo". Schelling utiliza o termo "dogmatismo", como o fez Fichte, para indicar um compromisso com o materialismo e o determinismo, em contraste ao compromisso kantiano com a consciência-de-si e a liberdade. Ele utiliza o termo "criticismo", no entanto, numa maneira que clara e deliberadamente distingue o seu próprio projeto e posição das de Kant e Fichte.

Na segunda carta, Schelling escreve que o objetivo do "criticismo" não deve se limitar a comprovar a incapacidade da razão de provar o "dogmatismo", mas sim em incluir a afirmação e defesa positivas da liberdade humana. As aspirações do criticismo têm sido exageradamente estreitas, afirma Schelling, porque a crítica tem se baseado numa análise de nossa faculdade cognoscente em vez de numa avaliação de nosso ser todo ou essência. A terceira carta deixa explícito que o alvo desta queixa é Kant: já que a *Crítica da razão pura* critica somente nossa faculdade cognoscente, considera Schelling, ela é capaz de estabelecer somente o resultado negativo de que nós não podemos saber se o determinismo é verdadeiro. Kant considera este resultado um triunfo, porque abriu a possibilidade da ação e da moral livres ao enfraquecer a afirmação do determinismo por Hume. Mas Schelling está insatisfeito com meramente refutar o dogmatismo, e não se detém diante da insistência de Kant de que não podemos conhecer positivamente que somos livres. Schelling apela à filosofia para estabelecer a liberdade humana através de uma investigação mais abrangente do ser humano, dentro da qual a crítica de nossas capacidades cognoscentes funciona como meramente uma parte entre outras, em vez de ser a fundamentação do todo.

Schelling critica Kant e Fichte por basear a filosofia numa crítica do conhecimento não somente porque esta base não pode apoiar a reivindicação da liberdade humana, mas também porque considera o fato dado da experiência a partir do qual esta crítica procede como algo que necessita de explicação adicional. Na sexta carta, Schelling nota que, embora a crítica do conhecimento explique por que as proposições sintéticas são condições necessárias da possibilidade da experiência, ela falha em explicar por que afinal de contas a experiência existe. Ou seja, a crítica kantiana explica a função epistemológica da síntese, mas falha em dar uma explicação ontológica de como os sujeitos e objetos diferenciados surgem. Sem tal diferenciação, a síntese cognoscente não seria nem necessária nem possível, e Schelling, portanto, considera sua presença como a condição definitiva da experiência que requer explicação.

Por estar preocupado com a condição definitiva da possibilidade da experiência, Schelling continua a se considerar como realizador do projeto kantiano, apesar do fato de que ao passar do epistemológico ao ontológico ele claramente ultrapassou os limites da razão propostos por Kant. Ecoando um argumento que fez em "O incondicional no conhecimento humano", Schelling reitera na terceira carta que sua própria pergunta é de fato a mesma de Kant, embora seja expressa em termos diferentes. Perguntar "Como é possível eu sair do absoluto e progredir na direção de um oposto?", Schelling insiste, é simplesmente reformular a pergunta fundamental de Kant: "Como é possível que julguemos sinteticamente?" Na sexta carta, Schelling descreve sua própria formulação desta questão como "o enigma do mundo, a questão de como pode o absoluto sair de si mesmo e opor a si um mundo?" ("CF": 173-174). Ele conclui que "a ocupação principal de toda a filosofia consiste na solução do problema da existência do mundo" ("CF": 177).

Portanto, a objeção básica de Schelling é que Kant considera como seu ponto de partida a existência de uma multiplicidade da experiência, sem nunca perguntar como essa multiplicidade veio a existir. Schelling acredita que uma filosofia verdadeiramente sistemática precisa começar tentando explicar como uma multiplicidade diferenciada poderia surgir de uma unidade absolutamente identifica a si. Já que Kant descuida de fazer isso, Schelling afirma na quinta carta, que sua filosofia crítica se torna uma ciência bem-sucedida do conhecimento que não consegue ser um sistema filosófico completo e bem-fundamentado.

Tentar responder como a diferenciação pode surgir da unidade é equivalente, sugere Schelling, a tentar responder como entidades finitas poderiam surgir da infinitude. Entretanto, logo que ele insiste que essa transição é a coisa mais importante para a filosofia sistemática compreender, Schelling repentina e surpreendentemente afirma que isso de fato não pode ser compreendido por sistema filosófico algum. Essa transição, e o fato da experiência que dela depende, Schelling declara como ininteligível teoricamente, com base no fato de que a razão não tem como descobrir um meio-termo que ligaria o infinito ao finito.

No entanto, Schelling também sustenta que é igualmente impossível aos seres racionais abrir mão da aspiração de fazer a conexão entre sua finitude e o infinito de onde surgiram. Schelling conclui que, "uma tal solução dessa questão não pode ser mais teórica, mas se torna necessariamente " ("CF": 175). A filosofia precisa "tomar o Absoluto, [...] que [...] não podia ser um objeto do *saber*, como objeto do *agir*, ou *exigir* a *ação* pela qual o Absoluto é realizado" ("CF": 190-191). Esta exigência prática para o sujeito finito realizar o Absoluto reunindo-se com o infinito significa, de acordo com Schelling, que "tenho eu mesmo de abandonar o domínio da experiência, isto é, tenho de suprimir para mim os limites do mundo da experiência; tenho de deixar de ser um ser finito" ("CF": 175).

Na nona carta, Schelling reconhece e descreve dois caminhos pelos quais os sujeitos finitos podiam renunciar à sua finitude, reunir-se com o infinito, e desta maneira realizar o Absoluto. Ou o sujeito finito pode dissolver-se na objetividade, que assim se tornaria absoluta; ou o sujeito finito pode buscar se tornar Absoluto, ao dissolver todos os objetos finitos dentro de si mesmo. O primeiro caminho é o do "dogmatismo", que agfirma que toda a realidade é em última instância redutível ao material, e o segundo é o do "criticismo" que considera a subjetividade e a liberdade como absolutos que não podem ser reduzidos a qualquer outra coisa.

O dogmatismo exige, de acordo com Schelling, que o sujeito finito se esforce em aniquilar sua própria causalidade livre, e torne-se um veículo puramente passivo para as emanações do Absoluto. Schelling considera que esta é uma trilha possível, mas que resulta na extinção moral do próprio sujeito. O criticismo, em contraste, exige que o sujeito se esforce em transformar todos os objetos finitos em meios da realização de seus próprios fins, portanto, em extensões de si. Ao tornar a objetividade uma extensão da subjetividade, o criticismo, assim como o dogmatismo, elimina o sujeito finito, que depende para sua existência de um contraste com um mundo de objetos. Mas essa forma particular de aniquilação, por ser realizada por um sujeito absolutamente ativo, em vez de sê-lo por um sujeito absolutamente passivo, não é equivalente à extinção moral. De fato, o criticismo proclama a exigência moral que nós, sujeitos finitos, passemos a "*saber* que há uma potência objetiva que ameaça anular nossa liberdade, e, com essa convicção firme e certa no coração, convocar toda a nossa liberdade para a luta, e assim sucumbir" ("CF": 192). Schelling conclui: "Minha *destinação* no criticismo é precisamente – *esforço pela autonomia inalterável, pela liberdade incondicionada, pela atividade ilimitada. Sê!* – esta é a suprema exigência do criticismo" ("CF": 192).

Com esta identificação da "suprema exigência" da filosofia crítica, o período inicial de Schelling alcançou seu auge. Após começar contribuindo com a tentativa de Fichte de completar o idealismo transcendental de Kant, Schelling rapidamente concluiu que uma filosofia verdadeiramente sistemática também exige o desenvolvimento de uma ciência totalmente nova e complementar. O idealismo transcendental considera o fato da experiência subjetiva como dado, e investiga as condições necessárias de sua possibilidade. Schelling considerava esta crítica do conhecimento como filosoficamente indispensável, mas concluiu que deixa sem resposta a questão ainda mais fundamental de como a experiência subjetiva surge. Como é que, pergunta Schelling, os sujeitos finitos e os objetos finitos surgem de um Absoluto infinito e passam a estar em relação uns com os outros? Esta questão ontológica, que o idealismo transcendental não pondera (porque, Kant enfatizaria, estaria além dos limites do inquérito racional), Schelling declarou ser teoricamente irrespondível ainda que inevitável. A razão não pode compreender, acreditava ele, que a autodiferenciação do infinito numa multiplicidade de seres finitos, mas ao mesmo tempo os sujeitos finitos não podem deixar de sentir, e de desejar superar sua alienação do Absoluto. Uma resposta possível a esta condição é a adoção de uma passividade estoica ou mística que luta para eliminar todos os desejos e intenções, e assim renunciar à individualidade. Neste ponto de sua carreira, no entanto, Schelling defendeu uma declaração prática de liberdade que compromete os sujeitos finitos a transformarem o mundo objetivo num meio de realização de seus objetivos, e desta forma causar uma reconciliação com ele.

A fase intermediária de Schelling: a filosofia da identidade

O período intermediário de Schelling começou e foi amplamente definido por um comprometimento em desenvolver a filosofia da natureza como um complemento necessário ao idealismo transcendental. Enquanto o idealismo transcendental começa com a experiência subjetiva, e infere que certos aspectos da objetividade são condições necessárias de sua possibilidade, a filosofia da natureza começa com o mundo objetivo e natural e tenta determinar por que ele precisa ter certas características, e especialmente por que ele precisa dar origem a sujeitos conscientes-de-si. Ambas essas ciências filosóficas complementares, portanto, consideram como dada uma das duas maneiras pelas quais o Absoluto se manifesta, e tenta utilizar este dado como uma base explanatória para a outra forma de manifestação: o idealismo transcendental explica a objetividade em termos de subjetividade, e a filosofia da natureza explica a subjetividade em termos de objetividade. Consideradas em conjunto, as duas ciências formam um único empreendimento mais amplo conhecido como a filosofia da identidade, porque Schelling considera a subjetividade e a objetividade como manifestações distintas do mesmo Absoluto subjacente. O terceiro e último aspecto da filosofia da identidade é uma reconciliação de suas duas partes constitutivas: as explicações oferecidas pelo idealismo transcendental e a filosofia da natureza precisam ser compatíveis umas com as outras, e em particular a afirmação da liberdade humana precisa ser de alguma maneira compatível com a afirmação da necessidade natural. O desafio de reconciliar a liberdade e a necessidade se mostrou o maior obstáculo à filosofia da identidade de Schelling, e seu desagrado com suas próprias tentativas de solução foi um fator primordial para seu abandono posterior de uma filosofia sistemática *a priori*.

A filosofia da natureza

Somente dois anos após o aparecimento de "O incondicionado no conhecimento humano" e "Cartas sobre o dogmatismo e o criticismo", Schelling publicou a primeira de uma série de obras sobre a filosofia da natureza que rapidamente lhe conferiram fama e prestígio. *Ideias para uma filosofia da natureza* apareceu em 1797, e foi seguida pela *Sobre alma do mundo*, que conquistou a admiração de Goethe e o apoio para a nomeação de Schelling a um cargo de professor em Jena. Na preparação de suas primeiras preleções em Jena, e como material de apoio para elas, Schelling publicou o *Primeiro esboço de um sistema da filosofia da natureza* em 1799. Em 1803 Schelling publicou uma segunda edição de *Ideias para uma filosofia da natureza*, acrescentando suplementos substanciais à introdução e a cada um dos capítulos, que serviram em grande medida para eliminar a linguagem residual de Fichte na qual Schelling originalmente se expressara.

Schelling relata que as *Ideias* e o *Esboço* representam as duas maneiras distintas pelas quais é possível se aproximar da filosofia da natureza. As *Ideias* procedem a partir de fenômenos particulares na direção de princípios gerais, enquanto o *Esboço* opera a partir de princípios *a priori* na direção de fenômenos particulares. O segundo modo de apresentação é mais estritamente científico, mas Schelling considera os dois modos compatíveis entre si, uma vez que sustenta que o conhecimento *a priori* é simplesmente conhecimento experiencial que foi reconhecido como necessariamente verdadeiro. As *Ideias* tomam experiências particulares como seu ponto de partida, e delas derivam princípios que precisam valer sobre o mundo natural. O *Esboço*, de modo inverso, começa com primeiros princípios da natureza, e deles deriva fenômenos que precisam surgir e estar disponíveis à experiência.

A introdução do *Esboço* define a filosofia da natureza ao distingui-la por um lado da filosofia transcendental, e pelo outro da ciência empírica. A filosofia, de acordo com a introdução, é uma ciência única que pressupõe, e procura explicar, a identidade do real e do ideal, do objetivo e do subjetivo. Uma teoria adequada dessa identidade precisa incorporar duas orientações igualmente necessárias, uma das quais explica o real em termos do ideal, e uma que explica o ideal em termos do real. A filosofia científica precisa, portanto, incorporar duas subciências igualmente necessárias: a filosofia transcendental explica as características da objetividade como condições necessárias da possibilidade da experiência subjetiva; e a filosofia da natureza explica as características da experiência subjetiva como manifestações necessárias do mundo objetivo. A filosofia transcendental é assim idealista, mas a filosofia da natureza é realista porque considera o mundo natural como autossubsistente, e não somente como uma condição da possibilidade da experiência. Schelling, portanto, considera sua filosofia da natureza como uma "física especulativa", uma teoria *a priori* das características essenciais do próprio mundo natural.

Na introdução da segunda edição das *Ideias*, Schelling critica Fichte por acreditar de forma equivocada que *A doutrina-da-ciência*, que oferece somente uma filosofia transcendental, completou a própria filosofia. Schelling refere-se à filosofia de Fichte como um "idealismo relativo" (*IFN*: 51), que faz reivindicações que têm validade somente em relação ao sujeito consciente. Schelling reconhece que na primeira edição das *Ideias* ele cometeu exatamente este mesmo erro, mas na segunda edição ele agora insiste que a filosofia da natureza precisa e pode oferecer conhecimento Absoluto da própria objetividade. Ele explica o conceito do conhecimento Absoluto por meio de uma analogia matemática, na qual "o que é válido da construção como forma é também eterna e necessariamente válido do objeto" (*IFN*: 45). O matemático, isto é, determina não somente como devemos pensar sobre os triângulos, mas como os próprios triângulos precisam ser. Schelling considera assim a matemática como um caso paradigmático da identidade entre o pensamento subjetivo e o ser objetivo, o ideal e o real, e é essa mesma identidade que ele ambiciona alcançar em sua filosofia da natureza.

Schelling antecipa, e rapidamente rejeita, a objeção crítica de que nosso conhecimento dos objetos é necessariamente limitado a como eles aparecem para nós:

> Se alguém deseja relembrar ao filósofo [...] que o ideal-absoluto existe somente *para ele* e é somente *seu pensamento* [...] então pedimos para esse alguém fazer apenas a consideração muito simples de que de fato tal reflexão, pela qual ele faz desse pensamento *seu* pensamento, e consequentemente algo subjetivo, é outra vez somente *sua* reflexão, e assim uma questão meramente subjetiva, de modo que aqui uma subjetividade é corrigida e removida por outra (*IFN*: 45-46).

O idealista crítico, em outras palavras, é limitado, por sua própria posição, a afirmar que *parece para nós* que apenas podemos conhecer as coisas na forma como elas aparecem. Mas, retruca Schelling, isso significa que o idealista crítico não pode demonstrar definitivamente que de fato não conhecemos as coisas como elas efetivamente são. Schelling não afirma que tal conhecimento já foi produzido, mas insiste que se é para existir uma filosofia realmente científica, então ela precisa conhecer seus objetos não "de uma forma condicionada, mas somente de forma incondicionada e absoluta, e assim também conhecer somente o absoluto desses próprios objetos" (*IFN*: 44). Ao declarar sua aspiração de conhecer a natureza de forma absoluta, Schelling distingue de forma aguda sua própria filosofia da natureza dos tratamentos transcendentais que a natureza recebeu em Kant e Fichte.

A filosofia da natureza, ou física especulativa, precisa também ser cuidadosamente diferenciada da física empírica, de acordo com Schelling. Na introdução do *Esboço*, Schelling distingue a física especulativa da física empírica em virtude dos problemas centrais que ela sugere, a metodologia que emprega para resolvê-los, e a concepção resultante de natureza que surge.

O primeiro problema da física especulativa, relata Schelling, é determinar a causa absoluta do movimento (*ESFN*: 195). Ele argumenta que esse problema não permite uma solução mecânica. Um movimento particular (o de uma bola de bilhar, por exemplo) pode ser explicado em termos de um mecanismo precedente (o de uma segunda bola de bilhar batendo na primeira), mas essa teoria gera a necessidade de explicar o próprio movimento inicial. Outra explicação mecânica poderia ser oferecida (a segunda bola foi atingida por uma terceira), mas isso gera a necessidade de mais uma explicação (o que causou o movimento da terceira bola?). O problema se sucede *ad infinitum*, pois não importa até que ponto chegue uma explicação mecânica, haverá sempre uma força motriz inicial que permanece inexplicada. Conclui-se que a física mecanicista não pode jamais oferecer uma teoria suficiente da causa absoluta do movimento, e Schelling, portanto, conclui que a física especulativa não pode ser mecanicista.

A física especulativa não pode pressupor, em outras palavras, que o mundo natural seja composto de partículas inertes cujo movimento depende do impacto e da influência de outras partículas e forças. Em vez disso, a física especulativa precisa ser uma física dinâmica: precisa pressupor que a própria natureza é composta, no seu nível mais fundamental, de forças motrizes, e que todas as interações mecânicas entre coisas particulares são derivadas dessas fontes mais primárias de movimento. Enquanto a física empírica e atomística está interessada no movimento mecânico de partículas elementares, a física especulativa de Schelling preocupa-se apenas com as forças constitutivas das quais, em última instância, todo movimento depende.

Schelling reformula este ponto ao caracterizar o objeto da física mecanicista como o "ser", distinguindo-o do objeto da física dinâmica, que é o "tornar-se" (*ESFN*: 201). A física empírica e mecanicista observa coisas ou seres particulares e com base nestas observações desenvolve descrições e predições generalizadas das propriedades e dos comportamentos de entidades do mesmo tipo. A física dinâmica, em contraste, está interessada somente com a natureza como um todo, e não tem interesse nas coisas particulares que vieram a surgir. A natureza como um todo é a totalidade produtiva que constantemente dá origem e destrói os produtos ou objetos particulares que são a preocupação da física empírica. A física dinâmica é a ciência desse processo infinito e contínuo de produção, enquanto a física mecanicista ou atomística é a ciência dos produtos finitos e distintos que o processo cria.

Na segunda edição das *Ideias*, Schelling se refere ao processo produtivo que cria e destrói os seres naturais como a autodiferenciação do absoluto. Ele escreve que "o nascimento das coisas" ocorre "através da eterna autodivisão do absoluto em sujeito e objeto, através da qual sua subjetividade, e a infinitude inconhecível lá oculta, é dada a conhecer em objetividade e finitude, e transformada em alguma coisa" (*IFN*: 150). Outra maneira de dizer isso é que "a coisa individualizada é somente um momento do ato eterno da transformação da essência na forma; por esta razão a forma é distinguida como particular, por exemplo como a corporificação do infinito no finito; mas aquilo que se torna objetivo através desta forma é ainda somente a própria unidade absoluta" (*IFN*: 48). Nestes termos, o primeiro problema da filosofia da natureza é o de mostrar por que, afinal de contas, o absoluto originalmente unificado e infinito precisa se diferenciar em sujeitos e objetos finitos. Schelling conclui as *Ideias* declarando: "o objetivo final de toda consideração e ciência da natureza só pode ser o conhecimento da unidade absoluta que envolve o todo [...] aquilo que combina a possibilidade infinita de todas as coisas com a realidade do particular, e assim é o desejo eterno e a base original de toda a criação" (*IFN*: 272-273).

Schelling admite que não podemos perceber as forças produtivas que são os elementos fundamentais e simples de uma física dinâmica do absoluto — em vez disso, precisamos inferir sua existência e influência a partir de nossas percepções dos objetos que elas criam, influenciam, e acabam destruindo. A física dinâmica, portanto, se baseia na observação ordinária e na física empírica para oferecer a evidência das forças que são o foco de sua preocupação. No entanto, logo que a existência destas forças fundamentais é pressuposta, torna-se misterioso como a existência de objetos observáveis e estáticos que persistem ao longo do tempo é sequer possível. Considerando que a natureza como um todo está em movimento constante, tornando-se constantemente algo diferente do que é no momento, parece difícil explicar como um ser particular poderia assumir uma forma relativamente permanente. Se o primeiro problema da filosofia da natureza é explicar por que o absoluto precisa se pôr em movimento, o segundo problema é explicar como ele poderia em algum momento vir a repousar.

Schelling responde a este desafio sugerindo que os seres particulares subsistem somente em virtude de serem continuamente reproduzidos pelas forças fundamentais da natureza. Ele apresenta o fenômeno do redemoinho de água como um paradigma para todos os objetos: o redemoinho persiste ao longo do tempo somente em virtude do fato de que uma corrente contínua de água sustenta sua forma. Se o fluxo de água cessasse, o redemoinho rapidamente se desintegraria. Schelling vê isso como um modelo para compreender a persistência dos objetos, que ele atribui à ação constante das forças invisíveis que sustentam suas formas visíveis. A física dinâmica está interessada em determinar as características essenciais que essas forças fundamentais da natureza precisam ter a fim de explicar o surgimento e a persistência do mundo dos objetos e dos sujeitos conscientes com os quais estamos familiarizados.

Schelling distingue a física especulativa da física empírica não somente em virtude de sua concepção dinâmica da natureza, e de sua preocupação com as forças produtivas fundamentais em vez dos objetos particulares que elas produzem, mas também em virtude de sua metodologia *a priori*. Schelling nota no *Esboço* que "a física, como empirismo, não é outra coisa senão uma coleção de fatos, de relatos do que foi observado, do que aconteceu sob circunstâncias naturais ou artificiais", e assim conclui que "aquilo que é puro empirismo não é ciência, e inversamente, o que é ciência não é empirismo" (*ESFN*: 201). Para ouvidos contemporâneos isso soa claramente falso, uma vez que "ciência" e "empirismo" tornaram-se quase sinônimos. Mas a afirmação de Schelling faz sentido à luz do fato de que ele utiliza "ciência", como Fichte antes dele, para indicar uma disciplina que está baseada em princípios incondicionados, que não podem ser derivados da observação empírica, uma vez que tal observação pode gerar somente generalizações indutivas. A física especulativa busca ser científica nesse sentido, e assim almeja produzir uma derivação *a priori* dos princípios que oferecem a fundamentação definitiva de fenômenos observáveis. Na introdução da segunda edição das *Ideias*, Schelling outra vez apresenta a matemática como o modelo de sua ciência: "Na filosofia da natureza, as explicações são tão raras como na matemática; ela procede de princípios cuja certeza emana de si, sem qualquer orientação recebida, por assim dizer, dos fenômenos" (*IFN*: 53).

Schelling reconhece a preocupação de que tal ciência *a priori* do mundo natural, por mais desejável que seja, talvez não seja possível. Ele reconhece a inquietação de que princípios *a priori* possam se revelar como meros pressupostos ou hipóteses impingidas sobre a natureza, e que, portanto, distorceriam nosso entendimento, e não o melhorariam. Schelling responde sugerindo um teste duplo: primeiro, os princípios *a priori* genuínos da natureza precisam ser experimentados como absolutamente necessários, no sentido de que nossas mentes são involuntariamente compelidas a adotá-los; e, segundo, deve ser possível reconhecer todos os fenômenos naturais como absolutamente necessitados por esses princípios. Este segundo critério implica que os princípios da física especulativa precisam ser rejeitados ou revisados não somente se uma exceção a eles puder ser identificada, mas também se existirem fenômenos empíricos que não possam ser explicados como consequências necessárias deles. A física especulativa precisa, portanto, permanecer aberta e receptiva aos desenvolvimentos na física empírica, uma vez que tais desenvolvimentos exigirão demonstrações que mostrem que os fenômenos recém-observados seguem-se necessariamente dos princípios fundamentais da dinâmica.

O primeiro desses testes é mais um sinal do abandono por Schelling da perspectiva crítica sobre as limitações do conhecimento. Kant e Fichte, como Schelling, procuram identificar os princípios necessários do pensamento, mas, ao contrário de Schelling, eles escrupulosamente se recusam a pressupor que esses princípios que governam toda nossa experiência da natureza possam nos informar sobre o próprio mundo natural. Mesmo se admitirmos a validade do teste, no entanto, a perspectiva de ser aprovado por ele parece ser bastante ruim. O teste requer que sejamos capazes de distinguir aguda e precisamente entre aqueles princípios que somos absolutamente compelidos a adotar, e os que adotamos voluntariamente. Fichte também fez essa distinção, mas admitiu candidamente que nossos juízos no que se refere ao estatuto de princípios particulares devem ser sempre provisórios, uma vez que não existe nenhum outro critério do que a tentativa e erro experimental que nos permite distinguir entre os que são necessários e os que são voluntários.

Schelling, no entanto, não tem receio nem quanto a nossa capacidade de fazer essa distinção nem quanto a validade do próprio teste. Na introdução às *Ideias*, ele insiste que "pode-se muito facilmente distinguir o que é arbitrário do que é necessário na conjunção de nossos conceitos" (*IFN*: 32). E ele imediatamente declara isso como o equivalente de ser capaz de distinguir o que é meramente uma característica de nosso pensamento do que é uma característica do mundo natural:

> Toda vez juntamos coisas que estão separadas no espaço num único agregado, atuamos de modo bastante livre; a unidade que conferimos a elas é transferida a elas simplesmente a partir de nossos pensamentos; não há razão que resida nas *coisas em si* que requeiram que pensemos nelas como algo único. Mas quando [...] buscamos a razão para essa [unidade] na *coisa fora de nós* sentimo-nos constrangidos em nosso juízo; precisamos portanto confessar que a unidade com a qual pensamos não é meramente *lógica* (em nossos pensamentos), mas *real* (efetivamente fora de nós) (*IFN*: 32).

Schelling afirma então que somos capazes de determinar princípios *a priori* constitutivos da natureza dando atenção aos juízos que necessariamente fazemos. Mas ele também afirma que os juízos necessários podem ser reconhecidos como tais somente em distinção aos juízos arbitrários, e assim considera que a natureza deve ter características que não podem ser determinadas *a priori*. Esta conclusão coloca uma restrição importante no segundo teste de Schelling para uma filosofia da natureza completa e bem-sucedida, porque significa que tal ciência não precisa demonstrar a necessidade de *todas* as características de cada fenômeno natural. Em vez disso, a física especulativa é encarregada de demonstrar a necessidade das características essenciais da natureza, e as propriedades contingentes inumeráveis dos fenômenos naturais são deixadas para a observação e experimentação empírica. Embora o objetivo da física especulativa permaneça ambicioso, a distinção de Schelling entre as características necessárias e contingentes da natureza evita que esse esforço pareça imediatamente absurdo.

Nos dois livros que compõem as *Ideias*, Schelling apresenta a concepção dinâmica da matéria e discute muitos dos processos mecânicos e químicos que criam, destroem e afetam objetos materiais, incluindo a combustão, a eletricidade e o magnetismo. Schelling também prometeu, mas nunca publicou, um terceiro livro, que deveria ter fornecido uma teoria da natureza orgânica. Este tópico, portanto, tornou-se o foco central do *Esboço*, que apareceu dois anos mais tarde.

O *Esboço* compreende três divisões: a primeira dedicada à natureza orgânica, a segunda à natureza inorgânica e a terceira à relação entre as duas. O objetivo particular da primeira divisão é provar "que a natureza é *orgânica* em seus produtos mais originais" (*ESFN*: 5) Ao adotar este objetivo, Schelling pretende realizar um ataque direto às concepções mecanicistas da natureza, que afirmam que a distinção feita costumeiramente entre entidades orgânicas e inorgânicas não pode ser sustentada, uma vez que todas as coisas que consideramos como organismos são na verdade meramente máquinas complicadas. Ao mesmo tempo, Schelling também visa atacar a posição de Kant, que afirma que o conceito de organismo pode ser legitimamente empregado em nossos juízos sobre a natureza, mas concede aos mecanicistas que não podemos de fato saber se qualquer uma das coisas que julgamos ser organismos é de fato verdadeiramente orgânica em vez de mecânica. Schelling visa estabelecer não somente que a natureza contém organismos – seres que não podem ser reduzidos a mecanismos complicados –, mas também que os organismos são as entidades naturais mais fundamentais, e assim que todos os processos mecanicistas são em última instância redutíveis ao orgânico.

O argumento de Schelling para essas reivindicações começa com a alegação de que a própria natureza é um todo orgânico, uma totalidade automotriz que não pode ser reduzida à interação de suas partes nem explicada por ela. Schelling então parece inferir, sem nunca afirmá-lo explicitamente, que os produtos mais fundamentais dessa atividade construtiva precisam ser análogos à totalidade natural que é sua fonte. Já que esta totalidade é orgânica, considera Schelling, as entidades naturais mais básicas devem ser organismos.

O próprio Schelling acabaria reconhecendo que sua filosofia da natureza fracassou em alcançar os extraordinários objetivos que ele estabelecera. Sua construção *a priori* de princípios naturais nunca proporcionou uma teoria convincente do surgimento necessário de seres conscientes-de-si, e muito menos das características essenciais do mundo natural. Além disso, muitos dos princípios específicos que Schelling construiu e utilizou para explicar fenômenos particulares não são mais compatíveis nem críveis à luz da ciência contemporânea.

Ainda assim, Schelling oferece um corretivo importante à concepção de Fichte da natureza como uma coleção puramente passiva de objetos materiais sobre os quais temos uma obrigação moral de subordinar aos nossos objetivos. Ao conceber a natureza holisticamente, e enfatizar processos dinâmicos, Schelling antecipa compreensões ecológicas do mundo. E ao enfatizar que seres racionais como nós surgem da natureza, e que os próprios processos naturais exibem estrutura racional, Schelling oferece uma base para repensar a relação dos seres humanos com o mundo que habitamos.

O idealismo transcendental

Após devotar três anos e três livros à filosofia da natureza, Schelling voltou sua atenção ao outro ramo da ciência filosófica, e em 1800 publicou seu *Sistema do idealismo transcendental*. O *Sistema* é o trabalho mais amplo e bem acabado de Schelling, uma obra importante por seus próprios méritos, pela influência que teve no desenvolvimento inicial de Hegel, e pela maneira que antecipa a rejeição posterior de Schelling da filosofia sistemática.

Schelling declara no Prefácio que "o propósito do presente trabalho é simplesmente o de ampliar o idealismo transcendental para o que ele deveria realmente ser, a saber, um sistema de todo o conhecimento" (*SIT*: 1). Schelling objetiva, em outras palavras, completar e aperfeiçoar o projeto de Fichte: num único volume o *Sistema* investiga não somente os tópicos teóricos e práticos que Fichte contemplou em *A doutrina-da-ciência, Fundamento do direito natural* e *O sistema da doutrina dos costumes*, mas também desenvolve e integra uma filosofia da história e uma filosofia da arte.

Embora pense que o escopo do projeto de Fichte foi restrito demasiadamente, Schelling admira e apoia a insistência de seu predecessor de que o idealismo transcendental precisa ser estritamente sistemático. O idealismo transcendental de Schelling começa então, como fez Fichte, com o fato incorrigível da consciência-de-si, a consciência-de-si do "Eu", e tenta desenvolver tudo que se segue somente a partir desse princípio fundacional. Enquanto o sistema de Fichte se desenvolve, no entanto, por intermédio de uma identificação sucessiva das condições necessárias da possibilidade da individualidade, o sistema de Schelling é impulsionado por sua apresentação da concepção nova de uma "história progressiva da consciência-de-si":

> Os meios, além disso, através dos quais o autor procurou alcançar seu objetivo de estabelecer o idealismo em sua plenitude, consistem em apresentar todas as partes da filosofia num único *continuum*, e o todo da filosofia como o que de fato é, ou seja, uma história progressiva da consciência-de-si, pela qual o que é estabelecido na experiência serve meramente, por assim dizer, como uma espécie de memorial e documento. Acompanhar esta história com precisão e plenitude, foi principalmente uma questão não somente de se separar com exatidão

os estágios individuais, e dentro deles outra vez os momentos individuais, mas também de apresentá-los numa sequência, através da qual pode-se ter certeza, graças ao próprio método empregado em sua descoberta, de que nenhum passo interveniente foi omitido (*SIT*: 2).

A ideia de Schelling, que é explorada em maior detalhe a seguir, é que existem diferentes níveis ou "épocas" de consciência-de-si, através das quais os sujeitos conscientes precisam passar a fim de se tornarem plena ou adequadamente conscientes-de-si. O *Sistema* tenta não somente identificar cada uma dessas épocas de consciência-de-si, mas também mostrar como cada estágio sucessivo na reconstrução filosófica da história da consciência segue-se necessariamente do estágio precedente, por representar um avanço.

A Parte 1 do *Sistema* oferece uma dedução do "eu" como o primeiro princípio da filosofia transcendental. Schelling segue Fichte ao pressupor que o conhecimento deve se apoiar num princípio incondicional, e que somente a atividade do pensar é conhecida incondicionalmente, uma vez que estamos imediatamente familiarizados com essa atividade através da intuição intelectual. O primeiro princípio da filosofia transcendental precisa, portanto, ser a consciência-de-si expressa na proposição, "Eu sou". A Parte 2 do *Sistema* explica então que a verdade do idealismo transcendental – da tese de que o mundo objetivo precisa se conformar às condições que tornam a experiência dele possível – será demonstrada "no próprio processo de efetivamente deduzir todo o sistema do conhecimento a partir do princípio em questão" (*SIT*: 34).

A filosofia transcendental, portanto, avança, de acordo com Schelling, com base em nada além da existência da consciência-de-si, para superar seu ceticismo inicial no que se refere à objetividade e demonstrativamente vindicar nossas convicções ordinárias mais importantes sobre o mundo e nossa relação com ele. Primeiro, ela prova "que não só existe um mundo de coisas fora e independente de nós, mas também que nossas representações até agora são coincidentes com ele de modo que *nada mais existe* nas coisas, exceto o que atribuímos a elas" (*SIT*: 10). Segundo, ela prova "que as representações, surgindo *livremente e sem necessidade* de nós, passam do mundo do pensamento em direção ao mundo real, e podem atingir realidade objetiva" (*SIT*: 11). O idealismo transcendental precisa então confrontar, no entanto, a contradição aparente entre estas duas convicções: "A primeira pressupõe que os objetos são *inalteravelmente determinados*, e portanto também nossas próprias representações; a segunda pressupõe que os objetos são *alteráveis*, e o são, de fato, através da causalidade das representações em nós" (ibid.). A terceira e maior tarefa da filosofia transcendental é assim superar a contradição, e reconciliar as duas convicções, explicando como *"podemos pensar ao mesmo tempo as representações conformando-se aos objetos, e os objetos conformando-se às representações"* (ibid.). Esta conformidade bidirecional "é ininteligível", continua Schelling, "a menos que exista entre os dois mundos, o ideal e o real, uma *harmonia predeterminada*. Mas esta última é também impensável a menos que a atividade, através da qual o mundo objetivo é produzido, seja no fundo idêntica com a que se expressa na volição, e vice-versa" (*SIT*: 11-12).

A filosofia transcendental assim tem três tarefas principais, que Schelling enfrenta, respectivamente, nas partes 3, 4 e 5 do *Sistema*. A Parte 3 oferece uma filosofia teórica, que pretende explicar a experiência de um mundo independente e objetivo, e nela Schelling introduz o conceito de "épocas" da consciência. A Parte 4 oferece uma filosofia prática, que pretende explicar a experiência da ação resultante do livre-arbítrio, e nela Schelling desenvolve seu conceito de história. E a Parte 5 pretende reconciliar a filosofia teórica com a prática, ao designar uma harmonia preestabelecida entre os mecanismos que determinam o curso do mundo objetivo e as ações realizadas livremente por sujeitos conscientes. É nesta parte final do *Sistema* que Schelling desenvolve seu conceito de arte como tornar visível essa harmonia (ou identidade) entre subjetividade e objetividade.

A filosofia teórica começa com o fato dado da experiência consciente e tenta determinar as condições necessárias de sua possibilidade. Schelling, como Fichte antes dele, considera a consciência empírica como o resultado de uma absolutamente espontânea "atividade, que, por ser a condição de toda limitação e consciência, não vem ela própria à consciência" (*SIT*: 47). Uma vez que este ato não pode ser um objeto da consciência, não há evidência direta de sua ocorrência, portanto, a reivindicação filosófica de que ele deve ter existido baseia-se na inferência de que somente através de um ato como esse o inegável fato da experiência pode ser explicado.

Uma vez que a necessidade de tal ato livre da autocriação foi inferida, a tarefa imediata enfrentada pelo filósofo transcendental é explicar como o eu empírico pode encontrar-se limitado pelo mundo objetivo do qual ele se distingue. Ele *precisa* se encontrar limitado, uma vez que a experiência é definida pela distinção entre o sujeito e o seu objeto, mas a questão que Schelling coloca é *como* um eu infinitamente espontâneo pode afinal de contas estar limitado. Ele pondera que o sujeito não pode ser limitado por algo além dele próprio, já que então ele não seria infinitamente espontâneo, por isso, deve estar limitado por si próprio. A experiência é então constituída por um ato primário de autolimitação, que literalmente faz existir a distinção entre o eu e o mundo.

Se a própria existência do mundo se deve ao eu, então o mesmo vale para suas características essenciais, e o resto da filosofia teórica de Schelling consiste numa tentativa de determinar como essas características resultam dos atos do eu que são necessários à constituição de sua própria experiência. A tarefa da filosofia, de acordo com Schelling, é reconstruir livremente estes atos necessários. Se esta tarefa fosse em algum momento concluída, afirma Schelling, "toda a estrutura do mundo objetivo, e toda determinação da natureza até o infinitamente pequeno, seria revelada a nós" (*SIT*: 50). Já que, no entanto, "o único ato absoluto a partir do qual iniciamos contém – unido e condensado – uma infinidade de ações, cuja enumeração total forma o conteúdo de uma tarefa infinita [...] a filosofia pode enumerar somente aquelas ações que constituem épocas, por assim dizer, na história da consciência-de-si" (ibid.).

As "épocas" da consciência, cuja identificação e reconstrução são as tarefas da filosofia, são os estágios essenciais numa jornada desde a simples consciência de si mesmo em distinção do mundo até o destino final da autocompreensão plenamente desenvolvida. "A filosofia transcendental", escreve Schelling, "nada mais é do que uma elevação constante do eu a um poder superior; todo seu método consiste em conduzir o eu de um nível de autointuição a outro, até que ele esteja postulado com todas as determinações que estão contidas no ato livre e consciente da consciência-de-si" (*SIT*: 90).

A primeira e mais baixa forma de consciência-de-si é a que Schelling se refere como "sensação", que envolve o sujeito distinguindo-se do mundo objetivo que ele sente. O sujeito está aqui consciente somente do fato que é um ser limitado, confrontado por um reino de alteridade. Nesta época, o eu sente o mundo, que imediatamente lhe oferece a consciência de sua própria limitação, mas o eu ainda não está consciente da sensação como sua própria atividade. O segundo nível da consciência-de-si envolve portanto o desenvolvimento do que Schelling se refere como uma intuição de segunda ordem: "Esta intuição é uma intuição da intuição, já que é uma intuição da sensação [e] o sentir já é em si mesmo uma intuição, mas uma intuição de *primeira ordem*" (*SIT*: 72). Schelling se refere a esta intuição de segunda ordem como "intuição produtiva", que é, portanto, o ponto de partida para o segundo nível ou época da consciência-de-si.

A derivação de todas as épocas sucessivas na história da consciência-de-si de Schelling procede precisamente da mesma maneira.

O início de cada época é definido por uma atividade particular, na qual o eu está engajado sem consciência explícita. A transição para a próxima época da consciência-de-si ocorre quando o eu se engaja numa atividade de ordem superior que o torna explicitamente consciente de sua atividade de ordem inferior e anterior. A tarefa do filósofo transcendental é explicar como cada atividade sucessiva de ordem superior é necessária para que o sujeito torne-se consciente da atividade na qual já está engajado, e através delas progrida na direção de uma consciência-de-si plenamente adequada.

A filosofia teórica de Schelling identifica três épocas de consciência-de-si: a intuição produtiva torna o eu consciente da sensação; a reflexão torna o eu consciente da intuição produtiva; e a vontade torna o eu consciente da reflexão. Com a introdução da vontade, a filosofia teórica abre caminho para a filosofia prática, mas para Schelling essa transição nominal não desorganiza o sistema único e inclusivo do idealismo transcendental. A Parte 4 do *Sistema* continua de onde a Parte 3 parou, e explica os estágios da consciência cada vez mais adequada do sujeito sobre sua própria atividade livre. E a Parte 5 conclui o *Sistema* identificando a arte como a atividade que completa a consciência-de-si ao tornar o sujeito consciente da harmonia pré-estabelecida que existe entre suas próprias atividades livres e as transformações mecanicistas do mundo objetivo. Numa conclusão chamada "Observação geral sobre todo o sistema", Schelling enfatiza essa continuidade entre as partes de sua obra: "Toda a sequência da filosofia transcendental está baseada meramente numa ascensão contínua de autointuição a poderes cada vez maiores, do primeiro e mais simples exercício de consciência-de-si, ao maior, ou seja, o estético" (*SIT*: 233).

Os primeiros estágios da filosofia prática de Schelling espelham em grande medida as primeiras jogadas do *Fundamento do direito natural* de Fichte, argumentando que a consciência-de-si depende da atividade livre, e que a atividade livre depende da invocação catalisadora de outro ser livre. As teorias subsequentes de Schelling da política e da moralidade não são nem de longe tão ricas como as de Fichte, mas o *Sistema* amplia o escopo da filosofia prática ao desenvolver uma teoria da história, que Schelling compreende como o processo pelo qual as instituições constitutivas da liberdade são criadas. Schelling pondera que este processo deve ser concebido como sendo ao mesmo tempo necessitado, em virtude de ser essencial à plena realização da subjetividade consciente-de-si, e criado por ações humanas escolhidas livremente. Ele, portanto, compreende a história como "uma necessidade que a própria escolha vê-se compelida a servir" (*SIT*: 199), uma descrição que ele aperfeiçoa, caracterizando-a como "uma mera expressão transcendental da relação geralmente aceita e pressuposta entre a liberdade e uma necessidade oculta, às vezes chamada de destino, às vezes de providência" (*SIT*: 204).

A conclusão de Schelling de que precisamos considerar a história como a busca da realização da liberdade ecoa a posição desenvolvida por Kant na *Crítica da faculdade de julgar*. Mas a inovação de Schelling (que Kant consideraria uma violação dos limites da razão) é atribuir a harmonia providencial entre a subjetividade e a objetividade à identidade absoluta que é a fonte subjacente de ambos: "Tal harmonia pré-estabelecida do objetivo (ou governado por leis) e o determinante (ou livre) é concebível somente através de alguma coisa superior, estabelecida *sobre* ambos [...] Essa coisa superior não pode ser nem o sujeito nem o objeto, nem ambos de uma vez só, mas somente a *identidade absoluta*" (*SIT*: 208-209). Schelling continua, afirmando que essa identidade absoluta não pode ter qualquer predicado, ou ser um objeto do conhecimento, uma vez que precede a distinção entre sujeito/objeto que é a base de toda predicação e saber. Ainda assim, já que essa identidade é subjacente a toda mudança objetiva e subjetiva, Schelling conclui que "a história como um todo é uma revelação progressiva e gradativamente autorreveladora do absoluto" (*SIT*: 211).

O problema final que a filosofia transcendental precisa resolver é explicar como sujeitos conscientes completam sua consciência-de-si dando-se conta de que suas próprias ações são de fato providencialmente coincidentes com a efetivação histórica e governada por leis da liberdade. "Esta coincidência da atividade consciente e inconsciente", pondera Schelling, "pode tornar-se evidente somente num produto que é intencional, sem ser intencionalmente criado" (*SIT*: 214). Um produto deste tipo poderia ser ou algo que sabemos ser o resultado de leis naturais, mas que ainda assim parece ser um todo intencional, ou algo que sabemos ser o resultado de atividade intencional, mas que apesar disso parece apresentar percepções inconscientes.

Seguindo Kant, Schelling considera os organismos como instâncias do primeiro tipo. Mas Schelling junta-se a seus amigos românticos e antecipa Heidegger, inovando ao considerar as obras de arte como evidência do segundo tipo. O gênio artístico, de acordo com Schelling, "é consciente a respeito da produção, inconsciente no que se refere ao produto" (*SIT*: 219). O produto ou conteúdo da verdadeira arte precisa ser inconsciente porque é a própria identidade absoluta, que precede e não está disponível para a consciência, uma vez que esta última é definida pela distinção entre subjetividade e objetividade. Consequentemente, "a obra de arte [...] reflete para mim o que de outra maneira não é refletido por qualquer coisa, a saber, [o] absolutamente idêntico" (*SIT*: 230). A arte é, portanto, o ápice da atividade humana, pois realiza o estágio definitivo da elevação da consciência-de-si ao "falar a nós sobre aquilo que a filosofia não pode descrever numa forma externa, ou seja, o elemento inconsciente na ação e na produção, e sua identidade original com o consciente" (*SIT*: 231).

A teoria da arte de Schelling faz a filosofia transcendental retornar ao ponto de onde partiu – a intuição intelectual sobre a unidade da subjetividade e objetividade –, e desta forma traz o seu *Sistema* a uma conclusão ao completar a história progressiva da consciência-de-si. Schelling apoia a posição de Fichte de que "um sistema é completado quando é levado de volta ao seu ponto de partida", e declara:

> Este é precisamente o nosso caso. A fundamentação definitiva de toda a harmonia entre o subjetivo e o objetivo só poderia ser mostrada em sua identidade original através da intuição intelectual; e é precisamente esta base que, por meio da obra de arte, foi exposta inteiramente a partir do subjetivo, e tornada plenamente objetiva, de tal modo que levamos gradualmente nosso objeto, o próprio eu, até o ponto onde nós mesmos estávamos quando começamos a filosofar (*SIT*: 232).

Liberdade humana e a necessidade absoluta

Desde seus primeiros trabalhos, Schelling aspirou reconciliar a visão de Espinosa de que as manifestações necessárias de uma substância absoluta determinam o rumo do mundo com o compromisso de Kant e Fichte com a liberdade do sujeito consciente. O *Sistema do idealismo transcendental* conclui declarando que este desafio foi superado, mas Schelling ficou rapidamente insatisfeito com a resolução oferecida nessa obra. Ele, portanto, retornou ao tema, e o fez o foco central daquela que seria sua última publicação significativa, as *Investigações filosóficas sobre a essência da liberdade humana*, que apareceu em 1809, quando Schelling tinha ainda somente 34 anos de idade.

O Prefácio das *Investigações* reitera que "o centro mais íntimo da filosofia aparece" somente "no contraste entre a necessidade e a liberdade" (*IELH*: 3). As *Investigações*, que formam um único ensaio contínuo, começam então rejeitando a pressuposição costumeira (proeminentemente apresentada por Jacobi, embora seu nome não seja mencionado aqui) de que a própria atividade da filosofia sistemática necessariamente resulta no determinismo e na negação da liberdade. Schelling continua a desejar desenvolver uma filosofia sistemática dentro da qual a crença na liberdade humana possa ser justificada e preservada.

Schelling admite nas *Investigações*, no entanto, que a estratégia adotada em seu *Sistema do idealismo transcendental* não pode satisfazer esta aspiração. O idealismo transcendental anterior de Schelling funcionava como um complemento à sua filosofia da natureza, e apesar do primeiro pressupor a subjetividade livre como seu ponto de partida, a última nunca conseguiu demonstrar o surgimento da liberdade no mundo objetivo. Nas *Investigações*, Schelling escreve que "de forma alguma seria suficiente declarar [como o idealismo transcendental faz] que 'apenas a atividade, a vida e a liberdade são a realidade verdadeira' [...]. E sim é exigido que o oposto seja provado também – que toda a realidade (a natureza, o mundo das coisas) esteja baseada na atividade, vida e liberdade" (*IELH*: 24).

Schelling não abandonara ainda a esperança de que a filosofia *a priori* pudesse oferecer tal demonstração, mas as *Investigações* reconhecem desde o começo que a existência da liberdade humana parece incompatível com a existência de um Deus onipotente e benevolente. A liberdade humana implica a possibilidade real do mal, que um Deus onipotente e benevolente nunca permitiria. Assim parecem existir duas opções: "ou o mal verdadeiro é admitido, e torna-se inevitável incluir o próprio mal na substância infinita ou na vontade primal, e assim rompe-se totalmente o conceito de um ser plenamente perfeito; ou a realidade do mal precisa de alguma maneira ser negada, e então a verdadeira concepção da liberdade desaparece ao mesmo tempo" (*IELH*: 26). Schelling liga assim o problema da liberdade humana, na maneira clássica, à necessidade de uma teodiceia, uma justificativa da presença do mal num mundo moldado por um Deus onipotente e benevolente.

Após apresentar o problema da teodiceia, Schelling rejeita tanto a solução defendida por Espinosa como a solução que seu próprio *Sistema do idealismo transcendental* sugere. Espinosa respondeu ao problema da teodiceia ao escolher a segunda opção apresentada acima: ele negou a realidade da liberdade humana, e do mal real, afirmando que tudo que ocorre deriva necessariamente da natureza da substância subjacente a todas as coisas particulares, e que as ocorrências que parecem más a partir de nossa perspectiva podem não ser julgadas como más a partir da perspectiva do todo, à cuja perfeição elas devem contribuir. O próprio *Sistema* de Schelling, ele agora conclui, também nega implicitamente a existência da liberdade, ao postular uma harmonia pré-estabelecida entre a lei natural e a ação humana, que em última instância significa que a suposta liberdade é reduzida a "nada além de uma força da natureza, uma mola que, como todas as outras, está subordinada ao mecanismo" (*IELH*: 14).

A abordagem à teodiceia que Schelling adota nas *Investigações* deriva de uma distinção, introduzida em seus escritos sobre a filosofia da natureza, entre o ser como um todo e os seres particulares que ele cria e destrói continuamente. Aqui ele reformula a distinção como aquela que ocorre entre "o ser enquanto ele existe, e o ser enquanto a mera base da existência" (*IELH*: 31). O valor desta distinção para a teodiceia é que ela permite que nossa existência seja dependente de Deus ("o ser enquanto mera base da existência"), enquanto permite a possibilidade de que nossa essência não seja determinada por essa dependência. Schelling argumenta: "A dependência não exclui autonomia ou mesmo a liberdade. A dependência não determina a natureza do dependente, e meramente declara que a entidade dependente, seja ela o que for, só pode existir como consequência daquilo do que depende; ela não declara o que essa entidade dependente é ou não é" (*IELH*: 18). De fato, continua Schelling, "seria contraditório se aquilo que é dependente ou consequente não fosse autônomo. Haveria dependência sem que algo fosse dependente [...] ou seja, toda a concepção se negaria" (*IELH*: 18-19). O ponto de Schelling é que uma existência dependente precisa ser genuinamente distinta daquilo que ela depende, caso contrário é meramente uma parte daquilo do qual surge. Levar em conta seriamente a distinção entre o ser como um todo e seres particulares, então, requer atribuir autonomia genuína a esses seres particulares.

Schelling conclui que o panteísmo, uma espécie do qual ele explicitamente defende, é compatível com a liberdade humana. Espinosa não foi levado ao determinismo por seu panteísmo, mas sim por um erro independente, pondera Schelling: "O erro de seu sistema não se deve ao fato de que ele postula todas as *coisas em Deus*, mas ao fato de que elas são *coisas* [...] Ele trata a vontade, também, como uma coisa, e então prova, muito naturalmente, que em todos os casos de sua operação a vontade precisa ser determinada por alguma outra coisa, que por sua vez é determinada por outra, e assim por diante infinitamente" (*IELH*: 22). Schelling considera, no entanto, que "Deus não é um Deus dos mortos, mas dos vivos. É incompreensível que um ser perfeito pudesse se alegrar mesmo com o mecanismo mais perfeito possível. Independentemente de como se descreva a procissão das criaturas de Deus, isso não pode nunca ser uma produção mecânica, nem uma mera construção ou estabelecimento, no qual o construto é em si mesmo nada" (*IELH*: 19). Utilizando novamente sua filosofia da natureza anterior, Schelling conclui, "o conceito de vir a ser é o único adequado à natureza das coisas" (*IELH*: 33).

Após rejuvenescer a possibilidade de uma reconciliação entre a existência de Deus e a da liberdade, Schelling infere a existência da liberdade a partir daquilo que ele considera uma inegável realidade do mal. O mal é possível apenas em virtude da liberdade humana, que leva Schelling a declarar, notoriamente:

> O homem foi colocado neste cume onde ele contém dentro de si a fonte do autoimpulso para o bem e para o mal em igual medida; o nexo dos princípios dentro dele não é um vínculo de necessidade, mas de liberdade. Ele está na linha divisória; tudo o que escolher será seu ato, mas

ele não pode permanecer na indecisão porque Deus deve necessariamente se revelar e porque absolutamente nada na criação pode permanecer ambíguo (*IELH*: 50).

Schelling resume o argumento noutra formulação protoexistencialista: "o ser do homem é essencialmente *seu próprio feito*" (*IELH*: 63). Schelling enfatiza que a liberdade não pode ser entendida como mero indeterminismo, que tornaria a ação humana o resultado de um acidente ou do acaso. Schelling pondera que "o acidente é impossível e contradiz a razão assim como a unidade necessária do todo; e se a liberdade não pode ser salvaguardada a não ser tornando as ações totalmente acidentais, então ela não pode ser salvaguardada" (*IELH*: 60). De fato, Schelling considera o determinismo como filosoficamente preferível ao indeterminismo, mas critica ambos por serem "ignorantes daquela necessidade mais elevada que é igualmente distante do acidental e da compulsão ou determinação externa, mas que é, sim, uma necessidade interna que jorra da essência do próprio agente ativo" (*IELH*: 61).

Schelling deve esta concepção de liberdade – "é livre aquele que age de acordo com as leis de seu próprio ser interior e não é determinado por nada mais seja de dentro ou fora de si" (*IELH*: 62) – a Espinosa. Ao contrário de Espinosa, no entanto, Schelling atribui tal autodeterminação a seres humanos individuais, e não meramente ao ser como um todo. A objeção imediata, naturalmente, é que se nós necessariamente agimos de acordo com as leis de nosso ser interior, mas não somos responsáveis por essas próprias leis, então continuamos a ser determinados externamente em vez de sermos livres. Schelling se defende dessa objeção afirmando que cada ser humano determina sua própria essência, da qual todos os atos subsequentes necessariamente derivam, por meio de uma seleção de caráter inicial e eterna.

Este artifício, que Schelling reconhece que tomou de Kant, que lançara mão dele em seus escritos sobre religião, aponta que a determinação inicial do caráter está fora do tempo (uma vez que tudo que é temporal é determinado pelas condições que o precedem). No entanto, Schelling afirma, "não é de maneira alguma um ato do qual o homem não tem consciência alguma. Assim alguém, que talvez, para se desculpar de um ato errado, diga: 'Bem, é assim que eu sou' – sabe muito bem que assim é por sua própria culpa, muito embora possa estar correto em pensar que lhe seria impossível agir diferentemente" (*IELH*: 64-65).

Apesar da implausibilidade da hipótese metafísica envolvida nessa teoria da liberdade humana, Schelling afirma corajosamente que "parece haver somente uma razão que poderia ser levantada em objeção a esta visão: a saber, que ela impede ao homem todas as conversões do bem ao mal e vice-versa, ao menos nesta vida" (*IELH*: 67). Para preservar a possibilidade da conversão, Schelling refina a visão para acomodar a possibilidade de que após a determinação inicial do caráter as pessoas podem permanecer abertas a influências externas, divina ou humana, que as ajudaria a mudar para melhor. Aceitar ou não tal influência, no entanto, precisa ser determinado pelo ato inicial de autodefinição, de forma que estar aberto ou fechado à conversão já é predestinado desde esse momento definitivo.

Próximo ao fim das *Investigações*, Schelling afirma que ainda tem que responder à questão central da teodiceia: "O problema central de toda esta investigação está ainda diante de nós. Até agora Deus foi meramente visto como o ser se revelando [...] [Mas] qual é a relação de Deus como um ser moral com o mal, cuja possibilidade e realidade da qual dependem de sua autorrevelação?" (*IELH*: 73). Em outras palavras, Schelling afirmou demonstrar que existe o mal real no mundo, que esse mal pode resultar somente da liberdade humana, e que a liberdade humana deve, como todo o resto, surgir do ser como um todo, o que equivale a ser um aspecto da autorrevelação de Deus. A inescapável conclusão, no entanto, é que o mal é uma consequência necessária da autorrevelação de Deus, o que deixa o problema da teodiceia tão imenso como sempre.

Schelling reconhece, mas não está disposto a conceder, a opção de declarar que Deus poderia não ter vislumbrado as consequências de se revelar, e assim pode ser inocentado da responsabilidade pelo mal. O Deus de Schelling é onisciente assim como onipotente. A questão urgente, portanto, é como Deus pode continuar a ser considerado como benevolente. Schelling tenta preservar a benevolência divina uma última vez, afirmando que "no fato de que Deus ter estabelecido ordem ao caos e pronunciado sua unidade eterna na natureza, Ele realmente se opôs à escuridão e estabeleceu sua Palavra como um centro constante e farol eterno contra o movimento rebelde do princípio irracional. A vontade da criação era assim somente a vontade de fazer nascer a luz, e, assim, a bondade" (*IELH*: 82). Naturalmente, o resultado indireto dessa vontade da bondade foi o inevitável surgimento do mal, que Deus, como o próprio Schelling admite, deve ter previsto. Mas neste ponto Schelling parece ter exaurido seus recursos, e declara que "a questão de por que Deus não preferiu não se revelar, uma vez que necessariamente previu que o mal acompanharia a autorrevelação, esta questão realmente não merece resposta" (*IELH*: 82-83).

Schelling conclui as *Investigações* de modo notável, ao reconsiderar brevemente, e ao fazer isso enfraquecer, a distinção com a qual toda a investigação começou. O que, ele pergunta, "se ganhará pela distinção inicial entre o ser como base e o ser enquanto existência? Pois ou não há fundamentação em comum aos dois – e nesse caso precisamos nos declarar em favor do dualismo absoluto; ou há fundamentação em comum – e nesse caso, em última análise os dois coincidem novamente" (*IELH*: 86-87). Se a última destas alternativas for o caso, então "temos um ser em todos os opostos, uma identidade absoluta entre luz e escuridão, o bem e o mal" (*IELH*: 87). E este é, de fato, a visão à qual as *Investigações* de Schelling o levaram: "Deve haver um ser *anterior* a todas as bases e antes de toda a existência, ou seja, antes de toda e qualquer dualidade; como podemos designá-lo a não ser como sendo a 'fundamentação primal', ou, em vez disso,'aquele sem fundamentação'? Como ele precede todas as antíteses, estas não podem ser distinguíveis nele ou estarem presentes nele de maneira alguma. Ele não pode então ser chamado de identidade de ambos, mas somente de indiferença absoluta a ambos" (*IELH*: 87). A tentativa de Schelling de lidar com teodiceia causou assim o fim de sua filosofia da identidade, e depositou-se numa teologia negativa, na postulação de uma fundamentação primal sem fundamentação que é "nada mais do que [o] não ser [de todas as distinções], e, portanto, não tem predicados exceto a falta de predicados, sem que seja nada ou uma não entidade" (*IELH*: 87).

Conclusão

Em 1809, com 34 anos, Schelling ascendera ao ápice da filosofia alemã e tinha publicado seu último trabalho. Ao longo de 15 anos seu compromisso incansável com a verdade o transformara de um idealista transcendental nos moldes de Fichte num metafísico nos moldes de Espinosa e depois num pensador cada vez mais cético sobre a possibilidade e a promessa de uma filosofia *a priori*.

O abandono de Schelling da crítica estritamente kantiana em prol de um retorno a uma metafísica mais tradicional foi motivado por sua insistência de que a filosofia não pode começar com o fato dado da experiência, e sim precisa explicar como surge um mundo de subjetividade e objetividade diferenciadas. O desejo de Schelling de entender o surgimento de objetos finitos e sujeitos conscientes o levou a desenvolver a filosofia da natureza, uma ontologia *a priori* que concebe o mundo natural holística e dinamicamente. A natureza é apresentada como um todo orgânico e que se move, contendo forças fundamentais que estabelecem e destroem entidades particulares ao longo do tempo. Essa concepção da natureza está em pleno contraste com a física atomística e mecânica, e oferece uma base para resistir à visão de Fichte de que o mundo natural é uma coleção de objetos materiais puramente passivos que somos moralmente obrigados a subordinar aos propósitos da razão.

Schelling não substituiu simplesmente o idealismo transcendental pela filosofia da natureza, mas sim juntou os dois, dando a cada um lugar necessário como uma metade da filosofia da identidade, que buscava explicar por que a subjetividade precisa emergir da objetividade e por que a objetividade precisa ser experimentada pelos sujeitos do modo que é. No *Sistema do idealismo transcendental* Schelling buscou completar e aperfeiçoar o projeto de Fichte, e no curso desta tarefa contribuiu com a nova concepção de "épocas da consciência", estágios históricos através dos quais a subjetividade precisa passar a fim de realizar um autoentendimento plenamente adequado. Schelling identificou o último desses estágios como a apreciação estética da identidade ou harmonia providencial que ele afirmou existir entre o curso do mundo objetivo governado por leis e as ações livremente produzidas por sujeitos conscientes no curso da história. Schelling aliou-se a seus amigos e colegas românticos ao encarar a arte como sendo capaz de mostrar o que a filosofia não pode dizer, e ao fazê-lo colocou-a no ápice do desenvolvimento e realizações humanas.

A tentativa de Schelling de reconciliar a liberdade e a necessidade, algo constante ao longo de seu período inicial e intermediário, chegou ao auge em *Investigações filosóficas sobre a essência da liberdade humana*. Nessa última de suas publicações significativas, as reflexões de Schelling sobre o clássico problema da teodiceia o levaram a transformar a distinção de Kant entre a individualidade inteligível e empírica numa distinção protoexistencialista entre a essência e a existência, e a afirmar que cada um de nós é em última instância responsável por nossa escolha livre original de um caráter bom ou mau. O fim das *Investigações*, no entanto, revela a crescente preocupação de Schelling de que uma filosofia *a priori* não possa resolver as tarefas das quais se encarregou. Schelling tenta reconciliar o ser como um todo com o devir de entidades particulares por meio de uma fundamentação primal sem fundamentação sobre a qual literalmente nada pode ser dito. Esta atitude antecipa a rejeição posterior de Schelling de uma filosofia *a priori*, que ele declararia ser "negativa", em favor de uma filosofia "positiva" preocupada com a existência empírica em vez da essência eterna.

Muito embora Schelling tenha rejeitado em última instância muitas das posições filosóficas que ele explorou em seus períodos inicial e intermediário, o trabalho que produziu nesses anos teve um impacto significativo em muitos outros pensadores. Suas concepções da natureza e arte foram importantes ao romantismo (de fato, Josiah Royce, o famoso pragmatista americano, classificou Schelling como "o príncipe dos românticos"). Sua insistência de que nossa essência não é predeterminada por nossa existência, e sua exortação para escolhermos um caráter bom, foram importantes para Kierkegaard e outros existencialistas. E sua distinção entre ser e seres, assim como sua teoria da intuição estética, revelar-se-iam importantes para Heidegger. O impacto mais profundo e imediato dessas obras, no entanto, foi em Hegel, que estava trabalhando muito próximo a Schelling quando começou a desenvolver a sua própria posição filosófica distinta nos primeiros anos do século XIX.

Sumário dos principais pontos

• A obra inicial de Schelling expandiu a busca de Fichte de um primeiro princípio incondicional do conhecimento para uma busca de uma fundamentação absoluta ou incondicional da existência de todas as coisas particulares. Isso transforma o idealismo crítico de Kant e Fichte no "idealismo absoluto".

• No período intermediário de Schelling, ele transforma o idealismo absoluto numa filosofia da identidade composta de duas disciplinas complementares: o idealismo transcendental e a filosofia da natureza.

- A filosofia da natureza *a priori* de Schelling argumenta que o mundo é fundamentalmente dinâmico e orgânico, e assim encoraja uma compreensão ecológica do cosmos.

- O idealismo transcendental de Schelling apresenta um exame sistemático das "épocas" através das quais os sujeitos conscientes precisam passar a fim de se tornarem plenamente conscientes-de-si, e conclui que o mais alto estágio da consciência-de-si é alcançado através da arte.

- Em sua publicação final, Schelling tenta reconciliar a liberdade humana com a afirmação de que tudo emerge necessariamente do absoluto.

6

Hegel: a filosofia sistemática sem fundamentações

Georg Wilhelm Friedrich Hegel (1770-1831) amadureceu como pessoa e autor ao mesmo tempo em que as triunfantes proclamações da chegada da era da razão prometiam transformações revolucionárias do pensamento e ação humanos. Em 1787, quando Hegel tinha 17 anos, Kant declarou que sua própria filosofia era o equivalente epistemológico à revolução copernicana: argumentando que a possibilidade do conhecimento metafísico não pode ser explicada se pressupusermos que o sujeito do conhecimento precisa se conformar ao objeto do conhecimento, Kant inverteu esta pressuposição. O resultado foi o idealismo transcendental, com o qual Kant afirmou ter determinado os meios, a extensão e os limites do conhecimento verdadeiramente racional. Apenas dois anos mais tarde, em 1789, quando Hegel era um estudante em Tübingen, o equivalente prático desse desenvolvimento teórico manifestou-se na França: argumentando que a liberdade é impossível se pressupusermos que os sujeitos políticos precisam se conformar à vontade da autoridade governante, os revolucionários inverteram esta pressuposição e prometeram estabelecer um sistema verdadeiramente racional de governo.

Hegel celebrou as revoluções kantiana e francesa, mas não sem críticas. O entusiasmo de Hegel originou-se de sua concordância com a insistência revolucionária sobre o direito da razão: as reivindicações teóricas e os arranjos práticos modernos precisam ser, acima de tudo e por definição, racionais. A crítica de Hegel, no entanto, surgiu de sua visão de que a era da razão não fez jus a seu nome: nem a filosofia kantiana nem a Revolução Francesa foram realmente racionais, porque ambas se baseavam numa concepção falsa da própria racionalidade. A preocupação do próprio Hegel, desde sua primeira publicação até a última, tornou-se assim o desenvolvimento de uma filosofia verdadeiramente racional, que pudesse determinar e desta forma ajudar a sustentar as condições de uma vida verdadeiramente racional.

O surgimento de Hegel como um pensador importante, no entanto, não foi nem de longe tão rápido quanto o de Schelling. Hegel completou seus estudos em Tübingen em 1793, mas levaria outros 23 anos antes que ele finalmente se tornasse um professor assalariado de filosofia, juntando-se à faculdade de Heidelberg em 1815. Ao abandonar Tübingen, Hegel encontrou emprego como tutor privado, e assim trabalhou em Berna e Frankfurt pelos próximos sete anos. Durante esse período Hegel escreveu vários ensaios, cuja maioria tratava de temas religiosos e políticos, mas seus escritos não foram publicados e ele não tinha perspectivas de uma carreira acadêmica. Em 1800, com 30 anos, Hegel resolveu escrever a Schelling, com quem ele não tinha tido contato por vários anos, para afirmar sua intenção de trabalhar com a filosofia sistemática, e buscar conselhos de seu já bem-sucedido e celebrado amigo. Schelling encorajou Hegel a se mudar para Jena, oferecendo-lhe inclusive acomodações provisórias, que Hegel rápida e agradecidamente aceitou.

Nos próximos seis anos, de 1801 a 1807, Hegel conseguiu, com dificuldades, ganhar a vida em Jena como um palestrante não assalariado, dependente das inscrições que os estudantes pagavam para frequentar suas preleções. Embora essa posição não oferecesse a Hegel nem segurança profissional nem financeira, a comunidade intelectual em Jena – que incluía não somente Schelling, mas também alguns dos mais importantes pioneiros românticos – mostrou-se valiosa para seu desenvolvimento filosófico. Em 1801 Hegel publicou seu primeiro livro, *A diferença entre os sistemas filosóficos de Fichte e de Schelling*. O livro ajudou Schelling, que naquele período era considerado como um discípulo do recém-afastado e ainda reverenciado Fichte, ao deixar claro que ele tinha de fato desenvolvido sua própria posição filosófica distinta. Ao mesmo tempo, no entanto, o livro deu também a Hegel a reputação de ser um seguidor de Schelling, apesar do fato de ele conter pistas importantes das visões emergentes de Hegel.

Em 1802 Schelling fundou a *Revista Crítica de Filosofia*, e convidou Hegel a se juntar a ele como coeditor. Schelling pretendia que a revista fosse um veículo de disseminação de seu programa filosófico, e a participação de Hegel consolidou ainda mais sua reputação como um mero operário a serviço de seu amigo brilhante. Durante a breve existência da revista, no entanto, Hegel contribuiu com vários artigos nos quais sua própria posição filosófica tornou-se, para o desgosto de Schelling, cada vez mais evidente. Os mais importantes desses ensaios são: "Sobre a relação do ceticismo com a filosofia", "Fé e saber" e "Sobre as maneiras científicas de tratar o direito natural". A colaboração rapidamente terminou quando Schelling, seguindo os passos dos membros mais interessantes do círculo romântico, mudou-se de Jena em 1803, deixando Hegel sem a revista, sem um emprego de verdade, e numa comunidade intelectual bem menor. Hegel permaneceu em Jena por mais quatro anos, onde eventualmente ganhou a "distinção" de ser o mais velho palestrante não assalariado na cidade.

Em 1807, com sua situação financeira cada vez mais precária, Hegel abandonou as preleções e conseguiu um emprego em Bamberg como editor de jornal. Essa mudança, que poderia ter facilmente posto fim às aspirações filosóficas de Hegel, coincidiu ironicamente com a publicação da *Fenomenologia do espírito*, seu primeiro trabalho maduro, que serve como a introdução de sua filosofia sistemática.

A carreira de Hegel como jornalista foi curta, no entanto, e em 1808 ele se tornou o reitor de um *Gymnasium*, uma escola secundária, em Nuremberg. Nos próximos sete anos ele administrou a escola, tentou bravamente ensinar suas ideias em desenvolvimento a adolescentes, e trabalhou fervorosamente em seu próximo grande trabalho, a *Ciência da lógica*. A *Lógica*, que constitui a primeira parte do sistema de Hegel, apareceu em três volumes, publicados em 1812, 1813 e 1816, e o último deles coincidiu com a oferta que finalmente foi feita a Hegel, então com 46 anos, para assumir uma posição acadêmica assalariada na Universidade de Heidelberg.

Nos últimos quinze anos de sua vida Hegel desfrutou do sucesso e do reconhecimento público que lhe faltaram nas duas décadas precedentes. Logo após chegar a Heidelberg em 1817, ele publicou a primeira edição de sua *Enciclopédia das Ciências Filosóficas* (edições revisadas apareceriam em 1827 e 1830). A *Enciclopédia* oferece uma visão geral compreensiva de todo o sistema de Hegel: as três principais partes são a lógica, a filosofia da natureza e a filosofia do espírito. Em 1818 Hegel aceitou a prestigiosa posição de docente em Berlim, e em 1820 publicou *Linhas fundamentais da filosofia do direito*, que elabora os aspectos sociais e políticos da filosofia do espírito. Nos próximos onze anos Hegel lecionou sobre vários elementos de seu sistema, incluindo a filosofia da história, estética e religião. Sua morte repentina em 1831, exatamente cinquenta anos depois da publicação da *Crítica da razão pura* de Kant, encerrou a grande era do idealismo alemão.

A significância sistemática dos escritos pré-sistemáticos

Os primeiros escritos de Hegel, incluindo aqueles que ele publicou na *Revista Crítica* de Schelling, são pré-sistemáticos no sentido de que eles são em grande medida análises polêmicas das posições contemporâneas que não têm pretensão de estabelecer ou desenvolver o próprio sistema filosófico de Hegel. *A diferença* oferece exposições críticas de Fichte, Schelling e Reinhold. "Sobre a relação do ceticismo com a filosofia" é uma análise devastadora de Gottlob Schulze (o autor de *Enesidemo*) e do ceticismo moderno em geral, que Hegel considera dogmático quando comparado ao ceticismo antigo. *Fé e saber* devota suas três seções a Kant, Jacobi e Fichte. E o ensaio "Direito natural" busca explicar por que nem o empirismo nem o idealismo crítico podem oferecer uma filosofia política adequada.

No entanto, essas obras pré-sistemáticas têm uma significância sistemática porque contribuem à tentativa de Hegel de cumprir a promessa do idealismo alemão ao desenvolver uma filosofia verdadeiramente racional. Essa tentativa consiste em três passos: primeiro, uma identificação daquilo que não é completamente racional entre os contemporâneos e predecessores filosóficos mais importantes de Hegel, em nome de uma especificação positiva dos critérios de uma filosofia plenamente racional; segundo, uma crítica das abordagens filosóficas que falsamente clamam ter preenchido esses critérios; e terceiro, o desenvolvimento de uma filosofia que de fato preencha os critérios da racionalidade.

A *Fenomenologia do espírito* de Hegel e a *Enciclopédia* de três partes representam, respectivamente, sua tentativa de levar a cabo o segundo e o terceiro passos de sua tarefa. A *Fenomenologia* expõe as abordagens filosóficas que afirmam, falsamente na visão de Hegel, ter produzido um conhecimento verdadeiramente racional, mas trata esses fracassos filosóficos visando revelar que um conhecimento verdadeiramente racional pode ser obtido, e como fazê-lo. A *Enciclopédia* afirma então obter um conhecimento verdadeiramente racional ao desenvolver um sistema de conhecimento completo de acordo com a única abordagem filosófica deixada aberta pela *Fenomenologia*. Ambos esses passos, no entanto, empregam a concepção do conhecimento racional desenvolvido nos escritos pré-sistemáticos. Começando com *A diferença*, sua primeira publicação, Hegel levou a cabo um implacável exame crítico da era da razão e de seus representantes filosóficos mais importantes, que em última instância o levou ao projeto da *Fenomenologia* e ao conceito da racionalidade que a baseia. São, portanto, os escritos de Jena que realizam o primeiro passo da missão de Hegel e preparam o caminho para a filosofia sistemática que ele desenvolveu mais tarde.

O tema recorrente das primeiras críticas de Hegel da assim chamada idade da razão, ou esclarecimento, é que ela na realidade fracassa na promessa moderna da racionalidade e liberdade, porque, como ele coloca nas primeiras páginas de *Fé e saber*, "A razão esclarecida [...] já não é razão [...] [ela é] mero entendimento [que] reconhece sua própria nulidade, ao colocar aquilo que é melhor do que ela numa *fé fora e acima* de si, como um *além*. Foi isso que aconteceu nas *filosofias de Kant, Jacobi e Fichte*. A filosofia tornou-se a serva da fé uma vez mais" (*FS*: 55-56). Compreender a crítica de Hegel exige por decorrência compreender a distinção que ele faz entre a razão e o entendimento.

No Prefácio de *A diferença*, Hegel caracteriza a "razão" como "a identidade do sujeito e do objeto" (*D*: 80). O que Hegel quer dizer por "identidade do sujeito e objeto" torna-se evidente quando se observa o fato de que seu uso dessa formulação ocorre ao longo de um envolvimento direto com Kant, e em particular com a dedução transcendental de Kant. A dedução visa mostrar que as categorias necessariamente utilizadas pelo sujeito pensante devem também se aplicar aos objetos do pensamento, que nos termos de Hegel, significa mostrar que há uma "identidade de sujeito e objeto". Se a dedução de Kant for bem-sucedida, então o sujeito pensante e o objeto do pensamento são idênticos no sentido de que partilham as mesmas características ou "determinações" constitutivas: as categorias, ou determinações conceituais necessárias, que o sujeito utiliza para pensar seu objeto são também as determinações do objeto que ele pensa.

Embora a significação da "identidade do sujeito e do objeto" da qual Hegel fala derive de Kant, a identidade que Kant afirma ter estabelecido com a dedução transcendental não é exatamente o que Hegel chama de "razão". Pois se Kant estiver certo, a dedução demonstra uma identidade entre o sujeito e seu objeto enquanto fenômeno, ou como aparece, mas não tem o poder de demonstrar uma identidade entre o sujeito e o objeto-em-si. De acordo com Kant, isto é, podemos saber que todos os objetos da experiência precisam ter as determinações categóricas que tornam possíveis que eles sejam experienciados como objetos por sujeitos pensantes, mas sobre as determinações dos próprios seres nada podemos saber. Hegel se junta assim a Schelling na caracterização da identidade estabelecida por Kant (e apoiada por Fichte) como um mero "sujeito-objeto subjetivo" (*D*: 81) que equivale a não ser uma identidade verdadeira de forma alguma. De fato, Kant não apenas falha em demonstrar a identidade do sujeito e objeto, mas na realidade afirma ter demonstrado a necessidade de uma lacuna intransponível entre eles: de acordo com Kant as determinações conceituais do sujeito pensante não podem jamais ser conhecidas como sendo aquelas dos próprios seres.

A "identidade do sujeito e objeto" que Hegel chama de "razão", portanto, refere-se precisamente ao estado de coisas negado por Kant: as determinações constitutivas do pensar são as determinações constitutivas dos próprios seres. Hegel torna isto explícito em *A diferença*: "a verdadeira identidade do sujeito e objeto" significa "que as determinações ideais que a natureza recebe na ciência [filosófica] são também imanentes a ela" (*D*: 160).

Hegel se refere à identidade do sujeito e do objeto como "razão" porque ela é a condição necessária para a efetividade – aquilo que verdadeiramente é – ser acessível ao conhecimento ou entendimento racional; a efetividade pode ser compreendida somente se as determinações do ser puderem ser reveladas e percebidas pelas determinações do pensamento. Se valesse o estado de coisas contrário, a realidade seria "irracional" no sentido de que ela não poderia ser conhecida nem compreendida pelo conhecimento racional, e assim teria que ser considerada como "um domínio fixo do incompreensível, e de uma fé que em si mesma não é racional" (*FS*: 61). Nesse caso, a efetividade seria "um além absolutamente impensado, não reconhecido e incompreensível" (*FS*: 94) inacessível à experiência humana, que é precisamente a conclusão obtida pela filosofia crítica de Kant e Fichte.

Hegel aponta Descartes, os empiristas e Kant como aqueles que propuseram a exigência moderna por uma justificação para a afirmativa de que as determinações do pensamento e do ser são idênticas. Essa exigência torna esses pensadores representantes daquilo que Hegel se refere como o ponto de vista do "entendimento", que separa o sujeito pensante dos objetos de sua experiência e que recusa a admitir a identidade de suas determinações, a não ser – e até – que ela tenha sido demonstrada.

O ponto de vista do entendimento é então definido pela rejeição da metafísica tradicional e a consequente concessão de prioridade à epistemologia. Hegel apresenta este argumento com respeito a Kant em *Fé e saber*, onde escreve, ecoando Schelling, que "toda a tarefa e conteúdo dessa filosofia não é o conhecimento do absoluto, mas o conhecimento da [...] subjetividade. Em outras palavras, é uma crítica das faculdades cognoscentes" (*FS*: 68).

Hegel admite que Hume e Kant deduzem com sucesso as consequências epistemológicas do dualismo que eles consideravam autoevidente, mas enfatiza que a pressuposição desse dualismo não atende aos padrões da justificação racional estabelecidos pelo próprio Kant. Da pressuposição de uma diferença de tipo essencial entre sujeito e objeto, entre a pura universalidade dos conceitos e a bruta particularidade dos seres, de fato decorre a impossibilidade do conhecimento racional. Dada essa pressuposição, em outras palavras, a crença na incompreensibilidade da realidade é justificada. Mas, retruca Hegel, esta pressuposição é expressamente abalada pela própria filosofia de Kant, que insiste corretamente no fato de que a justificação racional exige a completa renúncia a pressuposições condicionadas. Ao pressupor um dualismo do sujeito e objeto, o ponto de vista do entendimento não consegue passar por seu próprio teste crítico.

O fato do próprio Kant enfraquecer o ponto de vista do entendimento reabre a possibilidade de que o ponto de vista da razão possa ser alcançado. Pois se o dualismo sobre o qual o empirismo e o idealismo transcendental se baseiam constitui uma pressuposição condicionada, então a impossibilidade do conhecimento racional que eles anunciam constitui uma conclusão injustificada.

Hegel está plenamente consciente, no entanto, de que os empiristas e os kantianos não abandonarão facilmente seus pressupostos para acolher o ponto de vista da razão. Trazer esses dualistas ao ponto de vista da razão é o projeto da *Fenomenologia*, que ambiciona justificar o argumento de que as determinações constitutivas do pensar são na verdade as determinações constitutivas do ser ao demonstrar que a distinção entre as determinações constitutivas do pensamento e do ser não pode ser sustentada de forma justificável. Essa demonstração culmina naquilo que o capítulo final da *Fenomenologia* se refere como o "saber absoluto", que é outro nome para o ponto de vista da razão, o ponto de vista no qual sabe-se que apontar as determinações constitutivas do pensar seria ao mesmo tempo apontar as determinações constitutivas do ser, e assim oferecer um conhecimento racional da constituição da efetividade.

A *Fenomenologia* afirma demonstrar que o conhecimento racional é possível, mas tal conhecimento pode ser obtido somente se as determinações constitutivas do pensar e do ser puderem ser articuladas. A principal tarefa da filosofia é, portanto, a articulação dessas determinações, às quais Hegel devota todo seu sistema, começando com a *Ciência da lógica* e continuando através da *Enciclopédia*.

A reivindicação de Hegel de que seu sistema filosófico articula a constituição da efetividade o torna pós-kantiano no sentido de que ele rejeita e vai além da conclusão de Kant de que a filosofia é incapaz de conhecimento racional; Hegel se junta a Schelling ao restaurar a metafísica ao seu lugar pré-kantiano como a rainha das ciências filosóficas. Mas Hegel permanece ao mesmo tempo firmemente pós-kantiano no sentido de que seu sistema enciclopédico não constitui uma reversão à metafísica pré-crítica; o empreendimento filosófico de Hegel é completamente crítico, governado pela insistência de que a racionalidade exige evitar todas as pressuposições condicionadas. A lição que Hegel apreende da inspiração crítica de Kant é que a filosofia precisa ser mais completamente crítica do que o próprio idealismo transcendental de Kant conseguiu ser.

Hegel argumenta que uma filosofia radicalmente crítica precisa retornar à metafísica porque ela não pode aceitar os pressupostos kantianos que levaram à conclusão de que o pensar não pode determinar a verdade do ser. O projeto metafísico particular ao qual Hegel retorna, e a maneira como ele tenta executá-lo, também são governados por sua posição resolutamente crítica.

Uma vez que uma filosofia verdadeiramente crítica não pode pressupor a existência de qualquer coisa particular como sendo o objeto de seu interesse, o projeto de Hegel é uma ontologia – uma teoria do que significa ser – e não uma investigação de qualquer entidade supostamente suprassensível. Hegel assim rompe com Schelling ao não considerar a filosofia como a ciência de um absoluto transcendente. Hegel explicita este ponto no ensaio "Ceticismo", onde acusa Schulze de entender falsamente a filosofia especulativa como "a ciência das *causas mais elevadas e incondicionadas de todas as coisas condicionadas*" ("C": 317). Hegel usa "o absoluto" não em referência a uma entidade especial, mas sim como um sinônimo para o conjunto de determinações que são a base da identidade da subjetividade e objetividade em virtude de serem constitutivas tanto do pensar dos sujeitos quanto do ser dos objetos. É a articulação da constituição determinada da efetividade, e não a prova de qualquer existência suprassensível, que Hegel considera ser a tarefa da filosofia.

A realização dessa tarefa ontológica de Hegel também é orientada por sua insistência crítica de que a racionalidade exige que se evite estritamente todos os pressupostos. Ele argumenta, primeiro, que a filosofia não deve se basear, considerando autoevidente, em qualquer determinação conceitual em particular. Segundo, a filosofia precisa incorporar subsequentemente somente as determinações conceituais que mostrarem sua derivação com necessidade imanente a partir de seu começo incondicionado. A introdução de uma determinação conceitual contingente ou externa em qualquer ponto enfraqueceria a reivindicação da filosofia de articular a verdade absoluta do ser ao tornar a articulação condicionada – ou relativa – à validade do conceito introduzido. Juntas, essas duas condições implicam que a filosofia deve constituir um único conjunto contido em si de determinações conceituais, que representam uma explicação da verdade implícita na determinação inicial e não arbitrária. Somente se a filosofia puder ser sistemática neste sentido, concluiu Hegel em Jena antes de escrever a *Fenomenologia*, ela poderá ser também a ciência do conhecimento racional.

Introdução à filosofia sistemática: a *Fenomenologia do espírito*

A *Fenomenologia do espírito* é o livro mais famoso e influente de Hegel, embora não necessariamente pelas razões corretas. A *Fenomenologia* é mais bem-conhecida por seções particulares que intrigaram e inspiraram os leitores tanto dentro como além da filosofia nos últimos duzentos anos. Elas incluem as discussões sobre o desejo, o reconhecimento, o senhor e o escravo, a consciência infeliz, Antígona, a liberdade e o terror absolutos, a consciência e a bela alma. Mesmo sendo reconhecidamente seções fascinantes e úteis, no entanto, sua importância filosófica está na contribuição que fazem ao projeto maior.

"O objetivo" da *Fenomenologia*, escreve Hegel no Prefácio, é a "intuição espiritual do que é o saber" (*FenE*: 17 [36]). Trazer à luz tal percepção requer "a *formação* para a ciência da própria consciência" (*FenE*: 50 [67]). "Consciência" é outro nome ao ponto de vista do entendimento, definido pela pressuposição dualista de que o conhecimento requer que um sujeito pensante represente de forma verdadeira o domínio da objetividade com o qual ele se confronta, e do qual ele se distingue: "a *consciência* (...) tem os dois momentos: o do saber e o da objetividade, negativo em relação ao saber" (*FenE*: 21 [40]). O "ponto de vista da ciência" é outro nome para o ponto de vista da razão, definido pela suprassunção do dualismo epistemológico e a consciência de que na filosofia o sujeito pensante alcança "o saber absoluto" ao revelar a verdade efetiva do ser, à qual ele tem acesso em seu próprio pensar. Consequentemente, "o ponto de vista da consciência – saber das coisas objetivas em oposição a si mesma, e a si mesma em oposição a elas – vale como *Outro*" (*FenE*: 15 [34]). O filósofo sob o ponto de vista da razão, no entanto, não pode simplesmente desconsiderar o indivíduo sob o ponto de vista da consciência, já que este "indivíduo tem o direito de exigir que a ciência lhe forneça pelo menos a escada para atingir esse ponto de vista, e que o mostre dentro dele mesmo" (*FenE*: 14-15 [34]). A *Fenomenologia* responde a esta exigência tentando mostrar ao indivíduo sob o ponto de vista da consciência que suas próprias pressuposições, consideradas cuidadosamente em seus próprios termos, subvertem a si mesmas e conduzem ao ponto de vista da razão ou do saber absoluto, a partir do qual a filosofia sistemática pode então começar com a *Ciência da lógica*.

A *Fenomenologia* não pode então ser considerada como a versão de Hegel de *A doutrina da ciência* de Fichte ou do *Sistema do idealismo transcendental* de Schelling. Apesar do fato de todos os três livros estarem preocupados com a consciência, eles têm objetivos e procedimentos bem distintos. Fichte busca oferecer uma teoria transcendental das condições da possibilidade da consciência; ele considera a individualidade como um fato dado, e argumenta que ela é possível somente em decorrência da experiência de um mundo exterior e de várias formas de interação com outros agentes conscientes-de-si. Schelling também começa com o fato imediato da individualidade, e então busca oferecer uma teoria das épocas históricas através das quais ele afirma que os seres conscientes-de-si precisam passar a fim de alcançar um entendimento de si plenamente adequado. A *Fenomenologia* de Hegel, no entanto, não oferece nem uma teoria transcendental nem histórica da consciência. Com efeito, a *Fenomenologia* não apresenta a teoria de Hegel sobre a consciência; ela pode ser encontrada na *Filosofia do espírito*, a parte de sua *Enciclopédia* devotada a articular o que significa ser um ser pensante.

A *Fenomenologia*, como sugere o título, é uma teoria de como a consciência *aparece* ou parece ser a partir de seu próprio ponto de vista, em vez de ser uma teoria do que a consciência realmente é (que Hegel afirma que só pode ser determinado a partir do ponto de vista da razão ou da ciência filosófica). Hegel argumenta que o exame fenomenológico força a consciência a revisar seus pressupostos iniciais sobre si e seu objeto, de forma que gradualmente compreende a si própria como sendo também consciente-de-si, racional, espiritual, religiosa e, por fim, filosófica: capaz de determinar a partir de seu próprio pensar os aspectos necessários ou constitutivos da efetividade. Essa sequência de pressupostos progressivamente revisados, que Hegel caracteriza como uma série de "formas de consciência", apresenta então o vir a ser ou o *aparecimento*, para a própria consciência, do ponto de vista da razão: "O que esta '*Fenomenologia* do Espírito' apresenta é o vir a ser da *ciência em geral* ou do *saber*" (*FenE*: 15 [35]).

As "formas da consciência" que surgem ao longo da *Fenomenologia* estão relacionadas umas com as outras logicamente, não transcendental ou historicamente. Hegel não argumenta, transcendentalmente, que as formas posteriores da consciência são condições necessárias da possibilidade de suas predecessoras. Ele não afirma, por exemplo, que a experiência religiosa é uma condição necessária da possibilidade da consciência-de-si. Ele também não argumenta, historicamente, que os seres humanos precisam ter passado por cada um dos estágios da consciência para finalmente chegarem ao ponto de vista da razão. O argumento de Hegel é que a sucessão é logicamente necessária, no sentido de que cada forma da consciência mostra ser internamente contraditória e cada contradição particular que surge pode ser resolvida somente através da nova forma da consciência que segue. A *Fenomenologia* constitui assim um argumento extremamente longo da afirmativa de que se a consciência quiser entender-se de forma não contraditória, então ela precisa adotar o ponto de vista da razão.

Mas Hegel sabe muito bem que as pessoas são inteiramente capazes de desenvolver e reter compreensões de si contraditórias, e portanto nunca atingem o ponto de vista a partir do qual a ciência filosófica da efetividade é possível. De fato, ao longo da *Fenomenologia* ele às vezes nota que certos indivíduos e culturas históricas entenderam a si em maneiras que correspondem aos estágios lógicos que ele descreve.

A *Fenomenologia* foi escrita para mostrar aos leitores que estão em qualquer uma dessas perspectivas autocontraditórias que as implicações de suas próprias pressuposições sobre si mesmos e o mundo requer que adotem o ponto de vista da razão. Aqueles que já sentem toda a força da exigência moderna de racionalidade e que estão consequentemente dispostos de suspender suas pressuposições sobre a subjetividade e a objetividade a fim de se envolverem num exame sem pressupostos da verdade efetiva do ser não precisam, portanto, ler o livro. Hegel acredita que a autocrítica radical é em si própria suficiente para alcançar o ponto de vista da razão, e os que já estão nesse ponto de vista podem pular a *Fenomenologia* e seguir diretamente para a filosofia sistemática, impelidos simplesmente pela "decisão [...] que se queira considerar o *pensar como tal*" (*CL*: 70). Continua Hegel: "Não é preciso, portanto, nenhuma outra preparação para entrar na filosofia, nem reflexões de outra ordem e pontos de amarração" (*CL*: 72). A *Fenomenologia* destina-se àqueles que permanecem no ponto de vista da consciência, e, portanto, não reconhecem a necessidade ou a possibilidade da filosofia sistemática.

A pressuposição mais básica do ponto de vista da consciência, que é comum a todas as formas da consciência exploradas na *Fenomenologia*, é que o saber é uma relação entre um sujeito consciente e um objeto que lhe é distinto. Hegel acredita que essa pressuposição está errada, mas ele não a confronta com pressuposições alternativas sobre o saber. Hegel reconhece, como Sócrates antes dele, que tal confronto requereria uma terceira parte, armada com um critério neutro de adjudicação, para resolver a disputa. Em vez de desenvolver tal crítica externa, portanto, Hegel adota o ponto de vista da consciência no princípio da *Fenomenologia* e tenta então mostrar que, e precisamente como, ela falha em satisfazer seu *próprio* critério do saber, e é assim *auto*destrutiva. Em virtude desse método de crítica imanente, Hegel pondera: "não precisamos trazer conosco padrões de medida, e nem aplicar na investigação *nossos* achados e pensamentos, pois deixando-os de lado é que conseguiremos considerar a Coisa como é *em si* e *para si*" (*FenE*: 54 [70]). Isto permite a *Fenomenologia* se qualificar como a "Ciência da experiência da consciência" em vez de ser meramente as reflexões particulares de Hegel sobre o assunto.

O exame fenomenológico da consciência prossegue, a cada etapa, ao comparar o que a consciência afirma ser verdadeiro de seu objeto com a maneira na qual o objeto aparece à consciência. A realização do conhecimento requer que essas duas caracterizações do objeto coincidam, porque, se não coincidirem, então o objeto-como-experimentado pela consciência não representa a verdade do objeto-em-si. A revelação de uma lacuna entre as duas caracterizações contradiz assim a afirmação da consciência de ter alcançado o conhecimento, e a resolução desta contradição requer uma revisão das pressuposições que a consciência sustenta sobre si e seu objeto. Na terminologia de Hegel, essas revisões resultam numa "negação" da forma da consciência sob consideração, que demonstra-se *não* ser de maneira alguma a verdade do saber. Essa negação é "determinada" porque resulta numa nova forma de consciência que resolve as contradições específicas implícitas nas pressuposições de sua predecessora.

O exame continua na mesma forma ao longo de toda a *Fenomenologia*: uma forma de consciência é definida; sua experiência do objeto é comparada à sua concepção do objeto; se há uma discrepância entre os dois, então os pressupostos existentes são adequadamente revisados, dando origem a uma nova forma de consciência. O processo é então repetido, até que não haja mais qualquer contradição: "A meta está ali onde o saber não necessita ir além de si mesmo, onde a si mesmo se encontra, onde o conceito corresponde ao objeto e o objeto ao conceito" (*FenE*: 51 [68]). Quando a consciência alcança essa meta, como ocorre ao fim da *Fenomenologia* segundo Hegel, ela finalmente compreende a si adequadamente, e ao fazer isso atinge o ponto de vista da razão, a partir do qual a filosofia verdadeira pode finalmente começar. Hegel antecipa este desenvolvimento nas linhas finais da Introdução à *Fenomenologia*:

> A consciência, ao abrir caminho rumo à sua verdadeira existência, vai atingir um ponto onde se despojará de sua aparência: a *de* estar presa a algo estranho, que é só para ela, e que é como um outro. Aqui a aparência se torna igual à essência, de modo que sua exposição coincide exatamente com esse ponto da ciência autêntica do espírito. E, finalmente, ao apreender sua verdadeira essência, a

consciência mesma designará a natureza do próprio saber absoluto (*FenE*: 56-57 [73]).

A forma inicial da consciência, que Hegel chama de "certeza sensível", é definida no primeiro parágrafo do miolo da *Fenomenologia*:

> O saber que, de início ou imediatamente, é nosso objeto, não pode ser nenhum outro senão o saber que é também imediato: *saber* do *imediato* ou do *essente*. Devemos proceder também de forma *imediata* ou *receptiva*, nada mudando assim na maneira como ele se oferece, e afastando de nosso apreender o conceituar (*FenE*: 58 [74]).

A consciência concebe inicialmente seu saber como imediato, e a si mesma como puramente passiva, porque pressupõe que qualquer atividade ou mediação inevitavelmente comprometerá o conhecimento por distorcer a aparência do objeto.

Hegel sugere então a questão que impulsiona toda a investigação fenomenológica: "O objeto portanto deve ser examinado, a ver se é de fato, na certeza sensível mesma, aquela essência que ela lhe atribui" (*FenE*: 59 [75]). Continuando, ele reitera que a abordagem científica adequada a esta questão não é "refletir sobre o objeto, nem indagar o que possa ser em verdade; mas apenas (...) considerá-lo como a certeza sensível o tem nela" (*FenE*: 59 [76]).

A certeza sensível afirma conhecer seu objeto imediatamente. De acordo com Hegel, no entanto, a imediação com que ela afirma conhecer é incompatível com sua afirmativa de conhecer um objeto particular; há uma contradição entre *o que* a consciência afirma experimentar, e *como* ela afirma experimentar isso. Tudo o que a consciência pode experimentar imediatamente é "Isto" que está "Aqui" "Agora". Para experimentar qualquer coisa mais complexa que um objeto singular, a complexidade teria que ser unificada, mas tal unificação requereria um processo de mediação. Termos universais tais como "Isto, "Aqui" e "Agora", que se aplicam igualmente a toda experiência que a consciência poderia ter, são insuficientes, no entanto, para permitir que a consciência experimente qualquer objeto particular como distinto de qualquer outro. A certeza sensível não pode, portanto, conhecer objetos particulares imediatamente.

As certezas dessa forma inicial de consciência, conclui Hegel, são falsas. Nem a consciência nem seu objeto são na verdade como a certeza sensível os considerava inicialmente. O objeto particular experimentado pela consciência não pode ser um "Isto" irredutivelmente simples, porque todos os simples irredutíveis são indistinguíveis uns dos outros, e assim lhes falta particularidade. O objeto da consciência precisa por consequência ser uma unidade complexa ou, nos termos de Hegel, um universal mediado; o objeto é uma entidade singular ou, nos termos de Hegel, um universal mediado; o objeto é uma entidade ou "Coisa" singular com uma pluralidade de propriedades particulares, em virtude da qual a consciência pode distingui-lo de outros objetos. No entanto, a consciência não pode experimentar imediatamente esse universal mediado, porque tem que absorver as várias propriedades e reconhecê-las como pertencentes a uma entidade singular. A consciência precisa, portanto, desempenhar um papel mais ativo na experiência de seu objeto do que a certeza sensível imaginava, ao escolher corretamente as características que pertencem a esse objeto, em distinção de outros objetos. A identificação ativa de uma coisa que manifesta uma multiplicidade de propriedades Hegel chama de "Percepção", que é, portanto, a segunda forma da consciência.

A "percepção" começa da mesma forma que a "certeza sensível" começara antes dela, definindo as pressuposições que essa forma de consciência possui no que se refere a si mesma e ao seu objeto. O objeto do conhecimento é agora pressuposto como *"a coisa de muitas propriedades"* (*FenE*: 67 [84]). Por exemplo, o "sal é um aqui simples, e ao mesmo tempo múltiplo; é branco e também picante, também é cubiforme, também tem peso determinado etc. Todas essas propriedades múltiplas estão num aqui simples no qual assim se interpenetram: nenhuma tem um aqui diverso do da outra, pois cada uma está sempre onde a outra está" (*FenE*: 68 [85]).

A consciência é agora pressuposta como "percebente, enquanto a coisa é seu objeto. A consciência tem somente de captá-lo e de proceder como pura apreensão: para ela, o que dali emerge é o verdadeiro. Se operasse, por sua conta, alguma coisa nesse apreender, estaria alterando a verdade, através desse [ato de] incluir ou excluir" (*FenE*: 70 [86]). A percepção envolve portanto uma apreensão ativa do objeto na consciência, enquanto que a certeza sensível afirmava ser puramente passiva na recepção de seu objeto, mas a consciência perceptiva precisa assegurar que sua atividade não distorça o objeto e desta forma resulte num equívoco em vez de conhecimento.

O exame subsequente da "percepção" avança assim da mesma forma que o exame da "certeza sensível". "Vejamos agora que experiência faz a consciência em seu apreender efetivo. (...) Vai ser apenas o desenvolvimento das contradições ali presentes" (*FenE*: 70 [87]).

A consciência afirma perceber a coisa que é o seu objeto. Mas novamente, de acordo com Hegel, mostra-se existir uma contradição entre o que a consciência afirma conhecer e como ela afirma conhecer isso. A coisa é uma entidade simples com uma multiplicidade de propriedades; nos termos de Hegel, é tanto um "Uno" como um "Outro". A consciência pode perceber tanto a unicidade do objeto como a multiplicidade das propriedades, mas não pode perceber aquilo que as une, aquilo que explica o fato dessas propriedades particulares pertencerem a esse objeto singular. No entanto, uma vez que a coisa é a unidade de sua unicidade e multiplicidade, isso significa que a coisa não pode ser plenamente conhecida através da percepção. É essencial à coisa uma imperceptível fonte da unidade da unicidade e multiplicidade percebidas. A consciência não pode, portanto, perceber a verdade inteira da coisa.

Novamente as certezas da consciência mostraram-se falsas, conclui Hegel. Nem a consciência nem seus objetos são na verdade como a percepção pressupunha inicialmente que fossem. A coisa não é meramente um conjunto perceptivelmente unificado de propriedades, mas é também constituída em parte por forças imperceptíveis que explicam a unificação dessa multiplicidade particular. A consciência não pode perceber tais forças imperceptíveis, e, portanto, deve contribuir mais para sua experiência das coisas do que o ato de percepção. O conhecimento exige não só a percepção, mas também entender as forças imperceptíveis que se expressam nas qualidades perceptíveis das coisas. A terceira forma de consciência identificada por Hegel é, portanto, discutida numa seção intitulada "Força e entendimento".

"Força e entendimento" se desenvolve precisamente na mesma maneira como "Certeza sensível" e "Percepção": as pressuposições constitutivas da forma da consciência sob consideração são identificadas; o exame dessas pressuposições explicita suas contradições implícitas; e essas contradições são então resolvidas pela transição a mais uma forma de consciência.

Nesta etapa a consciência afirma conhecer seus objetos em virtude do entendimento das forças imperceptíveis que explicam as aparências. A contradição central que surge é que a postulação de forças imperceptíveis serve somente para redescrever, em vez de realmente explicar, aquilo que aparece na percepção. Postular "a força da gravidade", por exemplo, não ajuda a consciência a entender *por que* corpos com massa se atraem mutuamente, mas somente dá um nome a esse fato observável. Outra vez, conclui Hegel, a consciência mostra não saber aquilo que afirma conhecer do modo pelo qual afirma conhecê-lo.

A passagem de "Força e entendimento" para a nova forma da consciência marca uma transição importante da primeira seção principal da *Fenomenologia* intitulada "Consciência" à segunda, que é chamada de "Consciência-de-si". "Consciência" inclui as primeiras três formas da consciência: "Certeza sensível", "Percepção" e "Força e entendimento". Essas três formas de consciência estão sob o mesmo título geral porque, apesar de suas diferenças, todas partilham da mesma pressuposição básica de que o saber depende do sujeito representar com exatidão o objeto como ele verdadeiramente é em-si. Ao longo de "Força e entendimento", no entanto, fica evidente que o objeto-em-si não pode ser distinguido significativamente daquilo que o sujeito entende que o objeto seja. Ao compreender isso, a consciência passa a considerar seu objeto como um reflexo de si mesma, e assim experimenta a si mesma na experiência de seu objeto e através dela. Essa forma reflexiva da experiência é examinada em "Consciência-de-si".

"Consciência-de-si" contém análises bem-conhecidas do desejo, do reconhecimento, do senhor e escravo, do estoicismo, do ceticismo e da consciência infeliz. Todas estas são "formas da consciência" no sentido de que retêm a pressuposição fundamental, que opera ao longo de toda a *Fenomenologia* até que o ponto de vista da razão seja alcançado no capítulo final, de que o saber é uma relação de um sujeito consciente com um objeto distinto de si. No entanto, elas pertencem à "Consciência-de-si" em vez da "Consciência", porque todas pressupõem que o sujeito não depende dos objetos para determinar os conteúdos de seu pensamento, pois ele determina independentemente seus próprios pensamentos e o que os objetos serão para eles.

No início da "Consciência-de-si" o sujeito tenta demonstrar sua independência dos objetos, e sua capacidade de determinar o que eles são, destruindo-os literalmente; a consciência consome as coisas a fim de satisfazer seus próprios desejos. Ao comer um pedaço de bolo, por exemplo, ela revela que o doce não é meramente uma coisa perceptível com propriedades governadas por forças imperceptíveis, mas também um meio de satisfazer a fome da própria consciência. Ao consumir objetos, no entanto, a consciência que deseja demonstra em última instância que ela na verdade depende deles, porque sem um objeto para consumir o sujeito não pode experimentar sua própria independência, que é o que afirma saber ser a verdade. A consciência que deseja precisa assim literalmente ter seu bolo e também comê-lo, porque só pode ver sua independência refletida na presença do objeto, mas enquanto o objeto permanecer presente, a consciência fracassou em demonstrar que é verdadeiramente independente. O resultado é um frenesi consumista no qual a consciência repetidamente destrói um objeto somente para substituí-lo por outro, e assim consegue apenas reiterar e reforçar sua dependência de coisas além de si. A libertação dessa contradição performativa exige que a consciência experimente um objeto que confirme, em vez de ameaçar, sua própria independência, e que, portanto, não necessite ser destruído. Tal objeto precisa manifestar nele mesmo a independência que a consciência atribui a si, e, portanto, o "Desejo" abre caminho para o "Reconhecimento", no qual o sujeito consciente-de-si recebe o reconhecimento de sua independência de outro sujeito consciente-de-si.

A "Consciência-de-si" procede – através do mesmo tipo de necessidade lógica que impulsiona os desenvolvimentos da "Consciência" – do "Desejo" e do "Reconhecimento" através de uma série de etapas que culmina na "Consciência infeliz", que então dá lugar à "Razão", a terceira e última seção principal da *Fenomenologia*. Através da "Consciência" a pressuposição existente é que o sujeito procura o conhecimento adequando seu pensamento à verdade de um objeto independente. Na "Consciência-de-si" essa pressuposição é derrubada e substituída pela pressuposição de que o objeto é aquilo que o sujeito independente determina o que ele seja. A "Razão" é definida pela substituição dessa pressuposição com a certeza de que aquilo que sujeito determina que o objeto seja também é aquilo que o objeto verdadeiramente é.

A "Razão" começa com uma forma de consciência que é reconhecidamente kantiana, descrita nos termos de sua reivindicação de que o pensamento e a objetividade são ambos estruturados pelas mesmas categorias. Essa reivindicação é contradita, no entanto, pela pressuposição da consciência de que os objetos de sua experiência precisam ser dados a ela empiricamente, o que limita a validade das categorias às aparências e impede qualquer conhecimento dos objetos propriamente ditos. Portanto, o exame da "Razão" continua – ele acaba compondo dois terços do texto da *Fenomenologia* – descrevendo uma série de formas da consciência cada vez mais complexas que surgem da tentativa de manter sem contradição a reivindicação do sujeito de conhecer a estrutura racional do próprio objeto. Essa série de formas chega ao "Espírito" (uma subseção fundamental dentro da "Razão") quando a consciência considera que seu objeto são outros agentes racionais conscientes-de-si como ela própria. O "Espírito" – que contém as famosas discussões de Antígona, da liberdade e terror absolutos, da consciência e da bela alma – abre caminho então à "Religião" (outra subseção fundamental dentro da "Razão") quando a consciência torna-se certa de que a racionalidade está corporificada não só em agentes conscientes-de-si, mas também no próprio ser. Finalmente, "Religião" torna-se o "Saber absoluto" quando a consciência não mais imagina o ser como uma entidade transcendente, mas em vez disso reconhece que a estrutura racional do ser é imanente e acessível ao pensar do agente consciente-de-si.

O "Saber absoluto" não descreve uma nova forma de consciência porque, pela primeira vez na *Fenomenologia*, a pressuposição dualista que define a consciência não é mais operacional. As contradições implícitas nessa pressuposição levaram, afirma Hegel, com necessidade lógica ao ponto de vista da razão. Após alcançar esse ponto de vista, o sujeito finalmente sabe que o saber não envolve a tentativa de ganhar acesso a um objeto externo, mas sim envolve articular a estrutura racional de seu próprio pensar, que é ao mesmo tempo a estrutura racional do ser. O sujeito nesse ponto de vista, em outras palavras, está preparado para realizar a filosofia sistemática, que Hegel começa a fazer em seu próximo trabalho, a *Ciência da lógica*.

A *Fenomenologia* de Hegel é uma obra imensa e exasperadamente complicada, e nós só a esboçamos do modo mais simples possível. O sucesso do livro depende inteiramente, no entanto, dos detalhes, já que a reivindicação de Hegel de que as contradições internas da consciência levam inexoravelmente ao ponto de vista da razão é verdadeira apenas se *todas* as transições na *Fenomenologia* tiverem a necessidade lógica que Hegel atribui a elas. Se mesmo uma única dessas transições for motivada por algo que não seja a necessidade lógica (e não puder ser corrigida por revisões apropriadas), então a *Fenomenologia* falha em demonstrar que a consciência pode evitar a autocontradição apenas ao adotar o ponto de vista da razão. Embora muitos leitores considerem a *Fenomenologia* como um texto valioso e recompensador, relativamente poucos se convenceram de que o projeto cumpriu o que prometeu em todos os momentos.

Mesmo que seja provado que a *Fenomenologia* não é suficiente para levar a consciência à razão, é importante lembrar que o próprio Hegel não considera a *Fenomenologia* como um pré-requisito para essa realização. O ponto de vista da razão, afirma, pode ser alcançado por qualquer um que esteja disposto a suspender suas próprias pressuposições sobre a relação do pensar com a objetividade. E a *Fenomenologia*, pode, mesmo que não seja completamente convincente, mostrar-se útil para encorajar essa disposição pois "leva a um desespero a respeito de representações, pensamentos e opiniões pretensamente naturais. É irrelevante chamá-los próprios ou alheios: enchem e embaraçam a consciência, que procede a examinar *diretamente* [a verdade], mas que por causa disso é de fato incapaz do que pretende empreender" (*FenE*: 50 [67]). Ao submeter as pressuposições da consciência ordinária a um rigoroso escrutínio cético, a *Fenomenologia* busca enfraquecer a confiança do leitor nelas, e ao fazer isso torna-o cada vez mais aberto para juntar-se a Hegel na tentativa de determinar a verdade por meio da filosofia sistemática.

Filosofia sistemática

Na primeira sentença da Introdução à *Enciclopédia*, Hegel escreve: "Falta à filosofia a vantagem de que as outras ciências desfrutam, de ser capaz de *pressupor* seus *objetos* como dados imediatamente pela representação. E, no que diz respeito a seu início e avanço, ela não pode *pressupor* o *método* de conhecimento como algo que já é aceito" (*EL*: 24). A exigência de que a filosofia não pressuponha um tema, um esquema conceitual ou um método particular decorre da percepção dupla de que a segurança das reivindicações de verdade que a filosofia propõe depende da segurança das pressuposições das quais seguem, e de que qualquer pressuposição fundacional está sempre sujeita a desafios. A tentativa de justificar tal pressuposição leva necessariamente ou a um regresso infinito, ou a um círculo vicioso, ou a uma admissão exausta de que não existe nenhuma justificação adicional (este é o trilema de Agripa, postulado pelos antigos céticos por quem Hegel tinha um respeito muito profundo). Como essas alternativas podem oferecer, no melhor dos casos, uma garantia condicionada de que as conclusões propostas são de fato verdadeiras, elas não são bases adequadas para a filosofia, que é uma disciplina ou ciência distinta em virtude de sua busca de uma verdade incondicionada ou necessária que define o conhecimento racional.

Uma verdadeira filosofia moderna, racional e autocrítica precisa começar, então, sem quaisquer pressuposições fundacionais. Logo no início é impossível dizer sobre o que a filosofia será, ou como ela avançará. Hegel insiste, numa maneira quase cartesiana, que a filosofia pode começar somente com o fato imediato e incorrigível do próprio pensar. Ao contrário de Descartes, no entanto, Hegel não infere sua própria existência do fato do pensar, nem afirma que sua mente possui inatamente quaisquer ideias em particular. Em vez disso, como ele afirma em *A Enciclopédia da Lógica*: "Quando o pensar deve começar, não temos nada a não ser o pensar em sua pura falta de determinação" (*EL*: 137).

A filosofia é então, considera Hegel, um exame da imediação indeterminada – ou "ser" – do pensamento. Para que esse exame seja estritamente racional, os filósofos que o realizam precisam deixar de lado seus próprios interesses e opiniões particulares a fim de permitir que a natureza objetiva do pensamento surja. Portanto, Hegel compreende a filosofia como a determinação-*de-si* do pensar, uma determinação necessariamente livre da influência de objetos exteriores ao pensar e da influência de pensadores subjetivos. Como tal, a filosofia precisa ser o autodesenvolvimento de uma totalidade contida em si de pensamentos, pois se não fosse autodesenvolvida e contida em si, a filosofia seria influenciada pelo exterior e assim não seria determinante-de-si. Uma totalidade autodesenvolvida e contida em si é o que Hegel chama de sistema, e então ele conclui que "a derivação sistemática [...] [é] a coisa indispensável para uma filosofia científica" (*EL*: 1).

Para Hegel, então, a filosofia é a filosofia sistemática, e a filosofia sistemática é o autodesenvolvimento do pensar. Ele começa com o pensar completamente indeterminado, e segue então esse pensar à medida que se desenvolve em outros pensamentos mais determinados. Como ele escreve na *Introdução à história da filosofia*: "Este processo envolve fazer distinções, e ao olhar mais de perto o caráter das distinções que surgem – e num processo algo diferente necessariamente surge – podemos visualizar o movimento como desenvolvimento" (*IHF*: 70-71). Enquanto os filósofos que registram o autodesenvolvimento do pensar conseguirem se abster de incorporar quaisquer distinções extrínsecas criadas por eles, o processo resulta na articulação das determinações necessárias ao próprio pensar, que constituem seu próprio ser, às quais Hegel se refere como, coletivamente, "o conceito".

Seguindo Aristóteles e Kant, Hegel chama as determinações necessárias do pensar que a filosofia sistemática articula de *categorias*; como a forma do próprio pensamento, elas são os conceitos que tornam possível toda e qualquer atividade conceitual. As categorias são pressupostas e utilizadas em tudo que pensamos e fazemos, mas tipicamente sem estarmos conscientes delas. Hegel descreve a totalidade das categorias como

> a rede que mantém juntos todos os materiais concretos que nos ocupam em nossa ação e atividades. Mas essa rede e seus nós estão mergulhados em nossa consciência ordinária abaixo de várias camadas de coisas. Essas coisas incluem nossos interesses conhecidos e os objetos que estão diante de nossas mentes, enquanto os fios universais da rede permanecem fora da alçada de nossa visão e não são explicitados como o sujeito de nossa reflexão (*IHF*: 28).

Ele também dá vários exemplos de categorias e de seu uso implícito e cotidiano: "Todos possuem e utilizam a categoria completamente abstrata do *ser*. O sol *está* no céu; estas videiras *estão* maduras, e assim *ad infinitum*. Ou, numa esfera superior de educação, avançamos até à relação de causa e efeito, força e sua manifestação etc. Todo nosso conhecimento e ideias estão entrelaçados com esse tipo de metafísica" (*IHF*: 27). Hegel conclui que "a tarefa e o negócio da filosofia [é] [...] revelar [...]a necessidade conhecida e pensada das categorias específicas" (*IHF*: 21-22).

O próprio sistema filosófico de Hegel é o resultado de seus esforços para completar esta tarefa que ele entende definir a filosofia. A *Lógica* começa com o mais simples pensamento – o da imediação indeterminada, ou "ser" – e tenta desenvolver todas, e somente, aquelas determinações que ele contém implicitamente. O curso desse desenvolvimento gera um entendimento cada vez mais refinado do que significa ser, e Hegel afirma que em última instância ele leva ao conhecimento de que ser é existir numa forma que não seja a do pensar, que é ser um ser espaçotemporal ou natural. A *Filosofia da natureza* começa então com a mais simples concepção de um ser espaçotemporal, e tenta desenvolver todas, e somente, aquelas determinações que ela contém implicitamente. O curso desse desenvolvimento gera um entendimento cada vez mais refinado do que é o ser natural, e Hegel afirma que em última instância ele conduz ao conhecimento de que efetivar todas as capacidades inerentes à natureza é ser capaz de pensar, que significa ser o que Hegel se refere como um ser "espiritual". A *Filosofia do espírito* começa então com a mais simples concepção do ser pensante, e tenta desenvolver todas, e somente, aquelas determinações que ela contém implicitamente. O curso desse desenvolvimento gera um entendimento cada vez mais refinado do que o ser espiritual envolve, e Hegel afirma que em última instância ele conduz ao conhecimento de que ser plenamente espiritual é ser um ser cognoscente, moral, social, político, estético, religioso e filosófico.

A insistência de Hegel de que a filosofia científica não pode tolerar a introdução de elementos extrassistemáticos de qualquer tipo se aplica não só à *Lógica*, mas também à *Filosofia da natureza* e à *Filosofia do espírito*. De fato, Hegel enfatiza que embora possa parecer que "o título *Enciclopédia* possa deixar espaço a um grau menor de rigor no método científico, e para a compilação de partes externas [...] a natureza da questão implica que a coerência lógica precisa permanecer fundamental" (*EL*: 4). A preservação da sistematicidade estrita é precisamente aquilo que distingue a consideração *filosófica* da natureza e do espírito do tratamento que eles recebem em outras disciplinas. Consequentemente, "toda a filosofia forma genuinamente *uma* ciência" (*EL*: 39), e essa "ciência [única] é o autodesenvolvimento do *conceito*" (*EL*: 39) que exige que "consideremos o desenvolvimento do conceito, e submetamos nossas ideias de alguém, com efeito, todo nosso coração e mente, à necessidade lógica do conceito" (*EL*: 16-17).

A figura 6.1 oferece um mapa do sistema filosófico de Hegel.

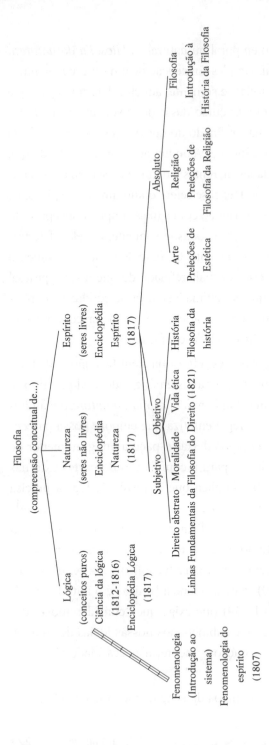

Figura 6.1 O sistema filosófico de Hegel

A estrutura do ser: a Ciência da lógica

A *Ciência da lógica*, de Hegel, é um empreendimento totalmente diferente da análise formal dos argumentos que a maioria dos estudantes de filosofia conhece. Hegel chama a primeira parte de seu sistema de "lógica" porque ela articula o ser do *pensar*. Ao mesmo tempo, ele a concebe como ontologia porque ela articula o *ser* do pensar. A *Ciência da lógica* afirma articular, ao mesmo tempo, as determinações necessárias que são constitutivas tanto do pensar quanto da efetividade. Hegel partilha assim explicitamente da visão de Espinosa de que "a ordem e a coerência das ideias (o subjetivo) é o mesmo que a coerência e a ordem das coisas (o objetivo)" (*D*: 166). "A *lógica*", ele escreve, "coincide com a *metafísica*, com a ciência das *coisas* compreendidas em *pensamentos*" (*EL*: 56).

Hegel não se incomoda em sustentar essa posição porque ele a considera mais totalmente crítica, e, portanto, racional, do que a posição alternativa que ceticamente distingue entre nossas representações do ser e o ser propriamente dito. Embora essa posição cética, referida por Hegel como o ponto de vista do entendimento, orgulhe-se de sua moderação crítica, Hegel insiste que ela pressupõe de forma acrítica mais do que sua própria filosofia sem pressupostos. O ponto de vista do entendimento pressupõe que existe uma lacuna entre o sujeito pensante e o objeto de seus pensamentos, e assim que o ser pode na verdade ser algo distinto daquilo que o sujeito pensa que é. A filosofia sem pressupostos, no entanto, não pressupõe absolutamente nada sobre a subjetividade nem a objetividade, e assim não considera nada que seja sobre a subjetividade ou a objetividade, e assim não pressupõe nem que exista uma lacuna entre elas que precise ser atravessada, nem que o ser possa ser algo diferente do que o ser do qual o pensamento imediatamente tem consciência. A filosofia sem pressupostos começa com o ser indeterminado do pensar, e nada mais, e seu desenrolar das determinações implícitas nesse pensar é, portanto, necessariamente lógico (uma teoria de como o ser deve ser pensado) e ontológico (uma teoria do que o ser deve ser).

Embora Hegel considere a ontologia de Espinosa como mais genuinamente crítica do que a epistemologia de Kant, ele rompe com Espinosa ao se recusar a pressupor uma concepção determinada do ser ou da substância como a fundamentação da filosofia: "Nenhum começo filosófico poderia ser pior do que começar com uma definição como faz Espinosa" (*D*: 105). Kant estava certo, acredita Hegel, em exigir que a filosofia determine as categorias do pensar cientificamente, por meio de uma investigação da natureza do próprio pensamento, em vez de fazê-lo "rapsodicamente" (à semelhança de Aristóteles) ou através da estipulação (à semelhança de Espinosa). Hegel também acredita, no entanto, que o próprio Kant pressupôs de forma acrítica não somente a existência de uma lacuna entre pensar e ser, mas também que as categorias do pensamento podem ser derivadas de uma consideração das formas de juízo. A filosofia sem pressupostos não pode pressupor que pensar é equivalente a julgar, mas precisa permitir que a natureza do pensar surja da consideração nada mais do que não seja a imediação indeterminada do próprio pensar.

Quando a filosofia de fato permite ao pensar determinar a si mesmo sem pressupostos, argumenta Hegel, ela revela a falsidade de outro pressuposto não crítico feito por Kant e os outros representantes do ponto de vista do entendimento. Esse ponto de vista é caracterizado, de acordo com Hegel, pelo estabelecimento de distinções agudas e fixas entre não somente a subjetividade e a objetividade, mas também entre muitos pares conceituais particulares. O entendimento pressupõe, por exemplo, que ser infinito é não ser finito. Hegel acredita, no entanto, que o desenvolvimento do pensar dentro da filosofia sem pressupostos revela que essa distinção conceitual (e muitas outras) não pode ser considerada absoluta: o infinito mostra ser inseparável do finito, e manifesta-se somente dentro deste.

O ponto de Hegel não é que a filosofia não possa fazer distinções (de fato, ele considera a tarefa da filosofia como nada mais do que fazer distinções), mas sim que o exame cuidadoso revela as distinções que estão necessariamente implícitas no ser do pensar são de natureza dialética, ou de autossuperação: "A dialética [...] é a transcendência *imanente*, na qual a unilateralidade e o caráter restrito das determinações do entendimento revelam-se como de fato são, ou seja, como sua negação". (*EL*: 128) É apenas em virtude desse caráter dialético que o pensar pode ser *auto*determinante, desenvolvendo-se de uma determinação às determinações subsequentes que estão implícitas nele, em vez de depender do sujeito pensante para definir, distinguir e relacionar conceitos particulares. "Assim", conclui Hegel, "o dialético constitui a alma móvel da progressão científica, e é o único princípio através do qual a *coerência e a necessidade imanentes* entram no conteúdo da ciência" (*D*: 105).

Hegel não pressupõe que o pensar e o ser sejam dialéticos, mas ele recusa a se juntar ao ponto de vista do entendimento pressupondo que eles não sejam. Ele começa sua *Ciência da lógica*, e com ela seu sistema filosófico, somente com a imediação indeterminada do pensar e uma cabeça aberta. Hegel resolve considerar somente o próprio ser a fim de determinar o que é necessariamente ser (se for alguma coisa). A *Ciência da lógica* abre com um fragmento de sentença que reflete a penúria do único início disponível para a filosofia sem pressupostos: "*Ser, puro ser*, sem nenhuma determinação ulterior" (*CL*: 82). Hegel elabora então: "Através de uma determinação ou um conteúdo qualquer que seria nele diferenciado ou por meio do qual ele seria posto como diferente de um outro, ele não seria fixado em sua pureza. Ele é a indeterminidade e o vazio puros" (ibid.). O ser imediato precisa ser indeterminado porque qualquer determinação violaria sua imediação. Por ser indeterminado, contudo, "o ser [...] é, de fato, *nada* e nem mais e nem menos do que nada" (ibid.).

Idealismo alemão 231

A pura indeterminidade do próprio nada imediatamente *é*, contudo, caso contrário, não *seria* indeterminado: "Nada é, com isso, a mesma determinação, ou, antes, ausência de determinação e, com isso, em geral, o mesmo que o *ser* puro é" (ibid.).

No espaço de um curto parágrafo, Hegel conclui que a imediação pura e a indeterminidade pura, o ser e o nada, são logicamente inseparáveis: um não pode ser o que é sem o outro. A tentativa de pensar *somente* o ser imediato é um fracasso, porque pensar o ser imediato é também, necessariamente, pensar a indeterminidade que é o nada. Mas a tentativa de pensar *somente* o nada indeterminado é igualmente fracassada, porque pensar o nada indeterminado é também, necessariamente, pensar o imediato que é o ser. O primeiro resultado da filosofia sistemática é por decorrência a compreensão que nem o ser nem o nada são autossuficientes: um é o que é somente em virtude de desaparecer dentro do outro. O ser é o movimento da imediação ao nada indeterminado, e o nada é o movimento da indeterminidade ao ser imediato: "Sua verdade é", conclui Hegel, "este *movimento* do desaparecer imediato de um no outro: o *devir*" (*CL*: 83).

No entanto, o fracasso de pensar o ser imediato, porque o ser necessariamente envolve o nada e o devir também pode ser construído como um sucesso, já que oferece a primeira instância da autodeterminação dialética do pensar. O ser imediato indeterminado mostrou-se mediado e determinado.

Embora esse resultado inicial possa parecer desapontador, ele tem implicações significativas. Primeiro, ele demonstra que a ciência filosófica sem pressupostos é possível, porque começar com o ser imediato e abster-se de incorporar determinações extrínsecas não consigna a filosofia à repetição do mesmo termo vazio. Segundo, ele mostra que a filosofia científica não avança por meio de uma postulação previsível de tese, antítese e síntese. Esse método, que foi praticado por Fichte, é com frequência atribuído falsamente a Hegel, mas na verdade não tem nada a ver com o desenvolvimento de seu sistema filosófico. Terceiro, ele repudia a insistência de Schelling de que o absoluto, por definição, exclui toda mediação e determinação, e, portanto, está além do alcance do pensamento articulado. As primeiras linhas da *Lógica* de Hegel constituem um argumento de que um absoluto puramente imediato e indeterminado é logicamente impossível, porque o próprio ser é necessariamente determinado. No Prefácio à *Fenomenologia* Hegel critica Schelling (sem mencioná-lo pelo nome) por não compreender esse ponto, escrevendo que "o que horroriza [Schelling] é essa mediação: como se fazer uso dela fosse abandonar o conhecimento absoluto – a não ser para dizer [como faz Schelling] que a mediação não é nada de absoluto e que não tem lugar no absoluto" (*FenE*: 11 [31]). Os movimentos iniciais no autodesenvolvimento do pensar estabelecem então, de acordo com Hegel, tanto a impossibilidade de um absoluto que transcende toda determinação, e a efetividade do conhecimento absoluto que gera uma concepção determinada do ser.

No entanto ainda é verdade que dizer somente que ser é necessariamente ser determinado não é dizer muito. A *Ciência da lógica* de Hegel pretende afirmar bem mais – o que não surpreende. Das determinações iniciais de "ser", "nada" e "devir", a *Lógica* segue a dialética imanente do pensar para demonstrar, de acordo com Hegel, que ser é necessariamente ser (entre outras coisas) qualitativo e quantitativo, ter uma essência que se manifesta em várias aparências, e ter uma estrutura conceitual ou racional. A *Lógica* finalmente conclui que o ser estruturado racionalmente existe necessariamente numa forma distinta do que a do puro pensar, e é, portanto, um ser espaçotemporal natural. Com esse resultado a *Lógica* dá lugar à *Filosofia da natureza*.

A estrutura do ser espaçotemporal: a Filosofia da natureza

A *Filosofia da natureza* é a segunda de três partes principais do sistema de Hegel. Porque todo o sistema forma uma única ciência, definida por um desenvolvimento conceitual estritamente imanente que não permite recurso a quaisquer elementos extrassistemáticos, a *Filosofia da natureza* não é absolutamente distinta da *Lógica*, mas sim necessariamente um produto dela: a *Filosofia da natureza* simplesmente continua a dialética do ser de onde *Lógica* parou, e determina o que significa o ser natural.

A transição da *Lógica* à *Filosofia da natureza* revela que Hegel é um realista no que se refere ao mundo natural. A *Lógica* culmina reivindicando que o ser tem uma estrutura conceitual racional, e que o ser estruturado racionalmente precisa existir de forma extraconceitual. Hegel acredita, em outras palavras, "que o assim chamado mero conceito não é nada disso, mas sim essencialmente sua própria efetivação" (nota anexada ao primeiro parágrafo das *Linhas fundamentais da filosofia do direito* em 1812). Hegel considera que o conteúdo determinado do conceito é efetivado na esfera extraconceitual do espaço e do tempo; ele está assim comprometido com a posição realista de que o mundo natural existe numa forma distinta da que a do pensar e independentemente dos sujeitos pensantes.

Contudo, Hegel é também um idealista absoluto, porque acredita que a natureza tem uma estrutura conceitual que o pensar pode compreender. Ele se refere ao conceito efetivado como "a ideia absoluta" porque as determinações que inclui são ab-solvidas de fazer a distinção entre o puro pensar e a efetividade em virtude de serem constitutivas de ambos. Ele, portanto, considera que a transição da *Lógica* à *Filosofia da natureza* demonstra não somente que o racional é efetivo, mas também que o efetivo é racional. A *Filosofia da natureza* fornece conhecimento absoluto do mundo natural, afirma Hegel, porque as determinações necessárias implícitas no conceito da natureza são também as determinações necessárias da própria natureza.

A posição de Hegel, que pode ser chamada de "idealismo absoluto realista", precisa ser distinguida enfaticamente das posições de Kant e Fichte. Kant, como Hegel, reconhece a existência de uma esfera extraconceitual da objetividade, mas nega que possamos saber que os conceitos que necessariamente empregamos em nossa experiência dessa esfera estruturem a própria natureza. O idealismo transcendental sustenta, por exemplo, que o espaço e o tempo são formas através das quais *nós* intuímos o mundo, e que a causa e o efeito são conceitos por meio dos quais *nós* entendemos o mundo. Hegel, em contraste, sustenta que a própria natureza é espaçotemporal, e que os próprios seres espaçotemporais interagem causalmente. Fichte é ainda mais distante de Hegel, uma vez que considera a objetividade como tendo sido postulada pelo sujeito consciente, e, portanto, nega a existência de uma esfera independente do pensamento.

A *Filosofia da natureza* de Hegel também precisa ser distinguida enfaticamente da ciência natural empírica. Como uma parte da articulação sem pressupostos da verdade do ser, a *Filosofia da natureza* é um empreendimento estritamente *a priori*. Ela não pode proceder por meio da observação e reflexão sobre o mundo natural, nem pode incorporar os resultados das observações e reflexões realizadas por cientistas empíricos. A *Filosofia da natureza* precisa, se quiser alcançar o padrão do conhecimento racional, restringir-se à articulação de todas e somente aquelas determinações que estão implícitas no conceito de ser natural.

Hegel reconhece que a atenção a fenômenos empíricos, e um desejo de entendê-los, são o que nos leva à filosofia em primeiro lugar. Ele também enfatiza que "no progresso do conhecimento filosófico precisamos não só oferecer uma teoria do objeto *como determinado por seu conceito*, mas precisamos também nomear o aparecimento *empírico* que corresponde a ele, e precisamos mostrar que o aparecimento, de fato, corresponde a seu conceito" (*FN*: 6-7). Assim, não surpreende, e é mesmo de se esperar, que Hegel introduza vários termos e exemplos empíricos ao longo da *Filosofia da natureza*, à medida que procura estabelecer a extensão da correspondência entre vários fenômenos observados e as determinações necessárias do ser natural. O que Hegel não pode fazer, e afirma não fazer, é permitir que a introdução desses termos e exemplos empíricos afetem o desenrolar conceitual posterior do sistema.

A teoria *a priori* da natureza de Hegel não deseja ser um substituto ao trabalho da ciência natural empírica. De fato, a filosofia sistemática de Hegel leva à conclusão que a ciência empírica é insubstituível, uma vez que os seres naturais são necessariamente sujeitos à contingência. Isso significa que nenhum fenômeno empírico pode ser puramente racional. Todos os fenômenos empíricos têm aspectos contingentes que são opacos à filosofia sistemática e só podem ser determinados pela observação e reflexão cuidadosas que caracterizam a melhor ciência empírica.

Hegel é assim bem claro sobre o fato de que existe um limite ao que a filosofia sistemática pode nos dizer sobre o mundo natural. A filosofia sistemática oferece conhecimento racional, ou conhecimento das determinações que são constitutivas da natureza. Já que uma destas determinações é a contingência, no entanto, todo fenômeno natural necessariamente excede a compreensão da filosofia em algum grau. Hegel escreve: "a natureza em suas manifestações não se apega ao conceito. Sua riqueza de formas é uma ausência de caráter definido e o jogo da contingência" (*FN*: 299), e isso "estabelece limites à filosofia e [torna] bem impróprio esperar que o conceito o compreenda – ou, como se diz, construa ou deduza – esses produtos contingentes da natureza" (*FN*: 23).

Por exemplo, Hegel acredita que a filosofia sistemática pode determinar que o ser natural é necessariamente material, mas não pode prever as formas materiais que a matéria assumirá. A matéria assume de forma contingente todo o tipo de formas, cuja determinação permanece inteiramente fora do escopo da filosofia sistemática. Hegel apresenta este ponto particular explicitamente como uma resposta inicial oferecida à crítica a um de seus contemporâneos, Wilhelm Krug, que desafiou Hegel a deduzir a pena com que escrevia, e desta forma demonstrou uma completa incompreensão das aspirações limitadas da razão *a priori*: "Ele não tem como não compreender [a filosofia] da mesma forma que o mais vulgar homem da rua, exigindo que todo cão e gato devam ser deduzidos – sim e por que não também sua própria pena [...] Se o Sr. Krug tivesse a mais vaga noção da [tarefa da razão], como poderia lhe ocorrer exigir da filosofia a dedução de sua pena?" ("Como o entendimento humano ordinário considera a filosofia", 298-299).

A filosofia de Hegel não é, portanto, "totalizante" em nenhuma das formas que às vezes se considera. Seu sistema é completo no sentido que afirma articular plenamente as determinações inerentes ao pensar inicial da indeterminidade. Ser completo nesse sentido não implica, no entanto, que não exista nenhuma forma extraconceitual da existência, ou mesmo que o sistema inclua todas as determinações conceituais. O sistema inclui somente as determinações necessárias à compreensão do ser, e explicitamente exclui as contingências que excedem a determinidade do conceito. O sistema afirma compreender os aspectos racionais dos fenômenos empíricos, mas permanece resoluta e necessariamente mudo sobre seus aspectos contingentes.

As aspirações filosóficas de Hegel são, portanto, significativamente mais limitadas do que as de Fichte e Schelling, que pensaram que uma filosofia perfeita deveria, ao menos em princípio, ser capaz de oferecer uma teoria exaustiva de todas as características de nossa experiência. Hegel rejeita esta posição afirmando que o conhecimento racional é intrinsecamente limitada às verdades necessárias e o mundo natural está intrinsecamente cheio de questões de fato contingentes.

As limitações da filosofia sistemática e o fato da ciência empírica ser insubstituível não significam, no entanto, que não exista lugar para uma teoria *a priori* da natureza. A posição de Hegel é que tal abordagem filosófica é indispensável para oferecer o conhecimento racional do mundo natural, ao determinar as características que são constitutivas de seu próprio ser. Isso é algo que a ciência empírica não pode fazer, porque a observação e a indução podem revelar somente o que é o caso, mas não o que necessariamente precisa ser o caso. Hegel, portanto, considera a filosofia da natureza e a ciência natural empírica como complementares. A filosofia sistemática determina, por exemplo, que a natureza é necessariamente material, mecânica, química e orgânica, e a ciência empírica estuda as entidades mecanismos, reações químicas e organismos particulares que de fato existem.

A investigação *a priori* do mundo natural conduzida na *Filosofia da natureza* leva em última instância, argumenta Hegel, à conclusão de que o ser que efetiva todas as capacidades inerentes na natureza não é somente mecânico, químico e orgânico, mas também pensante e livre. Tal ser permanece natural, mas não é *meramente* natural, porque o meramente natural é aquele que "não exibe a liberdade em sua existência, mas somente a *necessidade* e a *contingência*" (*FN*: 17). Os seres naturais que são também livres, em virtude de sua capacidade de pensar, Hegel chama de "espirituais", e assim a terceira e última parte de seu sistema é a *Filosofia do espírito*.

A estrutura do ser livre: a Filosofia do espírito

A *Filosofia do espírito* começa onde a *Filosofia da natureza* termina, e procede determinando o que significa ser espiritual ou livre. Ela começa concebendo os seres espirituais como aqueles que não são meramente naturais. Não devemos achar que isso significa que os seres espirituais são sobrenaturais, pois na teoria de Hegel tudo que é espiritual é também natural. Por exemplo, os seres humanos (que são espirituais no sentido de Hegel) são também animais (que são naturais). Mas nossa animalidade não pode explicar nossa liberdade. Ao contrário, na visão de Hegel é o fato de que os humanos não são meramente naturais, mas também espirituais, ou capazes de pensar, que nos dá uma liberdade que falta aos animais.

Hegel encontra uma contradição conceitual nesse entendimento inicial do espiritual, no entanto: os seres espirituais são concebidos como livres em virtude de serem não meramente naturais, mas enquanto os seres espirituais forem concebidos como meramente não naturais eles não podem ser livres, porque ser não natural é se relacionar à natureza como algo externo, estranho e restritivo. Hegel rejeita assim a crença de Kant de que a liberdade envolve a transcendência da natureza. Mesmo se essa transcendência fosse possível, argumenta Hegel, não seria de fato verdadeiramente libertadora. A verdadeira liberdade, ele conclui, depende dos seres pensantes alcançarem uma reconciliação com o mundo meramente natural do qual diferem.

Toda a *Filosofia do espírito* está dedicada a revisar a concepção de seres espirituais até que sejam entendidos como reconciliados com o mundo natural, ou sentindo-se em casa nele, enquanto preservam suas diferenças em relação a ele. Em cada estágio nesse processo, os seres espirituais são concebidos numa maneira que é pensada como adequada à sua liberdade. Mas, argumenta Hegel, todas essas concepções, exceto a última, mostram-se autocontraditórias: os seres espirituais são pensados ao mesmo tempo como sendo livres e sujeitos a limitações externas à sua liberdade. Tais contradições forçam revisões adicionais que superam as externalidades específicas às quais mostrou-se que os seres espirituais estão sujeitos. Esse processo, e com ele a *Filosofia do espírito*, termina somente quando se desenvolve uma concepção de seres espirituais na qual eles são verdadeiramente autodeterminantes e livres.

O desenvolvimento conceitual que abrange a *Filosofia do espírito* ocorre em três partes, que Hegel denomina de espírito subjetivo, objetivo e absoluto. Todos os três são apresentados numa forma condensada no terço final da *Enciclopédia*. Exposições mais detalhadas das últimas duas estão também disponíveis. O espírito objetivo é apresentado na *Filosofia do direito* e nas preleções sobre a filosofia da história. O espírito absoluto é apresentado nas preleções sobre estética, religião e história da filosofia. "Espírito subjetivo", "espírito objetivo" e "espírito absoluto" não se referem a entidades misteriosas, mas sim a uma sequência de concepções progressivamente mais adequadas da liberdade dos seres pensantes.

No espírito subjetivo os seres pensantes são concebidos como procurando superar sua alienação da natureza através do conhecimento do mundo objetivo. Através do saber, afirma Hegel, o sujeito é capaz de "liberar o objeto intrinsecamente racional da forma da contingência, unicidade e externalidade que inicialmente se apega a ele, e desta maneira liberta *a si mesmo* da conexão com algo que é para ele um outro" (*FilE*: 182). Isso é realizado, por exemplo, quando se demonstra que certos fenômenos naturais comportam-se de maneira a poderem ser subsumidos a leis científicas. Nessa realização os sujeitos racionais reconhecem que os objetos de seu conhecimento – os fenômenos naturais legiformes – também são racionais, e dessa maneira alcançam um certo grau de reconciliação com eles.

Mas a reconciliação com o mundo natural que a atividade do saber oferece é somente parcial, argumenta Hegel, de forma que nessa atividade o sujeito ainda não é completamente livre. A reconciliação é parcial porque os fenômenos naturais que o sujeito experimenta são fundamentalmente independentes da atividade mental para a qual oferecem o conteúdo. Consequentemente, a natureza permanece estranha ao sujeito, mesmo quando o pensar representa bem o mundo objetivo com o qual se confronta.

Uma vez que a liberdade é comprometida pela dependência do saber a um conteúdo dado externamente, os seres espirituais precisam ser reconcebidos como a fonte dos conteúdos de suas próprias atividades. Quando o sujeito é entendido como estabelecendo "somente a si próprio como seu objetivo, [ele] se torna *vontade* que [...] não começa com um objeto isolado dado externamente, mas com algo que ele sabe ser próprio dele" (*FilE*: 28). Essa transição do saber à vontade inicia a transição do espírito subjetivo ao objetivo.

A *Filosofia do direito* é uma teoria da liberdade disponível através da vontade. Ela desenvolve uma série de quatro concepções principais da vontade, que são apresentadas nas quatro seções principais do livro: a introdução, o direito abstrato, a moralidade e a eticidade. Cada concepção é pensada inicialmente como sendo adequada à liberdade do sujeito que tem vontade, mas sob exame mostra-se que sofre de limitações encontradas nas próprias características que a definem. Isso força a vontade a ser reconcebida numa maneira que preserve a liberdade estabelecida na concepção anterior enquanto ao mesmo tempo supera suas limitações.

Na Introdução à *Filosofia do direito*, a vontade é concebida como a faculdade da escolha. Como tal, é entendida como tendo três momentos ou aspectos básicos. Primeiro, há o momento de abstração, ou indeterminidade: a vontade é livre porque pode abstrair de qualquer escolha particular, porque não está obrigada a buscar qualquer interesse particular. Segundo, há o momento de determinação: a vontade é livre porque pode determinar-se a uma escolha particular, porque pode escolher buscar um interesse particular. Terceiro, há o momento de permanecer abstrato na determinação: a vontade é livre porque, mesmo quando se determinou a uma escolha particular, pode outra vez abstrair-se dela. Esse último momento significa que mesmo que toda determinação ou escolha que a vontade faz pertença a ela, a vontade nunca é definida por qualquer escolha particular que faz; uma parte importante dessa liberdade é perceber que a vontade tem uma identidade que persiste através de um processo temporal duradouro de se determinar a escolhas e interesses particulares, e de se abstrair deles. Assim a liberdade da vontade, entendida como liberdade de escolha, é essencialmente a liberdade como possibilidade: a vontade é livre porque lhe é possível perseguir ou não perseguir qualquer um de seus interesses escolhidos.

Mas o sujeito que tem vontade, como concebido inicialmente, sofre de duas limitações significativas. Primeiro, muito embora o sujeito seja livre para buscar seus interesses escolhidos, não é responsável pelo que esses interesses são. Seus interesses são meramente "os *impulsos*, *desejos* e *inclinações* pelas quais a vontade se encontra naturalmente determinada" (*FD*: 45). A liberdade de escolha consiste na capacidade da vontade de se resolver a satisfazer um impulso particular de forma particular, mas não implica que ela satisfaça um impulso em vez de outro. Como resultado, as escolhas "livres" da vontade são na verdade determinadas pelas forças relativas das inclinações naturais, sobre as quais a vontade não tem controle. Segundo, o sujeito que tem vontade ainda é confrontado pela natureza como um mundo independente e exterior que pode ou não se conformar aos seus impulsos, desejos e inclinações. Esse permanece o caso enquanto "aquilo sobre o que a vontade age [...] ainda é somente um conteúdo que pertence à consciência-de-si, um fim não atingido" (*FD*: 55). Para se tornar livre o sujeito precisa superar ambas as limitações: precisa assumir a responsabilidade pelos propósitos que escolhe adotar, e precisa atingir esses propósitos no mundo natural.

No direito abstrato, portanto, o sujeito que tem vontade é concebido como comprometido à vontade não simplesmente daquilo que ocorre naturalmente ao desejo, mas de sua própria liberdade. O primeiro passo da vontade de sua própria liberdade é superar sua alienação do mundo natural, que o sujeito busca fazer ao reivindicar algum aspecto do mundo como seu próprio. O primeiro estágio de seu esforço é a aquisição de propriedade, na qual o sujeito se identifica não somente com sua capacidade de escolher, mas também com um objeto de sua escolha. A propriedade objetifica a vontade ao subordinar uma coisa concreta no mundo aos propósitos do sujeito que tem vontade.

Hegel considera então que a posse de propriedade é uma condição necessária da liberdade e, como tal, precisa ser estabelecida e assegurada como um direito universal. Mas a propriedade ainda é uma forma inadequada de liberdade porque a escolha de possuir *essa* propriedade específica ainda não é um produto da vontade. É essencial para a vontade livre possuir propriedade, mas não é essencial que ela possua qualquer propriedade em particular, de forma que a preferência por uma propriedade específica em relação a outra não pode vir da própria vontade, e, portanto nenhuma propriedade específica com a qual a vontade por acaso se identifique pode ser uma objetivação verdadeiramente suficiente de sua liberdade. A liberdade, portanto, requer que o sujeito que tem vontade às vezes aliene e troque sua propriedade. Se não fizer isso, ficará permanentemente identificado com decisões que não se originam de sua vontade, e não seria plenamente livre.

O estabelecimento do direito universal de possuir e trocar propriedade depende de sujeitos com vontade que reconheçam reciprocamente uns aos outros como seres livres autorizados a todos os direitos que a liberdade assegura. Hegel então conclui que, paradoxalmente, liberdade crescente requer interdependência crescente. A liberdade de uma pessoa é agora compreendida residindo não somente na propriedade que ela possui, mas também nos contratos que firma, em seu respeito às obrigações contidas nesses contratos e no cumprimento delas.

A grande importância desse desenvolvimento é que agora é possível que a busca dos interesses escolhidos por indivíduo entre em conflito com as exigências de sua liberdade. Por exemplo, uma pessoa pode obter a propriedade que deseja violando o respeito mútuo dos direitos que os contratos exigem (talvez fraudando o outro signatário do contrato). A liberdade depende então de sujeitos com vontades que coloquem a manutenção dos direitos universais acima da satisfação de seus próprios interesses particulares. Tais sujeitos mostram o que Hegel chama de vontade moral, que é tratada na próxima seção importante da *Filosofia do direito*, cujo título é "Moralidade".

A moralidade examina a concepção da vontade que surge logicamente das contradições implícitas no direito abstrato, mas Hegel considera que essa concepção foi representada na história da filosofia por Kant e Fichte. De acordo com essa concepção, a liberdade exige que o sujeito abstraia-se de todos os seus interesses particulares, a fim de que se empenhe a cumprir seus deveres universais em nome desses deveres. O sujeito precisa, portanto, ser capaz de determinar os deveres específicos que têm uma reivindicação incondicionada sobre todos os seres livres, o que tenta fazer com base no princípio que as máximas intencionais são permissíveis somente se puderem ser adotadas universalmente sem autocontradição. Hegel argumenta, no entanto, que esse critério kantiano é insuficiente para determinar os deveres particulares que são de fato exigidos pela liberdade; ele conclui que a vontade moral em última instância recorre somente a sua própria consciência para distinguir entre o certo e o errado. Essa é a posição de Fichte, que Hegel considera como redutível "à afirmação de que aquilo que [a vontade moral particular] sabe e quer é *verdadeiramente* certo e o dever" (*FD*: 164). Essa certeza farisaica de que conhece o bem torna a vontade moral capaz do mal, afirma Hegel, porque ela envolve um compromisso absoluto de agir sobre os ditames da consciência sem ter um padrão objetivo por meio do qual avaliá-los. A vontade moral é, portanto, não a objetificação da liberdade, mas sim uma perversão dela, na qual o conteúdo universal do bem é determinado subjetivamente através dos juízos de um indivíduo.

A eticidade, a seção principal final da *Filosofia do direito*, tenta resolver as contradições da moralidade ao unificar as disposições do sujeito individual com aquilo que é objetivamente correto. Na eticidade, a liberdade é objetificada nos costumes e instituições comunais "que não são algo *estranho* ao sujeito. Ao contrário, o sujeito é uma *testemunha espiritual* deles e de *sua própria essência*, na qual tem sua consciência-de-si e vive como em seu elemento que não é distinto de si próprio" (*FD*: 191).

O argumento de Hegel não é que todos os costumes e instituições são automaticamente libertadores. Ele sabe muito bem que as condições que por acaso valem num tempo e lugar particulares podem ser irracionais, injustificadas e opressivas. Precisamente por essa razão, sua teoria da eticidade, que constitui metade da *Filosofia do direito*, busca uma determinação dos costumes e instituições específicos que são essenciais à liberdade.

Hegel tenta discriminar entre os costumes e instituições que são necessários à libertação, os que não são essenciais mas são inofensivos, e aqueles que são positivamente injustos. Tal discriminação depende da capacidade de especificar o conteúdo determinado da liberdade para sermos capazes de fazer avaliações competentes das condições atuais. E tal especificação determinada do conteúdo da liberdade depende, argumenta Hegel, de uma exposição sistemática que não considere nada autoevidente, o que é precisamente seu projeto filosófico. É, portanto, esse projeto, e somente esse projeto, afirma Hegel, que permite à filosofia ser "*sua própria época compreendida em pensamentos*" (*FD*: 21), o que ocorre em virtude de compreender até que ponto as instituições contemporâneas são racionais, e as condições particulares contemporâneas que são intoleráveis. Assim, a filosofia sistemática sem pressupostos não serve a uma racionalização acrítica do *status quo*, mas, pelo contrário, é o pressuposto necessário a uma teoria crítica genuinamente racional das instituições históricas e contemporâneas.

As três principais seções da eticidade tratam da família, a sociedade civil e o Estado, oferecendo análises das condições sociais, econômicas e políticas da liberação. Hegel afirma estabelecer, entre outras coisas, direitos universais de casamento, trabalho e representação por um governo que está preocupado com o bem comum.

A conclusão final da *Filosofia do direito* é que os sujeitos com vontade são livres à medida que vivem em sociedades que conseguem estabelecer e assegurar leis, costumes e instituições verdadeiramente racionais. Tais sociedades resultam dos esforços de seres pensantes para transformar a objetividade inicialmente independente da natureza num mundo que reflete as exigências da liberdade, e no qual eles, portanto, sintam-se em casa. Como afirma Hegel: "na *esfera ética* [...] o princípio da liberdade penetrou na própria esfera mundana [...] e o mundano, porque assim se conformou ao conceito, à razão e à verdade eterna, é a liberdade que se tornou concreta e a vontade que é racional" (*PFR*: III, 341-342). Ele conclui, portanto, que a eticidade é "a perfeição do espírito objetivo" (*FilE*: 253).

Mas Hegel não considera a perfeição do espírito objetivo como a perfeição ou a verdade do espírito sem nenhuma qualificação. Ele argumenta que os seres espirituais permanecem onerados, mesmo quando são concebidos na eticidade, por duas limitações que evitam que sejam plenamente livres.

A primeira limitação dos seres espirituais no final do espírito objetivo provém daquilo que Hegel denomina de contradição da vontade. Por um lado, o sujeito que tem vontade está certo de que tem a capacidade de transformar a forma imediata e insignificante do mundo natural através da realização de seus propósitos; mas, por outro lado, o sujeito que tem vontade também pressupõe esse mundo natural como fundamentalmente independente de si próprio, e, portanto, compreende seu propósito de realizar sua liberdade como sendo apenas *seu* propósito, como meramente subjetivo. O sujeito que tem vontade não encara a própria natureza como tendo o objetivo de construir um Estado racional, mas sim como tendo essa forma imposta a ela. Isso significa que mesmo no auge do espírito objetivo os seres espirituais permanecem alienados do mundo natural, e, portanto, com uma liberdade incompleta.

A segunda limitação dos sujeitos que têm vontade se origina do fato de que sua concepção de liberdade pode não concordar com as exigências objetivas da própria liberdade. A vontade, portanto, pode se manifestar numa ampla variedade de arranjos sociais e políticos. À medida que esses arranjos reflitam adequadamente o autoentendimento do sujeito que tem vontade, ele se sentirá em casa e livre neles; a eticidade se torna literalmente uma segunda natureza ao sujeito que tem vontade. Mas uma forma particular da eticidade pode se tornar natural a seus cidadãos sem estar de acordo com todas as exigências conceituais da liberdade. E isso significa que o sentimento de um povo de que é livre, que se manifesta em sua obediência patriótica ao Estado, não pode de fato garantir que ele seja livre.

Consequentemente, a vontade não é capaz de forjar uma reconciliação completamente satisfatória com o mundo natural. A reconciliação e a satisfação finais precisam ser buscadas, argumenta Hegel, não através da vontade, mas através das atividades apresentadas no espírito absoluto, as da arte, religião e filosofia.

Hegel pensa que todas as três atividades consideradas no espírito absoluto superam a primeira limitação da vontade: todas as três superam a pressuposição (comum tanto ao espírito subjetivo como ao objetivo) de que os seres espirituais e o mundo natural, sujeito e objeto, são fundamentalmente estranhos um ao outro. Na atividade teórica de saber, os conteúdos do mundo natural são entendidos como impostos a um sujeito espiritual receptivo. E na atividade prática da vontade, os conteúdos espirituais são entendidos como impostos a um mundo natural indiferente. As atividades do espírito absoluto, no entanto, são precisamente aquelas que os sujeitos espirituais passam a entender que a suposição teórica e prática da alienação mútua entre o espiritual e o natural deve ser falsa, pois só é possível que ocorram o saber e a vontade se o sujeito espiritual e o mundo natural já estiverem reconciliados. A arte, a religião e a filosofia, ou seja, mostram que a própria condição da possibilidade das atividades teóricas e práticas que lutam para unificar as determinações do pensar e do ser é que as determinações do pensar e do ser já têm sempre que ter sido unificadas. Em todas as três atividades, então, os seres espirituais sabem que são verdadeiramente livres, já que sabem que não têm nenhum outro absoluto. As atividades do espírito absoluto assim finalmente superam a alienação entre o sujeito espiritual e o mundo natural.

Hegel localiza a diferença principal entre as três atividades do espírito absoluto na forma pela qual cada um compreende e manifesta a verdade da liberdade humana. A arte cria objetos belos que apresentam a verdade aos nossos sentidos. Nas melhores esculturas gregas, por exemplo, podemos ver efetivamente a liberdade humana: a harmonia da mente e do corpo, a serenidade satisfeita no presente, e o potencial para ação proposital estão todos aparentes imediatamente nas figuras em pedra. A religião desenvolve mitos e rituais simbólicos que representam e nos permitem sentir a verdade. Hegel considera "Deus", por exemplo, como "uma representação da ideia filosófica que criamos para nós mesmos" (*PFR*: I, 122), um símbolo pictórico poderoso que ajuda a nos sentirmos em casa no mundo natural. A filosofia gera a compreensão conceitual da verdade. A *Filosofia do espírito*, por exemplo, articula sistematicamente as determinações constitutivas de nossa liberdade.

Essa diferença é importante porque significa que somente a filosofia é capaz de superar a segunda limitação da vontade ao desenvolver uma teoria justificada das condições específicas da liberdade. A filosofia é então, de acordo com Hegel, "a mais elevada, livre e sábia configuração" do espírito (*FH*: 52). Na arte e na religião, como na filosofia, os seres espirituais alcançam um entendimento adequado de si mesmos como seres pensantes que compreendem e assim completam a unidade entre o pensamento e o ser. Somente na filosofia, no entanto, é esse autoentendimento transformado em autoconhecimento, porque é demonstrada por seres pensantes a si mesmos na forma do pensamento sistemático.

Com essa compreensão filosófica da filosofia, o sistema de Hegel chega ao fim. O filósofo sistemático finalmente compreende sua prática filosófica como a atividade de vir a compreender a si mesmo como um ser espiritual livre, e ele compreende que é através dessa autocompreensão filosófica que ele se torna um ser espiritual plenamente livre ao completar sua reconciliação com o mundo natural. Ele então se dá conta em retrospecto que, desde que adotou o ponto de vista da filosofia sistemática no início da *Lógica*, ele não só esteve pensando sobre o significado da liberdade, mas também participando de sua própria liberação.

A reivindicação de Hegel de que a arte, a religião e a filosofia são condições necessárias da liberdade não implica que ele pense que elas sejam suficientes. Na visão de Hegel a liberdade envolve todas as determinações essenciais desenvolvidas no espírito subjetivo, objetivo e absoluto: ser um ser livre é ser um ser estético, religioso e filosófico, mas é também ser um ser cognoscente, legal, moral, familiar, econômico e político. Nosso grau de liberdade é determinado pelo grau em que desfrutamos dos vários tipos de reconciliação que contribuem à liberação. Uma pessoa que se sente em casa em sua situação social e política (que desfruta de uma eticidade) é mais livre do que uma que não se sente. Considerando duas pessoas que desfrutam de uma eticidade, uma é mais livre que a outra se sua situação social e política está mais de acordo com o conceito de liberdade objetiva. Dadas duas pessoas com graus quase idênticos de liberdade objetiva, uma é mais livre que a outra se ela também tiver o tipo de percepção de si mesma como um ser livre que Hegel pensa ser desenvolvida na arte, religião e filosofia. E, por fim, considerando duas pessoas que tenham tal percepção, uma é mais livre que a outra à medida que seu autoentendimento é mais explícito e completo, e é por isso que Hegel afirma que a filosofia oferece um grau de liberdade que não está disponível através de outras atividades.

Assim, a liberdade mais completa exige tanto a compreensão teórica do mundo como sua transformação prática. Além disso, Hegel acredita que a arte, a religião e a filosofia sustentam e orientam nosso empenho por liberdade social e política ao oferecer o autoentendimento de nós mesmos como seres livres que guia nossos esforços para transformar o mundo. Ele insiste que "a maneira na qual o sujeito determina seus objetivos na vida mundana depende da consciência de sua própria verdade essencial [...] A moralidade e a constituição política são governadas totalmente se um povo compreende somente uma representação limitada da liberdade do espírito, ou se tem a verdadeira consciência da liberdade (*PFR*, edição em um volume: 69-70).

O argumento de Hegel é que as condições sociais e políticas que nos esforçamos para produzir, e nas quais nos sentimos em casa, dependem dos detalhes de nosso autoentendimento: esforçamo-nos para produzir as condições sociais e políticas que consideramos como as mais apropriadas a seres como nós, e assim nosso entendimento teórico do tipo de seres que somos desempenha um papel crucial na determinação da direção de nossos empreendimentos práticos. E somos, de forma mais básica, livres. Mas dizer isso não é dizer muito, e assim, como enfatiza Hegel na passagem recém-citada, tudo depende de como exatamente entendemos nossa liberdade: as pessoas com entendimentos diferentes da liberdade desenvolvem arranjos sociais e políticos muitos distintos.

Esta percepção sobre a relação entre a compreensão teórica de nós mesmos e a transformação prática do mundo é, acredita Hegel, nada mais do que a chave para entender a história humana, na qual ele encontra um desenvolvimento na direção de uma consciência e realização da liberdade cada vez mais adequada. A discussão de Hegel da história também torna claro, no entanto, que ele não afirma que a realização prática da liberdade depende de um autoconhecimento distintamente *filosófico* que se dissemine amplamente. Todos os seres humanos precisam acabar sabendo que todos os seres humanos são livres, mas certamente nem todos, nem mesmo muitos, precisam ser filósofos. Hegel considera a religião, mais do que a filosofia, como o meio primário através do qual a consciência-de-si da liberdade humana é disseminada de forma suficientemente ampla para tornar-se uma força prática cada vez mais poderosa.

Mas Hegel também acredita que a religião é em última instância incapaz de cumprir a própria exigência que sua consciência da liberdade produz, a exigência moderna de que todas as reivindicações de conhecimento, assim como todas as instituições sociais e políticas, dispensem a base na autoridade e sejam justificadas pelo pensamento livre. A incapacidade da religião de satisfazer sua própria exigência resulta da contradição fundamental no seu cerne: de um lado, a verdade que a religião apresenta (seu conteúdo), de acordo com Hegel, é o fato da liberdade humana, o fato de que somos autodeterminantes e, portanto, devemos rejeitar toda autoridade injustificada;

mas, por outro lado, a religião nos pede que aceitemos esta verdade com base na fé (sua forma), e assim nos pede para aceitar uma autoridade injustificada como a base de nossa crença de que nenhuma autoridade não justificada deve ser aceita.

A resposta moderna a essa situação precisa ser uma tentativa de produzir uma justificativa não arbitrária da verdade, que apele somente à razão e seja, portanto, justificável a todos os seres racionais. Se isso fracassar, não haverá escolha a não ser reconhecer que os compromissos teóricos e práticos são relativos e dependem dos pressupostos ou das autoridades que por acaso aceitemos como ponto de partida. Como pondera Hegel no Prefácio à *Filosofia do direito*:

> A *verdade* no que se refere ao *direito*, à ética e ao *Estado* é de qualquer forma *tão antiga* como sua *exposição e promulgação* nas *leis públicas e na moralidade e religião públicas* [...] [Mas] ela necessita também ser *compreendida*, de forma que o conteúdo que já é racional em si mesmo possa também ganhar uma forma racional e dessa maneira aparecer justificado ao pensamento livre. Pois tal pensamento não se detém no que é *dado*, esteja este último apoiado pela autoridade positiva externa do Estado, ou pelo acordo mútuo estabelecido entre os seres humanos, ou pela autoridade do sentimento e do coração internos e pelo testemunho do espírito que imediatamente concorda com isso, mas começa a partir de si próprio, e assim exige conhecer a si mesmo como unificado em seu ser mais interior com a verdade (*FD*: 11).

Em outras palavras, embora a religião possa dar às pessoas uma percepção da verdade de que os seres humanos são livres, e um desejo de viver de acordo com essa verdade, somente a filosofia sistemática pode oferecer uma justificativa não arbitrária da verdade que a pessoa religiosa sente profundamente.

A conclusão de Hegel é de que a filosofia tem um papel indispensável a desempenhar na orientação da realização da liberdade no mundo social e político através do esforço de educar as pessoas sobre as condições de sua libertação. O filósofo não pode forçar as pessoas a serem livres, nem tem qualquer perícia para conceber ou implementar planos para mudanças sociais e políticas, e nem os detalhes intricados de seus argumentos motivarão as pessoas a buscar a liberdade. Mas para aqueles que já desejam ser livres, a disseminação do conhecimento filosófico das condições da liberdade pode ajudar a assegurar que eles estão de fato mirando no alvo correto. Se os filósofos podem ensinar as pessoas, por exemplo, que a liberdade exige o estabelecimento de um direito verdadeiramente universal de casamento, então todas as pessoas podem fazer uso desse conhecimento em sua busca de liberação social e política. Consequentemente, o conhecimento filosófico, quando unido à educação, abriga um potencial transformativo e até revolucionário:

> A filosofia em geral tem, como filosofia, outras categorias do que as da consciência ordinária: toda educação se reduz à distinção entre categorias. Todas as revoluções, tanto nas disciplinas científicas quanto na história mundial, surgem somente do fato de que o espírito, para entender e compreender a si mesmo, para se possuir a si mesmo, modificou suas categorias, e assim compreendeu-se mais verdadeira, profunda e intimamente, e mais em unidade consigo próprio (*FN*: 11).

Hegel identifica então a filosofia como o ponto crucial da liberdade mais abrangente. A liberdade certamente exige a transformação prática do mundo, de modo que nos sintamos cada vez mais em casa em nossa situação social e política. Mas a liberdade também requer a consciência teórica de que somos livres, e quando as pessoas desenvolvem essa consciência elas não podem se sentir plenamente em casa em sua situação social e política a menos que saibam que isso ocorre de acordo com o conceito de liberdade. Embora as pessoas alcancem a consciência-de-si de sua liberdade através da arte, da religião e da filosofia, somente a filosofia pode determinar o conteúdo da concepção de liberdade que essas três atividades apresentam. A liberdade prática moderna, portanto, depende que a filosofia compreenda as condições da liberdade contra as quais a situação social e política existente precisa ser comparada, e todas as pessoas devem trabalhar na direção de sua realização caso desejem desfrutar da liberação mais plena. Na ausência de tal realização mundana a liberdade das pessoas será incompleta, mas na ausência da filosofia tal realização mundana será não apenas menos provável de ocorrer, mas também impossível de reconhecer se ocorrer, e, portanto, mais difícil de sustentar.

Conclusão

A concepção de filosofia de Hegel, e os projetos da *Fenomenologia* e da *Enciclopédia* que almejam realizar essa concepção, seguem-se de sua concepção do conhecimento racional como crença verdadeira justificada incondicionadamente no que se refere à constituição da efetividade. Muitos objetam ou objetariam, no entanto, que essa concepção estabelece um padrão de racionalidade exageradamente alto. Se este for o caso, então em vez de tentar realizar os projetos de Hegel, seria melhor os filósofos desenvolverem uma concepção mais adequada do conhecimento racional. A partir dessa perspectiva Hegel demonstra não a necessidade de uma *Fenomenologia* ou uma *Ciência da lógica*, mas sim a necessidade de um recuo da ambição metafísica e de um novo projeto epistemológico. Hegel pode ter definido o ponto de vista da razão, em outras palavras, de modo a tornar evidente a sensibilidade superior do ponto de vista do entendimento.

Hegel tem que admitir, senão viola seu próprio padrão de racionalidade, que seu próprio padrão de racionalidade não pode ser pressuposto e precisa ser justificado. E esta justificativa não pode ser obtida simplesmente observando que Kant também associou a razão com a recusa de se contentar com justificações condicionadas, pois essa própria justificação seria condicionada, em virtude de pressupor que Kant teria uma apreciação adequada da racionalidade. Em vez disso, o padrão de racionalidade de Hegel precisa ser justificado com base num argumento de que só teremos de fato o conhecimento da constituição da efetividade se nos adequarmos a esse padrão.

Um tal argumento para o padrão de racionalidade de Hegel pode ser reconstruído, muito embora somente uma de suas duas partes essenciais seja oferecida por Hegel. A primeira metade do argumento é oferecida pelos céticos antigos, a quem Hegel considera como tendo desenvolvido a crítica mais devastadora da possibilidade do conhecimento. Os céticos antigos subverteram com sucesso, acredita Hegel, todas as reivindicações de conhecimento baseadas em pressuposições condicionadas. Como os céticos antigos não reconheciam a possibilidade de uma reivindicação de conhecimento que se baseasse em pressuposições condicionadas, eles concluíram que o conhecimento, e, portanto, a filosofia como a ciência do conhecimento, são impossíveis. Hegel, no entanto, recusa-se a pressupor até mesmo a impossibilidade de uma reivindicação de conhecimento sem pressuposições, e assim torna a crítica negativa dos céticos num padrão positivo: se e somente se a filosofia puder proceder sem incorporar quaisquer pressuposições condicionadas poderá ela resistir à força do ataque dos céticos antigos e reivindicar justificadamente ter conhecimento da constituição da efetividade, ou do conhecimento racional.

Hegel responde assim àqueles que afirmam que seu padrão de racionalidade é alto demais ao afirmar que a apreciação deles do ceticismo antigo é baixa demais. Hegel mencionou essa objeção contra vários de seus contemporâneos, incluindo os que se engajaram na metafísica dogmática e aos que dogmaticamente afirmaram que a metafísica é impossível. Sua objeção aos metafísicos e epistemólogos de hoje seria exatamente a mesma: uma apreciação da força do ceticismo antigo exige que suspendamos o dualismo sujeito/objeto da filosofia moderna, ou ao menos que a sujeitemos ao exame cético realizando o projeto da *Fenomenologia*. Se esse projeto for bem-sucedido, então saberemos que as determinações constitutivas do pensar e do ser são idênticas, mas uma apreciação da força do ceticismo antigo exige que não tenhamos pressuposições de que quaisquer determinações particulares sejam membros do conjunto constitutivo, e, portanto, que realizemos o projeto da *Enciclopédia*.

Naturalmente, mesmo que apreciemos a força do ceticismo antigo, os projetos da *Fenomenologia* e da *Enciclopédia* não são inegavelmente necessários. É possível admitir que não tenhamos uma resposta aos céticos antigos, e ainda assim desenvolvamos vários projetos teóricos, incluindo a ciência empírica e a filosofia em toda a sua diversidade contemporânea. Não precisamos de uma resposta aos céticos antigos para continuar com nossa observação cuidadosa do mundo e nossas investigações sobre o que é razoável acreditar com base em nossas observações. Além disso, mesmo que não tenhamos uma resposta aos antigos céticos, não há alternativa a não ser buscar o projeto prático de viver nossa própria vida. Não precisamos de uma resposta aos céticos antigos para continuar com a busca de trilharmos nosso caminho no mundo da melhor maneira que podemos.

Já que podemos desenvolver quase todos os nossos projetos teóricos e práticos, e frequentemente com tremendo sucesso, sem uma resposta às preocupações aos céticos antigos, é tentador concluir que o ceticismo antigo não é algo com o que devemos nos preocupar. Hegel admitiria que isso é verdade, se não acreditasse que precisamos de conhecimento da constituição da efetividade. Tal conhecimento metafísico não pode ser obtido na ausência de uma resposta aos céticos antigos, e Hegel insiste que na ausência de tal conhecimento metafísico não podemos saber o que significa ser racional e viver dessa maneira. Em outras palavras, sem uma resposta aos céticos antigos é possível ser pré-moderno, ou pós-moderno, e viver feliz e talvez até mesmo viver bem. Mas sem uma resposta aos céticos antigos é impossível ser moderno e livre. O projeto e promessa da modernidade, portanto, dependem, conclui Hegel, do projeto e promessa do conhecimento racional, e assim do projeto e promessa da filosofia sistemática sem fundamentações.

Sumário dos principais pontos

• Hegel acusa a filosofia crítica de Kant de não ser crítica o bastante, porque ela pressupõe dogmaticamente um dualismo sujeito/objeto que limita o conhecimento aos fenômenos.

• A *Fenomenologia do espírito* tenta superar o dualismo sujeito/objeto ao expor suas contradições internas. Ela examina uma série de "formas da consciência", ou maneiras de entender a relação entre o sujeito cognoscente e o objeto do conhecimento. Ela culmina no "saber absoluto", o ponto de vista segundo o qual, diz Hegel, sabe-se que a distinção entre as determinações necessárias do pensar e do ser não pode ser sustentada justificadamente.

• O sistema de Hegel tenta especificar as determinações necessárias do pensar e do ser. A *Lógica* começa com o ser imediato do pensar, e então reivindica articular todas e somente aquelas determinações que são imanentes a ele.

- A *Filosofia da natureza* e a *Filosofia do espírito* são continuações da *Lógica*, exames *a priori* do que significa ser um ser espaçotemporal e um ser livre, respectivamente.
- Hegel compreende a liberdade como nossa reconciliação com o mundo natural e com nossos pares. Ele argumenta que o ápice de tal reconciliação é alcançado através da arte, religião e filosofia, que nos permitem superar a alienação ao desenvolver um entendimento adequado de nós mesmos e do mundo.

7

Conclusão: racionalidade, liberdade e modernidade?

O idealismo alemão é melhor compreendido como a manifestação filosófica da exigência moderna de racionalidade e liberdade. Ele se desenvolveu a partir da tentativa de Kant de vencer a ameaça que o ceticismo e o determinismo de Hume representava a essa exigência. Fichte, Schelling e Hegel compartilharam da aspiração de Kant de desenvolver um conhecimento filosófico que pudesse resistir ao escrutínio cético mais rigoroso, e dessa maneira determinar as condições de uma vida racional e livre. Apesar desta aspiração compartilhada, no entanto, estes pensadores discordavam de Kant, e uns dos outros, sobre como o ceticismo poderia ser vencido. Suas reações diferentes ao ceticismo os levaram a conclusões diferentes sobre o que significa ser racional e livre, e assim a concepções diferentes de modernidade. Essas discordâncias substantivas e metodológicas entre os idealistas alemães deram o impulso à transformação progressiva da resposta inicial de Kant a Hume num movimento filosófico singular.

Kant almejava salvar a liberdade e a racionalidade ao empregar o que viria ser chamado de método transcendental. Considerando evidente o fato de que nós experimentamos um mundo de objetos e eventos, Kant buscou determinar as condições que devem valer para tornar isso possível. A primeira, e mais geral, condição que identificou é que o mundo objetivo precisa ser encontrado e representado pelo sujeito pensante. Isso levou Kant a realizar um exame crítico do processo do conhecimento, a fim de determinar tanto o que os sujeitos pensantes podem conhecer e o que é necessariamente impossível de conhecer.

O idealismo transcendental é a posição substantiva que resultou da crítica de Kant: todos os objetos da experiência devem se conformar às condições cognoscentes que nos permitem experimentá-los, mas as coisas-em-si são inteiramente inacessíveis a nós. O conhecimento é, portanto, limitado aos fenômenos. Kant utilizou essa limitação do conhecimento para refutar o determinismo de Hume, argumentando que, embora precisemos experimentar todos os eventos como sujeitos à necessidade causal, isso não impede a possibilidade de que alguns desses eventos, incluindo nossas próprias ações, possam ser os produtos da liberdade. Kant argumentou então que o exercício da liberdade é uma condição necessária da ação moral, e que nossa experiência de nós mesmos como agentes sujeitos a obrigações morais só é explicável, portanto, se formos de fato livres.

A liberdade, na visão de Kant, é a capacidade de transcender causas naturais e agir puramente devido ao respeito por nossa própria racionalidade e à lei moral que ela nos impõe. Ele afirmava que precisamos atribuir essa capacidade a nós mesmos e lutar para exercê-la sempre que a moralidade exigir. Uma verdadeira vida moderna, de acordo com Kant, precisa ser organizada de maneira a promover e sustentar nosso esforço moral. A educação deveria ensinar as pessoas a pensar por si próprias, e assim subordinar as demandas de autoridades externas (entre as quais ele incluía as demandas de nossas próprias inclinações naturais) às demandas da razão. A política deveria assegurar as liberdades que são fundamentais à nossa ação moral, incluindo os direitos de pensar, falar e agir por si. A religião, se quiser ser moderna e racional, deveria se limitar a postular a existência de Deus e a imortalidade da alma humana, a fim de alimentar a esperança daqueles que lutam para serem morais de que um dia serão felizes.

O passo seguinte do idealismo alemão foi motivado pela convicção de que a filosofia crítica de Kant não era crítica o suficiente. Uma vez que todas as conclusões de Kant dependem de sua teoria de nossas faculdades cognoscentes, e que essa teoria foi considerada como insuficientemente justificada, o idealismo transcendental foi imediatamente confrontado por ataques céticos renovados.

Reinhold e Fichte responderam aos desafios céticos de Jacobi e Schulze com inovações metodológicas. O objetivo deles era defender o idealismo transcendental ao fornecer a ele um princípio fundacional inatacável do qual todas suas reivindicações substantivas poderiam ser derivadas numa maneira estritamente científica, resultando numa filosofia verdadeiramente sistemática.

Fichte tomou a consciência-de-si como sua fundamentação, e tentou demonstrar que todas as características essenciais da experiência podem ser explicadas como condições necessárias da possibilidade da individualidade. A consequência foi um idealismo mais aberta e completamente subjetivo do que o de Kant. Enquanto Kant argumentara que a experiência dependia da existência de uma esfera da objetividade independente da mente, Fichte retrucou que o sujeito é capaz de encontrar somente aquilo que ele postulou. Uma vez que o sujeito tem que postular certas coisas – incluindo o mundo natural – a fim de se tornar consciente-de-si, essas características necessárias da experiência têm um caráter não arbitrário ou objetivo.

A liberdade, de acordo com Fichte, consiste na capacidade de postularmos a nós próprios como agentes ativos e racionais. Isso depende, portanto, do desenvolvimento das condições que são necessárias ao exercício dessa capacidade. Elas incluem, de acordo com Fichte, uma comunidade de seres humanos cujos membros reconhecem e respeitam a racionalidade uns dos outros e efetivam juntos seu potencial de ação consciente-de-si. Tais comunidades modernas precisam, ele continua, estabelecer as instituições educacionais, econômicas e políticas dentro das quais tal ação pode ser fomentada e sustentada. Os indivíduos que são criados em tais comunidades têm então a obrigação moral, concluiu Fichte, de subordinar o mundo natural aos seus próprios propósitos, em nome do exercício de sua liberdade.

Schelling compartilhou do compromisso metodológico de Fichte com a filosofia fundacional e sistemática. Ele rapidamente concluiu, no entanto, que Kant e Fichte foram insuficientemente ambiciosos, porque eles tentaram explicar somente a relação entre a subjetividade e a objetividade e não sua origem. Eles restringiram, em outras palavras, a filosofia a uma crítica do conhecimento que não conseguia responder a questão metafísica que ele considerava mais urgente: como surgiu o mundo e suas criaturas racionais? Schelling substituiu, portanto, o idealismo dualista e subjetivista de Fichte por seu próprio idealismo monista e absoluto de acordo com o qual o sujeito consciente e a esfera objetiva que ele encontra são dois modos nos quais uma única substância subjacente se manifesta. Ele considerou essa substância como completamente indeterminada e transcendendo qualquer tentativa de compreensão filosófica, em virtude de ser a fonte absoluta de toda especificidade e diferenciação e, portanto, anterior a elas. Schelling considerava a arte, no entanto, capaz de revelar à intuição a identidade absoluta entre a subjetividade e objetividade que ele considerava eludir a articulação conceitual.

Schelling insistia que a liberdade humana é não apenas compatível com o panteísmo monista que ele defendia, mas também necessária para explicar a inegável existência do mal. Ele só foi capaz de localizar tal liberdade, no entanto, numa escolha inicial de caráter que ocorre fora do tempo, e que determina todos os atos subsequentes. Ele, portanto, considerava os indivíduos como responsáveis por suas vidas completamente predeterminadas. A insatisfação de Schelling com essa solução contribuiu para seu eventual abandono do projeto moderno de filosofia crítica e sua adoção de uma perspectiva religiosa tradicional.

Hegel era de opinião que o idealismo crítico era insuficientemente ambicioso precisamente porque era insuficientemente crítico. Segundo sua visão, Kant, Fichte e os céticos que os desafiaram pressupuseram de forma acrítica um dualismo sujeito/objeto que tornava o conhecimento impossível. Ele afirmou que uma filosofia verdadeiramente moderna precisa questionar até mesmo essa pressuposição (como os céticos antigos fizeram) e considerar autoevidente, de modo quase cartesiano, nada mais do que a existência inegável do pensar.

A inovação metodológica de Hegel baseava-se então na convicção de que a filosofia pode responder ao ceticismo somente abandonando o fundacionalismo. A filosofia não pode pressupor um compromisso substantivo com o dualismo ou o monismo, nem um princípio supostamente autoevidente, nem um método fixo. Em vez disso, a filosofia precisa se tornar científica restringido-se a um exame sistemático da estrutura necessária do pensar.

A crítica de Hegel ao fundacionalismo o levou a adotar um tipo muito diferente de idealismo absoluto do que aquele defendido por Schelling. Enquanto Schelling caracterizava o absoluto como uma substância transcendente da qual o mundo emana, Hegel repudiou qualquer preocupação com uma entidade supostamente incondicionada que pudesse servir como a fundamentação da existência. O idealismo de Hegel era absoluto no sentido de que afirmava que a suprassunção do dualismo impede a filosofia de pressupor que exista uma diferença entre as determinações que são necessárias para pensar o ser e as determinações que são necessárias ao próprio ser. Ele concluiu em última instância, contrário a Kant, que as categorias constitutivas do pensar estruturam não só nossa experiência, mas também a efetividade, e que a filosofia pode, portanto, nos dar um conhecimento racional daquilo que verdadeiramente existe, e não apenas de meros fenômenos. Esta conclusão também resultou numa negação da reivindicação de Schelling de que a verdade absoluta escapa à articulação conceitual e pode ser intuída somente através da arte. Hegel considerava a apresentação estética da verdade como algo essencial, já que os humanos precisam experimentar a verdade de forma sensorial e também conceitual, mas não acreditava que existisse uma verdade disponível à arte que a filosofia não pudesse articular.

O conceito de liberdade que surgiu da filosofia sistemática de Hegel também era distinto. Ele concebeu a liberdade como a reconciliação dos seres pensantes com o mundo natural e uns com os outros. Ele, portanto, rejeitou a posição de Fichte de que os agentes racionais precisam exercer sua liberdade subordinando o mundo natural a seus propósitos, mas compartilhava o entendimento do predecessor de que a liberdade, racionalidade e modernidade dependiam do estabelecimento de instituições legais, sociais, econômicas e políticas dentro das quais relações libertadoras podem se desenvolver e ser sustentadas. Hegel acrescentou que a experiência estética, religiosa e filosófica também são essenciais à liberdade, em virtude de permitirem que os seres pensantes obtenham um entendimento de si adequado.

O idealismo alemão morreu com Hegel porque ele foi o último filósofo que tentou cumprir a promessa do projeto crítico de Kant ao desenvolver uma filosofia sistemática *a priori* que pudesse resistir aos desafios céticos mais poderosos. Como a ontologia sem fundamentação de Hegel foi amplamente considerada como a culminação lógica da tradição kantiana, as trajetórias da filosofia alemã após sua morte foram determinadas em grande parte pelas críticas que sua obra recebeu, que ajudaram a definir as alternativas que foram percebidas como viáveis e importantes. As mais influentes dessas críticas vieram daqueles que conheciam melhor o idealismo alemão, em virtude de terem contribuído com ele antes de concluírem que suas aspirações filosóficas não podiam ser satisfeitas. Esses críticos incluíam os primeiros românticos e Schelling, que viveu mais de vinte anos do que seu antigo amigo e desfrutou de um breve retorno à proeminência na década de 1840.

A fase inicial do romantismo: a disputa poética com a filosofia

O grupo de intelectuais alemães que se tornaram conhecidos como os primeiros românticos incluiu, entre outros, Friedrich Hölderlin (1770-1843), Novalis (1772-1801), Friedrich Schleiermacher (1768-1834) e Friedrich Schlegel (1772-1829), que passaram um tempo significativo em Jena ou ao seu redor durante os anos em que Fichte, Schelling e Hegel lá estiveram. O círculo de Jena chegou a ter por um breve período sua própria publicação, o *Athenäum*, que foi cofundado por Friedrich Schlegel e seu irmão August e foi publicado entre 1798 e 1800. Os membros desse círculo tiveram um impacto importante no desenvolvimento do idealismo pós-kantiano, mais diretamente através de sua influência em Schelling. A importância fundamental dos primeiros românticos, no entanto, estava em sua insistência sobre as limitações da filosofia e o papel preeminente que ela designava à arte como reveladora da verdade. Hegel estava plenamente consciente da posição desse romantismo inicial e argumentou contra ela de forma explícita, mas ela teve uma resistência duradoura e contribuiu para minar o hegelianismo após sua morte.

Todos os pensadores do círculo de Jena produziram obras substanciais e complexas, mas um dos temas comuns que os unificava era uma reação crítica ao idealismo subjetivo de Fichte, e ao dualismo de forma mais geral. Muitos dos primeiros românticos sentiram-se inicialmente atraídos a Fichte, mas logo ficaram insatisfeitos com sua teoria do mundo natural e de nossa relação com ele. Fichte tratava o mundo natural como uma totalidade mecânica que é necessariamente postulada por sujeitos conscientes para experimentarem sua independência dele, o que conseguem realizar ao subordiná-lo a seus próprios propósitos. Os primeiros românticos, como Schelling, consideravam a natureza como um todo dinâmico estruturado racionalmente, do qual os sujeitos conscientes são uma parte integral, e ao qual sujeitos conscientes precisam responder atentamente. Essa concepção "romântica" da natureza vislumbra o mundo natural como uma coisa viva que nos deu nossa própria vida, em vez de ser uma coleção de partículas e forças impessoais.

Os primeiros românticos uniram sua concepção dinâmica da natureza com a mesma espécie de idealismo absoluto endossada por Schelling. Eles consideravam tanto os sujeitos conscientes como o mundo natural como manifestações de uma única substância ou "absoluto" subjacente, que afirmavam ser a fonte definitiva de todas as coisas particulares. Eles também afirmavam que esse absoluto é resistente a todas as tentativas de determinação conceitual, porque tais tentativas violariam e distorceriam seu caráter incondicionado. Como na expressão famosa do problema por Novalis: "Nós procuramos o incondicionado em todos os lugares e sempre encontramos apenas o condicionado" (Novalis, 1966: 9).

Os primeiros românticos consideravam, no entanto, possível experienciar o absoluto através da intuição intelectual, uma percepção ou sensação direta daquilo que transcende a experiência sensorial e o entendimento. Tal percepção podia ser induzida, afirmavam, através da arte e da linguagem poética. Os românticos achavam que os retratos poéticos do sublime – definido por Kant como aquilo que é tão vasto ou tão poderoso de modo a superar a capacidade da mente de entendê-lo – comunicam a verdade de que o absoluto excede nossa capacidade de compreendê-lo em conceitos ou palavras. A linguagem poética e experimental – incluindo o uso de metáforas, fragmentos, aforismos e ironia – confrontam o leitor com a tarefa de interpretar ativa e continuamente, e assim incorporar a visão de que a verdade está sempre além daquilo que pode ser dito explícita ou literalmente.

Um resultado prático da percepção do caráter sublime do absoluto, de acordo com os primeiros românticos, é uma reverência e gratidão pela fundamentação última da vida e do pensar. Esse é um contraste gritante com a posição de Fichte de que os agentes racionais são moralmente obrigados a lutar pelo domínio e subordinação deliberados daquilo que é um outro além da consciência-de-si. Outro resultado prático da crença de que a verdade absoluta que excede qualquer concepção particular dela foi uma posição de afastamento irônico – defendida por vários dos primeiros românticos, mas desenvolvida mais plenamente por Friedrich Schlegel – no que se refere aos compromissos existentes, todos eles considerados condicionados, provisórios e sujeitos a retração. Essa posição se opõe fortemente às de Kant, Fichte e Hegel, que, apesar das diferenças, concordavam que a racionalidade é capaz de estabelecer a validade absoluta de pelo menos alguns compromissos morais e éticos. Hegel foi particularmente contundente em seu tratamento da ironia romântica, que acusou em sua *Filosofia do direito* de descaradamente embaçar a distinção entre o bem e o mal.

A alegação dos primeiros românticos de que a filosofia é impotente para articular a verdade absoluta oferece um desafio direto à visão de Hegel de que a filosofia sistemática sem fundamentação pode especificar as determinações constitutivas do ser. Um corolário desse desacordo é a diferença entre as posições sustentadas pelos primeiros românticos e Hegel sobre a relação entre a filosofia e a arte. Hegel concebia a arte e a filosofia como apresentando a mesma verdade – e, mais importante ainda, a verdade da liberdade humana – em formas diferentes: a arte apresenta a verdade através de meios que atraem os sentidos, enquanto a filosofia a apresenta em teorias conceituais. Os primeiros românticos, no entanto, concebiam a arte como evocando indiretamente uma verdade – a da transcendência sublime do absoluto – sobre a qual a filosofia é simplesmente incapaz de falar.

Ao tentarmos avaliar a disputa entre Hegel e os primeiros românticos sobre as limitações da filosofia é essencial ter em mente que seus entendimentos do idealismo absoluto eram distintamente diferentes. O idealismo absoluto dos primeiros românticos estava preocupado com a fundamentação originária que é a fonte do mundo e de todas as coisas existentes. Era essa fundamentação que consideravam que a filosofia era incapaz de compreender, e, portanto, procuravam evocar na arte e na poesia. O idealismo absoluto de Hegel, no entanto, não estava preocupado com essa fundamentação originária da existência, e, portanto, não fez qualquer tentativa de compreendê-la. O objetivo de Hegel era articular as determinações constitutivas da efetividade, e não explicar o fato da existência identificando e descrevendo sua causa. Hegel concordava então com a avaliação dos primeiros românticos de que a fundamentação originária da criação não é um tópico apropriado para a filosofia. Seu desacordo era com o argumento deles de que isso significava que a filosofia não podia compreender a verdade absoluta. Na visão de Hegel, esse argumento pressupõe de forma acrítica que o ser precisa ser puramente indeterminado e, portanto, necessariamente outro do que o modo apresentado no pensamento conceitual determinado.

O principal legado dos primeiros românticos foi a elevação da arte acima da filosofia, em virtude da conclusão de que a prosa literal da filosofia não pode contar a verdade absoluta e precisa, portanto, ser subordinada à linguagem poética. O romantismo em sua fase inicial produziu uma profunda desconfiança da capacidade da razão de ser plenamente autocrítica, e, portanto, uma profunda desconfiança e distanciamento irônico da aspiração filosófica de determinar definitivamente as condições constitutivas de uma vida moderna e livre. Esse legado ofereceu uma das alternativas mais influentes ao idealismo de Hegel no século XIX, e continua a reverberar na tradição intelectual europeia até os dias atuais.

A crítica tardia de Schelling a Hegel

Os trabalhos iniciais e intermediários de Schelling tinham muito em comum com os dos primeiros românticos, muitos dos quais foram seus amigos e companheiros intelectuais durante seu período de Jena. Nessa obra, Schelling defendia o mesmo idealismo absoluto, e tinha a mesma posição sobre a superioridade da arte sobre a filosofia, assim como os demais membros do círculo dos primeiros românticos. Depois de 1809, no entanto, Schelling parou de publicar, e viu Hegel ascender à proeminência e suplantá-lo como o principal filósofo alemão.

Schelling desfrutou de uma renascença na década de 1840, quando, quase exatamente dez anos após a morte de Hegel, foi convidado a assumir a cátedra de seu antigo rival na universidade de Berlim, expressamente com o propósito de combater a influência política progressiva do pensamento hegeliano. Nessa encarnação final, Schelling argumentou (em preleções que em sua maioria ainda não foram traduzidas) que o projeto de uma filosofia sistemática *a priori* – com a qual esteve no passado firmemente comprometido – não poderia ser bem-sucedido. Ele argumentou, em outras palavras, que a tradição do idealismo alemão tinha se exaurido, alcançando o seu auge no sistema de Hegel, e ao fazer isso revelou sua incapacidade de satisfazer suas próprias aspirações ou as necessidades humanas para as quais a filosofia deveria responder.

As preleções de Schelling ficavam inicialmente lotadas com estudantes entusiasmados, muitos dos quais acabaram se tornando figuras proeminentes da próxima geração da vida intelectual europeia. A plateia incluiu o jovem Friedrich Engels (1820-1895), e Søren Kierkegaard (1813-1855), que ajudaram a fundar o comunismo e o existencialismo, respectivamente. Embora poucos daqueles que ouviram Schelling tenham sido persuadidos a adotar suas posições, que nesse momento eram politicamente conservadoras e tradicionalmente religiosas, sua crítica do idealismo alemão foi amplamente aceita e desempenhou um papel decisivo ao dar impulso e direção à filosofia pós-hegeliana.

Schelling argumentava que o sistema de Hegel fracassou em seus próprios termos e que mesmo que pudesse ser bem-sucedido ele ainda não conseguiria realizar as tarefas filosóficas mais importantes. A primeira crítica de Schelling era que o começo do sistema de Hegel não era de fato sem pressuposições como afirmava ser. A indeterminidade pura, Schelling afirmou, simplesmente não podia conter qualquer determinação implícita dentro de si. Consequentemente, qualquer determinidade dentro do sistema deve ter sido introduzida sorrateiramente por Hegel com base na abstração de sua própria experiência. Schelling também afirmou, de modo mais geral, que nenhum conceito é dialético, e por decorrência que todas as transições dentro do sistema devem ter sido proporcionadas por Hegel a fim de guiar o desenvolvimento na direção de um ponto final predeterminado. Em conjunto, essas críticas do começo e do procedimento de Hegel representavam uma negação da possibilidade da filosofia ser a articulação sem pressuposições, e, portanto, racional da autodeterminação do pensar.

Schelling também argumentou, no entanto, que mesmo que a filosofia sistemática pudesse ter sucesso em seus próprios termos, ainda assim seria fatalmente defeituosa porque não distingue entre a necessidade lógica que vale entre conceitos e os fatos existenciais que valem no mundo. Um raciocínio *a priori* sobre os conceitos simplesmente não pode, insistiu Schelling, explicar a criação e existência do mundo. E também não pode, continuou, oferecer uma ontologia que revele a verdade sobre as coisas particulares. Tanto a natureza quanto a história estão sujeitas a contingências que a filosofia sistemática necessariamente ignora e obscurece. Por fim, Schelling conclui, esse fracasso em compreender a contingência torna a filosofia sistemática niilista, incapaz de oferecer valores que possam guiar a vida humana.

Hegel, é claro, teria respondido a cada uma das críticas de Schelling se tivesse vivido para tanto. Ele teria dito que a insistência de Schelling sobre uma distinção absoluta entre a indeterminidade e a determinidade é precisamente o tipo de pressuposição que uma filosofia apropriadamente crítica não pode fazer. Ele teria reiterado que ele, ao contrário de Schelling, não esperava que a filosofia oferecesse uma teoria da criação do mundo. Ele teria enfatizado que uma das conclusões mais importantes de sua filosofia *a priori* é que a contingência é logicamente necessária para todas as coisas e processos existentes, e que a capacidade da ontologia sistemática de determinar a verdade é, portanto, intrinsecamente limitada. A experiência e a ciência empírica são indispensáveis, de acordo com Hegel, para nossos esforços teóricos e práticos, nossas tentativas de saber a verdade sobre o mundo e navegá-lo da melhor forma possível. A observação e a ciência empírica não podem, no entanto, determinar as verdades necessárias sobre o mundo natural nem sobre as normas racionais. Portanto, Hegel teria concluído, o niilismo só pode ser evitado por meio de uma filosofia sistemática e sem fundamentação que possa determinar a verdade absoluta no que se refere aos valores, práticas e instituições que são essenciais à liberdade humana.

A conclusão do próprio Schelling, no entanto, foi que a filosofia "negativa" de Hegel (assim chamada porque Schelling a considerou como que negando as coisas existentes em favor de uma teoria abstrata das formas conceituais ou essências) precisava ser substituída por uma filosofia "positiva" que partiria de fatos dados que a razão *a priori* não pode estabelecer. A filosofia precisa reconhecer francamente nossa dependência irremovível do caráter dado das coisas, e portanto também nossa dependência daquele que, em última instância, dá. Somente tal ser que dá, ou Deus, pode explicar o fato da existência, o fato de *que* existe um mundo afinal, e que esse mundo contém criaturas racionais. A filosofia positiva de Schelling era então abertamente religiosa, advogando que a verdade deve ser buscada não por meio da razão autocrítica, mas sim nos relatos da criação oferecidos pela mitologia e revelação cristã. Schelling também se baseou nessas fontes religiosas tradicionais para oferecer os valores que poderiam evitar a ameaça do niilismo.

Alternativas pós-hegelianas

A plateia de Schelling ficou chocada e rapidamente desiludida por seu apelo reacionário ao cristianismo, mas foi persuadida e inspirada por sua distinção entre as relações conceituais e os fatos empíricos. A filosofia sistemática de Hegel, e o projeto do idealismo alemão de forma mais geral, foram amplamente considerados como demonstravelmente fracassados.

Portanto, a próxima geração de pensadores rapidamente redefiniu a agenda intelectual. Eles rejeitaram tanto a ontologia *a priori* de Hegel quanto o dogmatismo religioso de Schelling em favor de várias investigações empíricas que seriam, acreditavam, tanto mais verdadeiras aos fatos quanto mais valiosas ao objetivo da liberação humana. Esses novos projetos deram energia e direção renovadas às ciências naturais e sociais, contribuindo para uma eventual revolução na maneira que os fenômenos históricos, econômicos, políticos e religiosos são compreendidos.

Ludwig Feuerbach (1804-1872) e David Strauss (1808-1874) foram fundamentais para transformar o estudo da religião de uma consideração das questões teológicas tradicionais que consumiram Schelling num exame da importância dos textos, práticas e instituições religiosas para os seres humanos. Alguns anos depois da morte de Hegel, mas antes que Schelling começasse a palestrar em Berlim, Strauss publicou *A vida de Jesus* (1835), que rejeitou a interpretação literal das Escrituras e advogou a leitura de textos religiosos como expressões mitológicas do autoentendimento humano. Feuerbach desenvolveu e modificou essa abordagem antropológica à religião, argumentando em *A essência do cristianismo* (1841) que os mitos religiosos distorcem em vez de expressarem a verdade, e que essas distorções são fundamentalmente perniciosas. Feuerbach teve uma influência direta e importante em Karl Marx (1818-1883), que declarou de forma célebre apenas dois anos depois que "a religião [...] é o ópio do povo", um meio de distrair os seres humanos de sua opressão econômica e política.

Marx fez este comentário num ensaio inicial, "Crítica da *Filosofia do direito* de Hegel", que foi escrito em 1843. Marx afirmou que a teoria dialética de Hegel sobre os conceitos sociais e políticos precisava ser substituída por uma ciência empírica do desenvolvimento dialético das forças materiais da produção econômica. Ele concordava com Hegel que a liberação depende da superação da alienação, mas pensava que essa superação requer a transformação progressiva das instituições existentes, e não da reconciliação com elas. Nas últimas de suas "Teses sobre Feuerbach", escritas em 1845, Marx resumiu sua crítica do idealismo: "Os filósofos apenas *interpretaram* o mundo de diferentes maneiras; o que importa é transformá-lo" (MARX, 1988: 82).

Kierkegaard, que assistiu às primeiras preleções de Schelling em Berlim, considerava inadequadas tanto a teologia tradicional quanto a antropologia religiosa. Nenhuma das duas conseguia explicar a experiência individual da fé religiosa. Ele enfatizou a natureza inescapavelmente pessoal dessa experiência, e a escolha de suspender as normas legais, éticas e políticas quando conflitam com as exigências absolutas da religião. Kierkegaard rejeitou então a reivindicação da filosofia sistemática de ser capaz de determinar e justificar as normas constitutivas da modernidade, e apelou aos indivíduos para responderem com autenticidade resoluta às escolhas e aos desafios propostos pela experiência humana. Ele também rejeitou a reivindicação de Hegel de que a filosofia e a religião apresentam a mesma verdade de formas diferentes, já que Kierkegaard considerava o coração da experiência religiosa como um salto de fé que o raciocínio conceitual não pode compreender.

Nas ciências naturais o eclipse do idealismo alemão coincidiu com um progresso dramático na pesquisa empírica, que fez a ontologia *a priori* da natureza de Hegel parecer irrelevante e sem esperança. Pensava-se que Kant tivera um entendimento muito melhor da relação entre a filosofia e a ciência natural; de acordo com Kant, a contribuição da filosofia está limitada ao estabelecimento das condições e dos ideais reguladores necessários que permitem e orientam a aquisição do conhecimento empírico. Na década de 1860 essa convicção se transformou num verdadeiro movimento, conhecido como neokantismo, que adotou como seu grito de guerra o *slogan*: "De volta a Kant!"

É difícil exagerar a significância do idealismo alemão, e de seu ponto final hegeliano, para a tradição intelectual europeia desde 1830 até o presente. Como o idealismo alemão representou a culminação lógica da tentativa filosófica de derrotar o ceticismo desenvolvendo o conhecimento *a priori*, e Hegel representou a culminação lógica do idealismo alemão, muitos dos intelectuais mais importantes depois de 1830 definiram a si próprios e a seus projetos em termos de sua relação com Hegel.

Como Bertrand Russell assinalou, apesar da crítica disseminada ao idealismo alemão, muitos desses pensadores permaneceram conscientemente em débito com Hegel:

> No fim do século XIX os principais filósofos acadêmicos, tanto nos Estados Unidos como na Grã-Bretanha, eram em grande parte hegelianos. Fora da filosofia pura, muitos teólogos protestantes adotaram suas doutrinas, e sua filosofia da história afetou profundamente a teoria política. Marx, como todo mundo sabe, foi um discípulo de Hegel em sua juventude, e reteve em seu próprio sistema alguns aspectos hegelianos importantes. Mesmo se (como eu próprio acredito) quase todas as doutrinas de Hegel são falsas, ele ainda retém uma importância que não é meramente histórica, como o melhor representante de um certo tipo de filosofia que, em outros, é menos coerente e menos compreensiva (Russell, 1945: 736).

Maurice Merleau-Ponty, o grande fenomenólogo francês, acrescentou que muitos outros pensadores permaneceram inconscientemente em débito com Hegel, mesmo após rejeitarem seus métodos e conclusões:

> Todas as grandes ideias filosóficas do século passado – as filosofias de Marx e Nietzsche, a fenomenologia, o existencialismo alemão e a psicanálise – tiveram seus começos em Hegel; foi ele que iniciou a tentativa de explorar o irracional e integrá-lo numa razão expandida, que permanece sendo a tarefa de nosso século [...] Nenhuma tarefa na ordem cultural é mais urgente do que reestabelecer a conexão entre, de um lado, as doutrinas ingratas que tentam esquecer sua origem hegeliana e, por outro, essa própria origem [...]Pode-se dizer sem paradoxo que dar uma interpretação de Hegel é adotar uma postura com respeito a todos os problemas filosóficos, políticos e religiosos de nosso século (Merleau-Ponty, 1964: 63).

E Michel Foucault, um dos luminares do pós-modernismo francês, enfatizou que as críticas de Hegel não devem concluir depressa demais que sua filosofia está morta e enterrada:

> Para muitos, [...] nossa era, seja através da lógica ou epistemologia, seja através de Marx ou de Nietzsche, está tentando fugir de Hegel [...] Mas escapar verdadeiramente de Hegel envolve uma apreciação exata do preço que temos de pagar para nos afastarmos dele. Ela pressupõe que estamos conscientes de até que ponto Hegel, talvez de forma insidiosa, está próximo de nós; ela implica um conhecimento, naquilo que nos permite pensar contra Hegel, daquilo que permanece hegeliano. Temos que determinar até que ponto nosso anti-hegelianismo é possivelmente um de seus truques dirigido contra nós, em cujo fim ele está imóvel, esperando por nós (Foucault, 1972: 235).

Hegel e o idealismo alemão continuam a esperar por nós. Os pensadores e textos desse período são fascinantes por seus próprios méritos, essenciais a uma apreciação adequada da tradição intelectual europeia, e cheios de percepções que tocam diretamente nas conversas da filosofia contemporânea. Quando o significado e a possibilidade da liberdade, racionalidade e modernidade são contestados ferozmente, quando as inter-relações entre a ciência, moralidade, política, arte e religião são fluidas e complexas, os recursos do idealismo alemão permanecem indispensáveis para compreender nossa própria época no pensar.

Questões para discussão e revisão

2 Kant: idealismo transcendental

1) Como Kant justifica a distinção entre fenômenos e coisas-em-si?
2) Como Kant determina as categorias que afirma estruturarem toda a nossa experiência?
3) Como a experiência da obrigação moral estabelece nossa liberdade, de acordo com Kant?
4) Como Kant determina nossas obrigações morais particulares?
5) Por que Kant considera a fé religiosa como racional?

3 Desafios céticos e o desenvolvimento do idealismo transcendental

1) Por que Jacobi considera Kant um idealista subjetivo, apesar da negativa enérgica de Kant de que essa fosse sua posição?
2) Qual é o argumento de Jacobi para a reivindicação de que apenas um salto de fé pode superar o idealismo objetivo e estabelecer a crença no mundo exterior?
3) Por que Reinhold considera que o idealismo transcendental de Kant precisa de uma fundamentação melhor?
4) Como a crítica de Schulze ao idealismo transcendental difere da crítica de Jacobi?

5) As objeções de Jacobi e Schulze ameaçam seriamente o idealismo transcendental? Se sim, será que a filosofia crítica pode ser modificada para suportar seus ataques?

4 Fichte: rumo a um idealismo científico e sistemático

1) O que Fichte quer dizer com "dogmatismo" e "idealismo" e por que ele considera o "dogmatismo" uma posição filosófica insustentável?

2) Por que Fichte rejeita o "princípio da consciência" de Reinhold como uma fundamentação para a filosofia? Como o primeiro princípio de Fichte difere do de Reinhold?

3) Como Fichte utiliza o método de tese-antítese-síntese para avançar o desenvolvimento de seu sistema?

4) Como Fichte chegou à sua concepção de liberdade, e em que aspectos ela é diferente da de Kant?

5) Qual é a relação entre a política e a moralidade, de acordo com Fichte? Como seu entendimento dessa relação difere do de Kant?

5 Schelling: o idealismo e o absoluto

1) Que objeções Schelling faz à filosofia crítica de Kant e Fichte?

2) Em que medida Kant consideraria Schelling como tendo transgredido os limites do conhecimento? Como Schelling defende sua expansão do projeto de Kant?

3) Como Schelling distingue a filosofia da natureza da ciência empírica?

4) Como a arte completa a consciência-de-si, de acordo com Schelling?

5) Qual é a posição de Schelling sobre o problema de teodiceia, e por quê?

6 Hegel: a filosofia sistemática sem fundamentações

1) Como Hegel distingue entre "entendimento" e "razão", e qual é a importância dessa distinção?

2) Em que aspectos Hegel considera a filosofia de Kant insuficientemente crítica, e por quê?

3) Como a tentativa de Hegel de tornar a filosofia científica e sistemática difere da de Fichte?

4) Como o idealismo absoluto de Hegel difere do de Schelling?

5) Qual é o significado da reivindicação de Hegel de que "o que é racional é efetivo; e o que é efetivo é racional", e como ele a justifica?

Leituras adicionais

Geral

Excelentes estudos sobre o desenvolvimento do idealismo alemão e seus temas centrais incluem as seguintes obras:

AMERIKS, K. *Kant and the Fate of Autonomy*: Problems in the Appropriation of the Critical Philosophy. Cambridge: Cambridge University Press, 2000.

BEISER, F. *German Idealism*: The Struggle against Subjectivism, 1781-1801. Cambridge, MA: Harvard University Press, 2002.

_____. *The Fate of Reason*: German Philosophy from Kant to Fichte. Cambridge, MA: Harvard University Press, 1987.

FRANKS, P. *All or Nothing*: Systematicity, Transcendental Arguments, and Skepticism in German Idealism. Cambridge, MA: Harvard University Press, 2005.

HENRICH, D. *Between Kant and Hegel*: Lectures on German Idealism. Cambridge, MA: Harvard University Press, 2003.

PINKARD, T. *German Philosophy 1760-1860*: The Legacy of Idealism. Cambridge: Cambridge University Press, 2002.

Valiosas coleções de ensaios também estão disponíveis:

AMERIKS, K. (org.). *The Cambridge Companion to German Idealism*. Cambridge: Cambridge University Press, 2000.

BAUR, M. & DAHLSTROM, D. (orgs.). *The Emergence of German Idealism*. Washington, DC: Catholic University of America Press, 1999.

SEDGWICK, S. (org.). *The Reception of Kant's Critical Philosophy*: Fichte, Schelling and Hegel. Cambridge: Cambridge University Press, 2000.

Kant

Para tratamentos sinópticos da filosofia crítica de Kant os leitores devem consultar:

GUYER, P. *Kant*. Londres: Routledge, 2006.

NEIMAN, S. *The Unity of Reason*: Rereading Kant. Oxford: Oxford University Press, 1997.

Para um relato inovador da relação de Kant com a tradição analítica:

HANNA, R. *Kant and the Foundations of Analytic Philosophy*. Oxford: Oxford University Press, 2006.

Exames excepcionais da primeira *Crítica* incluem:

ALLISON, H. *Kant's Transcendental Idealism:* An Interpretation and Defense. New Haven, CT: Yale University Press, 2004 [Ed. revista e ampliada].

GARDNER, S. *Kant and the Critique of Pure Reason*. Londres: Routledge, 1999.

GUYER, P. *Kant and the Claims of Knowledge*. Cambridge: Cambridge University Press, 2003.

Para investigações úteis da filosofia prática de Kant:

ALLISON, H. *Kant's Theory of Freedom*. Cambridge: Cambridge University Press, 1990.

KORSGAARD, C. *Creating the Kingdom of Ends*. Cambridge: Cambridge University Press, 2004.

O'NEILL, O. *Constructions of Reason*: Explorations of Kant's Practical Philosophy. Cambridge: Cambridge University Press, 1990.

WOOD, A. *Kant's Ethical Thought*. Cambridge: Cambridge University Press, 1999.

Sobre a terceira crítica:

ALLISON, H. *Kant's Theory of Taste*: A Reading of the Critique of Aesthetic Judgment. Cambridge: Cambridge University Press, 2005.

GUYER, P. *Kant and the Claims of Taste*. 2. ed. Cambridge: Cambridge University Press, 1997.

Fichte

Os melhores estudos sobre Fichte incluem as seguintes obras:

MARTIN, W. *Idealism and Objectivity*: Understanding Fichte's Jena Project. Stanford, CA: Stanford University Press, 1997.

NEUHOUSER, F. *Fichte's Theory of Subjectivity*. Cambridge: Cambridge University Press, 1990.

ZÖLLER, G. *Fichte's Transcendental Philosophy*: The Original Duplicity of Intelligence and Will. Cambridge: Cambridge University Press, 2002.

Uma coleção muito útil de ensaios é:

BREAZEALE, D. & ROCKMORE, T. (orgs). *New Perspectives on Fichte*. Atlantic Highlands, NJ: Humanities Press, 1996.

Schelling

Para estudos penetrantes sobre Schelling os leitores devem ler:

BOWIE, A. *Schelling and Modern European Philosophy*. Londres: Routledge, 1994.

MARX, W. *The Philosophy of F.W.J. Schelling*: History, System, and Freedom. Bloomington, IN: Indiana University Press, 1984.

SNOW, D. *Schelling and the End of Idealism*. Albany: NY: Suny Press, 1996.

WHITE, A. *Schelling*: An Introduction to the System of Freedom. New Haven, CT: Yale University Press, 1983.

Hegel

A melhor e mais compreensiva introdução a Hegel é a obra de:

HOULGATE, S. *An Introduction to Hegel*: Freedom, Truth and History. 2. ed. Oxford: Blackwell, 2005.

Uma influente interpretação não metafísica de Hegel é desenvolvida em:

PIPPIN, R. *Hegel's Idealism*: The Satisfactions of Self-Consciousness. Cambridge: Cambridge University Press, 1989.

Entre os melhores trabalhos sobre a *Fenomenologia do espírito* as seguintes obras são altamente recomendadas:

LAUER, Q. *A Reading of Hegel's Phenomenology of Spirit*. Nova York: Fordham University Press, 1976.

PINKARD, T. *Hegel's Phenomenology*: The Sociality of Reason. Cambridge: Cambridge University Press, 2004.

RUSSON, J. *Reading Hegel's Phenomenology*. Bloomington, IN: Indiana University Press, 2004.

Estes são tratamentos importantes da abordagem de Hegel à ontologia sem fundamentações:

HOULGATE, S. *The Opening of Hegel's Logic*: From Being to Infinity. West Lafayette, IN: Purdue University Press, 2006.

MAKER, W. *Philosophy without Foundations*: Rethinking Hegel. Albany, NY: Suny Press, 1994.

WHITE, A. *Absolute Knowledge*: Hegel and the Problem of Metaphysics. Athens, OH: Ohio University Press, 1983.

Recentes trabalhos de qualidade sobre a filosofia da natureza de Hegel são:

HOULGATE, S. (org.). *Hegel and the Philosophy of Nature*. Albany: NY: Suny Press, 1998.

STONE, A. *Petrified Intelligence*: Nature in Hegel's Philosophy. Albany, NY: Suny Press, 2005.

Entre os muitos estudos úteis sobre a filosofia do espírito de Hegel estão:

DUDLEY, W. *Hegel, Nietzsche, and Philosophy*: Thinking Freedom. Cambridge: Cambridge University Press, 2002.

NEUHOUSER, F. *Foundations of Hegel's Social Theory*: Actualizing Freedom. Cambridge, MA: Harvard University Press, 2003.

WOOD, A. *Hegel's Ethical Thought*. Cambridge: Cambridge University Press, 1990.

Referências

FICHTE, J.G. (2005). *The System of Ethics*. Cambridge: Cambridge University Press [Org. e trad. D. Breazeale e G. Zöller].

_____ (2000a). *Foundations of Natural Right*. Cambridge: Cambridge University Press [Org. F. Neuhouser; trad. M. Baur] [Em português: *Fundamento do direito natural segundo os princípios da doutrina da ciência*. Lisboa: Fundação Calouste Gulbenkian, 2012].

_____ (2000b). "Review of *Aenesidemus*". In: *Between Kant and Hegel*. Indianápolis, IN: Hackett [Org. e trad. G. di Giovanni e H.S. Harris].

_____ (1988). "Concerning the Concept of the *Wissenschaftslehre*". In: *Early Philosophical Writings*. Ithaca, NY: Cornell University Press [Org. e trad. D. Breazeale] [Em português: "Sobre o conceito da doutrina-da-ciência ou da assim chamada filosofia". In: *Os pensadores*, vol. XXVI. São Paulo: Abril Cultural, 1973, pp. 9-37].

_____ (1982). *The Science of Knowledge*. Cambridge: Cambridge University Press [Org. e trad. P. Heath e J. Lachs].

FOUCAULT, M. (1972). "The Discourse on Language". *The Archaeology of Knowledge*. Nova York: Pantheon [Trad. R. Sawyer].

HEGEL, G.W.F. (2000a). "How the Ordinary Understanding Takes Philosophy". In: *Between Kant and Hegel*. Indianápolis, IN: Hackett [Org. e trad. G. di Giovanni e H.S. Harris].

_____ (2000b). "On the Relationship of Skepticism to Philosophy: Exposition of its Different Modifications and Comparison of the Latest Form with the Ancient One". In: *Between Kant and Hegel*. Indianápolis, IN: Hackett [Org. e trad. G. di Giovanni e H.S. Harris].

_____ (1991a). *Elements of the Philosophy of Right*. Cambridge: Cambridge University Press [Org. A. Wood; trad. de H.B. Nisbet] [Em português: *Princípios da filosofia do direito*. São Paulo: Martins Fontes, 2003].

_____ (1991b). *The Encyclopedia Logic*. Indianápolis, IN: Hackett [Trad. T.F. Geraets et al.] [Em português: *Enciclopédia das ciências filosóficas em compêndio (1830)* –. I: A ciência da lógica. São Paulo: Loyola, 1995].

_____ (1989). *Science of Logic*. Atlantic Highlands, NJ: Humanities [Org. H.D. Lewis; trad. A.V. Miller] [Em português: *Ciência da lógica* – 1. A doutrina do ser. Petrópolis: Vozes, 2016].

_____ (1988a). *Introduction to the Philosophy of History*. Indianápolis, IN: Hackett [Trad. L. Rauch] [Em português: *Filosofia da história*. Brasília: Editora UnB, 1995].

_____ (1988b). *Lectures on the Philosophy of Religion*: One Volume Edition, Lectures of 1827. Berkeley, CA: University of California Press [Org. P.C. Hodgson; trad. R.F. Brown et al.].

_____ (1985a). *Introduction to the Lectures on the History of Philosophy*. Oxford: Clarendon [Trad. T.M. Knox e A.V. Miller] [Em português: *Introdução à história da filosofia*. Lisboa: Edições 70, 2006].

_____ (1985b). *Lectures on the Philosophy of Religion III*: The Consummate Religion. Berkeley, CA: University of California Press [Org. P.C. Hodgson; trad. R.F. Brown et al.].

_____ (1977a). *The Difference Between Fichte's and Schelling's System of Philosophy*. Albany, NY: Suny Press [Trad. H.S. Harris e W. Cerf] [Em português: *Diferença entre os sistemas filosóficos de*

Fichte e de Schelling. Lisboa: Imprensa Nacional Casa da Moeda, 2003].

_____ (1977b). *Faith and Knowledge*. Albany, NY: Suny Press [Trad. W. Cerf e H.S. Harris] [Em português: *Fé e saber*. São Paulo: Hedra, 2007].

_____ (1977c). *Phenomenology of Spirit*. Oxford: Oxford University Press [Org. J.N. Findlay; trad. A.V. Miller] [Em português: *Fenomenologia do espírito*, 2v. Petrópolis: Vozes, 2002].

_____ (1974). *Lectures on the Philosophy of Religion*. Nova York: Humanities [Trad. I.E.B. Speirs e J.B. Sanderson].

_____ (1971). *Philosophy of Mind*. Oxford: Clarendon [Trad. W. Wallace e A.V. Miller] [Em português: *Enciclopédia das ciências filosóficas em compêndio (1830)* – III: A filosofia do espírito. São Paulo: Loyola, 1995].

_____ (1970). *Philosophy of Nature*. Oxford: Clarendon [Trad. A.V. Miller] [Em português: *Enciclopédia das ciências filosóficas em compêndio (1830)* – II: A filosofia da natureza. São Paulo: Loyola, 1997].

HUME, D. (2000). *A Treatise of Human Nature*. Oxford: Oxford University Press [Org. D.F. Norton e M.J. Norton] [Em português: *Tratado da natureza humana*. São Paulo: Editora Unesp, 2009.

JACOBI, F.H. (1994a). "Concerning the Doctrine of Spinoza in Letters to Herr Moses Mendelssohn". In: *The Main Philosophical Writings and the Novel Allwill*. Montreal: McGill-Queen's University Press [Org. e trad. G. di Giovanni] [Em espanhol: *Cartas a Mendelssohn, David Hume, cartas a Fichte*. Barcelona: Círculo de Lectores, 1996].

_____ (1994b). "On Transcendental Idealism", suplemento a David Hume on Faith, or Idealism and Realism, a Dialogue. In: *The Main Philosophical Writings and the Novel Allwill*. Montreal: McGill-Queen's University Press [Org. e trad. G. di Giovanni] [Em espanhol:

Cartas a Mendelssohn, David Hume, cartas a Fichte. Barcelona: Círculo de Lectores, 1996].

KANT, I. (2002). "Prolegomena to Any Future Metaphysics That Will Be Able to Come Forward As Science". In: *Theoretical Philosophy After 1871.* Cambridge: Cambridge University Press [Org. H. Allison e P. Heath; trad. G. Hatfield et al.] [Em português: *Prolegômenos a qualquer metafísica futura que possa apresentar-se como ciência.* São Paulo: Estação Liberdade, 2014].

_____ (2000). *Critique of the Power of Judgment.* Cambridge: Cambridge University Press [Org. P. Paul; trad. P. Guyer e E. Matthews] [Em português: *Crítica da faculdade de julgar.* Petrópolis: Vozes, 2016].

_____ (1998). *Critique of Pure Reason.* Cambridge: Cambridge University Press [Org. e trad. P. Guyer e A. Wood] [Em português: *Crítica da razão pura.* Petrópolis: Vozes, 2012].

_____ (1996a). "Critique of Practical Reason". In: *Practical Philosophy.* Cambridge: Cambridge University Press [Org. A. Wood; trad. M.J. Gregor] [Em português: *Crítica da razão prática.* Petrópolis: Vozes, 2016].

_____ (1996b). "Groundwork of the Metaphysics of Morals". In: *Practical Philosophy.* Cambridge: Cambridge University Press [Org. A. Wood; trad. M.J. Gregor] [Em português: *Fundamentação da metafísica dos costumes.* Lisboa: Edições 70, 2009].

MARX, K. (1988a). "Theses on Feuerbach". In: *Selections.* Nova York: Macmillan [Org. A.W. Wood].

_____ (1988b). "Toward a Critique of Hegel's Philosophy of Right". In: *Selections.* Nova York: Macmillan (Org. A.W. Wood).

MERLEAU-PONTY, M. (1964). *Sense and Nonsense.* Evanston, IL: Northwestern University Press [Trad. Herbert L.e P.A. Dreyfus].

NOVALIS (1996). "Pollen". In: *The Early Political Writings of the German Romantics.* Cambridge: Cambridge University Press [Org. F.C. Beiser].

REINHOLD, K.L. (2000). "The Foundation of Philosophical Knowledge". In: *Between Kant and Hegel*. Indianápolis, IN: Hackett [Org. e trad. G. di Giovanni e H.S. Harris].

RUSSELL, B. (1945). *A History of Western Philosophy*. Nova York: Simon & Schuster.

SCHELLING, F.W.J. (2004). *First Outline of a System of the Philosophy of Nature*. Albany, NY: Sunny Press [Org. e trad. K.R. Peterson].

_____ (1988). *Ideas for a Philosophy of Nature*. Cambridge: Cambridge University Press [Trad. E. Harris e P. Heath] [Em português: *Ideias para uma filosofia da natureza: prefácio, introdução e aditamento à introdução*. Lisboa: Imprensa Nacional Casa da Moeda, 2001].

_____ (1980a). "Of the I as the Principle of Philosophy, On the Unconditional in Human Knowledge". In: *The Unconditional in Human Knowledge*: Four Essays. Lewisburg, PA: Bucknell. University Press [Trad. F. Martin].

_____ (1980b). "Philosophical Letters on Dogmatism and Criticism". In: *The Unconditional in Human Knowledge*: Four Essays. Lewisburg, PA: Bucknell University Press [Trad. F. Martin] [Em português: "Cartas filosóficas sobre o dogmatismo e o criticismo". In: *Os pensadores*, vol. XXVI. São Paulo: Abril Cultural, 1973, pp. 177-211].

_____ (1978). *System of Transcendental Idealism*. Charlottesville, VA: University Press of Virginia [Trad. P. Heath].

_____ (1936). *Philosophical Inquiries into the Nature of Human Freedom*. La Salle, IL: Open Court [Trad. J. Gutmann] [Em português: *Investigações filosóficas sobre a essência da liberdade humana*. Lisboa: Edições 70, 1993].

SCHULZE, G.E. (2000). "Aenesidemus, or, Concerning the Foundations of the Philosophy of the Elements Issued by Professor Reinhold in Jena together with a Defence of Skepticism against the Pretensions of the Critique of Reason". In: *Between Kant and Hegel*. Indianápolis, IN: Hackett [Org. e trad. G. di Giovanni e H.S. Harris].

Cronologia

1724	Immanuel Kant nasce em Königsberg, Alemanha.
1739	David Hume publica *Tratado da natureza humana*.
1762	Johann Gottlieb Fichte nasce em Rammenau, Alemanha.
1770	Georg Wilhelm Friedrich Hegel nasce em Stuttgart, Alemanha.
1775	Friedrich Wilhelm Joseph von Schelling nasce em Leonberg, Alemanha.
1781	Kant publica *Crítica da razão pura*.
1787	Friedrich Jacobi publica "Sobre o idealismo transcendental".
1788	Kant publica *Crítica da razão prática*.
1789	Começa a Revolução Francesa.
1790	Kant publica *Crítica da faculdade de julgar*.
1790	Schelling e Hegel são colegas de quarto no Seminário de Tübingen.
1791	Karl Leonhard Reinhold publica *A fundamentação do conhecimento filosófico*.
1792	Gottlob Ernst Schulze publica *Aenesidemus*.
1794	Fichte assume a cátedra de Reinhold como professor de filosofia em Jena.

1794	Fichte apresenta *A doutrina-da-ciência* em aulas em Jena.
1795	Schelling publica "Sobre o eu como o princípio da filosofia ou sobre o incondicionado no conhecimento humano".
1795	Schelling publica "Cartas filosóficas sobre o dogmatismo e o criticismo".
1797	Fichte publica *Fundamento do direito natural*.
1797	Schelling publica *Ideias para uma filosofia da natureza*.
1798	Fichte publica *O sistema da doutrina dos costumes*.
1798	Schelling se junta a Fichte como professor de filosofia de Jena.
1799	Fichte perde seu cargo de professor em Jena, acusado de ateísmo.
1799	Schelling publica *Primeiro esboço de um sistema da filosofia da natureza*.
1800	Schelling publica *Sistema do idealismo transcendental*.
1801	Hegel começa a lecionar sem remuneração em Jena.
1801	Hegel publica *A diferença entre os sistemas filosóficos de Fichte e de Schelling*.
1802-1803	Schelling e Hegel coeditam a *Revista Crítica de Filosofia*, em Jena.
1804	Kant morre.
1807	Napoleão Bonaparte invade a Prússia.
1807	Hegel publica *Fenomenologia do espírito*.
1809	Schelling publica *Investigações filosóficas sobre a essência da liberdade humana*.
1812-1816	Hegel publica *A ciência da lógica*.

1814	Fichte morre.
1816	Hegel recebe o cargo de professor em Heidelberg.
1817	Hegel publica a *Enciclopédia das Ciências Filosóficas*.
1818	Hegel recebe o cargo de professor em Berlim.
1820	Hegel publica *Filosofia do direito*.
1831	Hegel morre.
1841	Schelling recebe o cargo de professor em Berlim.
1854	Schelling morre.

Índice

absoluto, o 166-169, 173-175, 187, 198s., 207-210, 233, 263, 266-268
  epistemológico 161s.
  infinito 168, 174
  ontológico 160-162

ação 15s., 22s., 28, 56-67, 82-86, 92, 114-119, 141-146, 153, 167, 183-188, 191-197, 200, 226s., 248s., 260
  ética 149-151
  moral 60-65, 69

agente causal 144-147

agnosticismo 28, 37, 66

além 205-207, 215, 233, 266s.

alienação 169, 240-242, 248s., 257s., 274

alma 51s., 64s., 75, 261

analogias da experiência 41, 46s., 49

animais racionais 57s., 63s., 74s., 143.

animalidade 144s., 239

antecipações da percepção 46s., 49

Antígona 210, 222s.

antinomias 41, 52s.

antropologia 31, 273s.

aparências 35-37, 46, 48-54, 74, 87, 90, 107, 111, 128s., 219-222, 234, 257s., 263s.

argumentos transcendentais 38s., 46s., 68s., 142s.

Aristóteles 68, 93, 100, 148, 226, 230

arte 72s., 85, 181-189, 196-199, 229, 248-254, 257s., 262, 269s., 276

ateísmo 82s., 87s., 109, 140s., 153s.

atividade
conceitual 225s.
consciente 188
incondicionada 168
inconsciente 188
intelectual 122, 137s., 241, 248-250
livre 186, 200-202, 241
mental 125s., 131-134, 216-218
prática 248

atos mentais 117-119, 125s.

autenticidade 274

autoafecção 129s.

autoconhecimento 249s., 251s.

autoconstituição 126s.

autocontradição 100-103, 223, 244

autocrítica 213

autodefinição 194

autodesenvolvimento 225-227, 233

autodeterminação 16s., 24s., 139s., 193, 224s., 232

autodiferenciação 169

autoentendimento 197, 212s., 247-252, 264s.

autonomia 24s., 53s., 139s., 191
autopostulação 131s., 153s.
autoridade 15s., 65s., 84s., 106s., 146s., 151s., 200, 251s.
autorrevelação 194
autossuficiência 151s., 232
axiomas da intuição 46s., 49

base 84, 89-96, 103s., 122s., 129s., 169, 176, 187s., 195, 198, 209, 263s., 267s.
bela alma 210s., 223s.
beleza 69-72
bem maior 30, 64s.
Berkeley, G. 17, 77s., 80

caráter 193, 197s., 261
categorias 41-52, 69, 93, 102s., 124s., 132s., 205, 221s., 225-231, 263s.
causa 18-23, 43s., 48-52, 80-85, 102s., 139s., 161s., 173, 226s., 268s.
  eficiente 68s., 82s.
  final 67s., 83s.
  não causada 51s., 139s.
certeza 58s., 85s., 97, 114-120, 130-135, 151s.
  sensível 215-220
ceticismo 16-28, 32-36, 76-82, 88-91, 98-101, 106s., 110-113, 182, 204, 219s., 255-257, 259, 263s., 274s.
  antigo 104s., 224s., 255s., 263s.

ciência
  da lógica 229-233
  empírica 50s., 89s., 171, 235-238, 256s., 271-274
  filosófica 95, 115s., 168, 208s., 213, 232
  fundacional 92s., 116

coisas 80s., 86s., 95, 101-105, 122s., 132s., 146s., 160-163, 172-182, 190-193, 209s., 216-221, 230, 266s., 270s.

coisas-em-si 35-37, 40, 42, 50-54, 74, 78, 102-107, 111, 122s., 127s.

comunidade 142-150, 152s., 261

comunismo 269s.

conceito, o 226-228, 233-237, 246s.

conceitos 35-38, 40-46, 50-53, 69s., 92-96, 103s., 127s., 135s., 178, 207, 225s., 231, 233s., 266s., 270s., 273s.

conceitos puros
  do entendimento 43-46, 51s., 93
  da razão 51s.

condições transcendentais 116s.

conexão necessária 20s., 22s., 45s.

conhecimento *ver* saber

conhecimento 70-73, 80s., 86s., 104s., 260
  absoluto 233
  crítica do 164-168, 207, 262
  racional 15, 25s., 66s., 200, 204-210, 224s., 234-241, 254-258, 263s.

conjunção constante 20s., 22s.

consciência 150s., 210, 221s., 244s.
  infeliz 210, 221s.

consciência-de-si 43s., 112, 116-132, 140-146, 153s., 164, 181-188, 199, 213, 220-223, 242, 245s., 250-255, 261, 267s.
  épocas da 182-189
  história da 181-189
  constituição 61s., 148s., 250s.
contingência 191s., 235-241
contradição 53s., 60s., 62s., 81s., 89, 100s., 102s., 134-138, 183, 213-224, 240, 244-248, 251s., 257s.
contrapostulação 133s.
contrato 147s., 244
convicção 82-86, 151s., 167, 182s.
convocação 142-145, 186
corpos 84, 144s., 153s.
costume 16s., 22s., 246s.
crença 15s., 65s., 83-86, 107, 251s., 254s.
criação 19s., 74, 175, 192-195, 268-272
Cristandade 83, 106s., 272s.
crítica 25-30, 92, 114, 164-168, 207, 260-263
  externa 214
  imanente 214

dedução 21s., 40, 112-116, 118-124, 139-145
  genética 114, 116s., 124s.
  metafísica 42s., 69, 93s.
  transcendental 42-45, 125s., 139s.
definição 17-21, 45s., 95s., 101s., 231
Descartes 18, 78, 112s., 133, 207, 224

determinações 80s., 100s., 125, 129s., 185, 205-209, 225s., 229-238, 248s., 255-258, 263s., 267s.
   conceituais 205, 210, 236s.

determinismo 16-30, 54s., 74, 82-88, 106s., 158, 164, 189-194, 259s.

Deus 19s., 30, 51s., 54s., 64-67, 74s., 77, 79, 82-88, 107, 190-195, 248s., 261, 271s.

deveres 29, 55-67, 74, 150s., 244s.
   imperfeitos 61s.
   perfeitos 61s.

dialética 231-233, 270s., 273s.

diferenciação 165-169, 174, 262

direito 61s., 140-147, 152s., 201, 211, 243-247, 253

direitos 29, 61s., 140-148, 243-247, 260
   dos animais 144s.
   originais 146s.

dogmatismo 14, 32, 98-101, 105s., 122s., 164s., 167, 272s.

dualismo 195, 207-211, 255s., 263s.

economia 140s., 148s., 154, 246-250, 262s., 272s.

educação 149s., 215s., 253s., 260

efetividade 33-35, 103s., 206-210, 212-214, 231, 235, 254-257, 263s., 267s.

empirismo 16-26, 43s., 77, 90s., 158, 175s., 204, 208

Enesidemo 99-105, 110s.

Engels, F. 269

entendimento 16s., 38-47, 50-52, 91-94, 102s., 205, 210, 218-221, 230-232, 254s.
   ponto de vista do 207-210, 230-232, 254s., 267s.

epistemologia 16, 32-38, 105s., 207, 231, 275s.
Esclarecimento 15s., 26, 205
escolha 63s., 187, 197s., 242-245, 262s., 273s.
esforço 29, 62-65, 120s., 136-139, 167s., 243s., 247s., 250s., 266s.
espaço 41s., 120s., 178, 234
esperança 27, 29s., 75, 261
Espinosa, B. 18, 83s., 158-164, 190-193, 196, 230s.
espírito 210-225, 228, 237-258
  absoluto 240s., 247-250
  objetivo 240, 247s.
  subjetivo 240
espontaneidade 127s., 183s.
esquema 45s.
essência 100s., 131s., 165, 174, 191-194, 197s., 215s., 233, 245s., 271s.
Estado 146s., 152s., 246-249, 252s.
estética 13, 203, 241
estoicismo 169, 219s.
ética 148s., 252s.
eu 19s., 24s., 126s., 130-139, 142-146, 153s., 184
Euclides 18, 20s.
existencialismo 13, 269s., 275s.
experiência 17-24, 32-54, 65-84, 87-92, 102s., 119-134, 150s., 153s., 164-171, 182-185, 206-208, 216-223, 236-241, 259-267, 270s., 273s.
  cognoscente 71
  estética 69-72, 263s.
  externa 78, 80
  interna 78

moral 28, 30, 66s., 149s.
sensorial 17, 71s., 266s.
explicação 18s., 83s., 94-98, 122s., 130s., 162-166, 177
  a priori 112
  empírica 112
  mecânica 173

faculdades cognoscentes 50s., 54s., 77, 91-94, 111, 261
falibilidade 118-121
fatalismo 82
fato
  da razão 58s.
  da consciência 94s., 101s., 126s.
fé 16s., 22s., 28, 30, 65s., 79-87, 104-107, 205-207, 251s., 273s.
  racional 65s.
felicidade 28-30, 57s., 63s., 75
fenomenologia 13, 210-227, 257s., 275s.
fenômenos 21s., 23s., 35-37, 48, 66-72, 80-84, 86s., 103s., 170, 176-180, 234-240
fenômenos naturais 66s., 72, 177s., 236, 240
Feuerbach, L. 272s.
filosofia
  a priori 159, 190, 197s.
  autocrítica 224s.
  científica 92s., 98s., 116s., 225-228, 232
  continental 13
  crítica 27-30, 55s., 71s., 81s., 87-92, 99s., 112, 127s., 153s., 160-166, 207-210, 224s., 257-264
  da arte 181

da história 13, 181, 203, 241, 244s.
da identidade 158-160, 169s., 195-199
da natureza 158-160, 169-180, 190, 196-199, 203, 226s., 233-239, 257s.
do espírito 203, 228, 239-254, 257s.
  limites à 235-238
moderna 255s.
moral 29, 138s., 148s., 152s.
negativa 197s., 271s.
política 140s., 148s.
positiva 197s., 271s.
prática 38, 92, 109, 121s., 135-140, 148s., 160, 183-186
racional 26, 204
sem pressupostos 230s.
sistemática 98, 109, 119, 142s., 166, 170, 181, 189, 200-204, 210-214, 222-226, 233, 245-253, 261s., 267-272
  teórica 122, 136s., 183-186
  transcendental 35s., 74, 91, 157s., 171, 182-188
finitude 86, 167, 174
física
  atomística 174, 196s.
  dinâmica 173-176
  empírica 173-177
  especulativa 171-179
  mecânica 173s., 196s.
forças 16s., 22s., 55s., 62s., 67s., 82s., 151s., 161, 173-176, 191, 196s., 218s., 266s., 273s.
forma 39, 45s., 67s., 69s., 100s., 102s., 104s., 120s., 130s., 172, 174, 243, 246s., 251s.
  da contingência 240
  de consciência 212-214, 218s., 249s.
  do pensar 225s., 249s.

extraconceitual 228, 233-237
humana 145s.
Foucault, M. 275s.
fundacionalismo 263s.
fundamentação 88-100s., 104-107, 113-115, 117-121, 135s., 164s.

gênio 188
geometria 39, 120s.
Goethe, J. 76, 155, 170

hábito 16, 22-25, 87
Hamann, J. 76
harmonia preestabelecida 183-189, 196s.
Heidegger, M. 159, 188, 198
Herder, J. 76
Hérmias 100
heteronomia 62s.
hipótese 32, 55s., 81s., 112, 126, 177, 194
  regulativa 162
história 181-189, 197, 251s., 253s., 270s.
Hölderlin, F. 76, 155, 265
Homo sapiens 15s., 141-145
humanidade 142s.
Hume, D. 14-29, 32-35, 42-50, 54s., 63s., 67, 77, 85-92, 100s., 104-107, 165, 207, 259s.

ideal, o 171, 183
idealismo 82s., 87, 101s., 122-126, 136s., 180, 263s., 273s.
  absoluto 197s., 234s., 262-270

crítico 197s., 205, 263s.
dogmático 78
metafísico 84
problemático 78
sistemático 113-122
subjetivo 77
transcendental 26s., 77-82, 87-92, 98-103, 107, 110, 127-130, 157-159, 168-170, 180-186, 190, 196-199, 200, 208, 235, 259-261

ideias 17-21, 33s., 39-45, 51s., 65s., 77s., 89s., 103s., 162, 223-227, 230

identidade 130-134, 135s., 158-160, 169-172, 184, 187-189, 195-199, 205-209, 242, 262
   absoluta 187-189, 195-197, 262
   entre sujeito e objeto 158, 169-172, 183, 196, 205-210, 262

ignorância 82, 103, 141

igreja 153

ilusão transcendental 50-54

imaginação 47s., 86s., 96, 137s.

imediação 152s., 224-227, 231-233

imoralidade 60-63

imortalidade 52s., 54s., 65s., 75

imperativo categórico 60s., 149s.

imperativos hipotéticos 57s., 120s., 129-133, 161-168

impossibilidade lógica 20s., 28, 233

impressões 17-20, 40-45, 51s., 81s.

inclinações 63-67, 74, 123, 149s., 242, 260

incondicionado 50s., 57s., 96s., 96-99, 133s., 161, 159-170, 172, 176, 182, 209, 210, 224s., 244s., 254s., 266s., 263-267

incorrigibilidade 94, 117s., 133s., 181, 224s.

indeterminidade 38, 225-228, 231-233, 236s., 241, 262s., 268s., 270s.

indeterminismo 193

individualidade 113, 116-120, 129, 144s., 168s., 181, 197, 212, 261

indução 21s., 32, 39, 87, 112s., 178s., 238

infalibilidade 118-121

inferência 19-23, 40, 50s., 86-89, 94, 102-105, 112-117, 162, 184
  dedutiva 86-89, 112
  indutiva 21s., 40, 112

instituições 106s., 141s., 154, 187, 245s., 251s., 262, 264s., 272s.
  racionais 245-248

intelecto 122

intenções 29, 59s., 64s., 68, 72, 145s., 169

intuição 38-47, 48, 50, 73, 81s., 91s., 103s., 112s., 126-134, 163, 182-189, 198, 262, 266
  formas de 39, 125
  intelectual 38, 127-132, 163, 182, 188, 266s.
  moral 59s.
  produtiva 185

ironia 266-269

juízo 30, 33-38, 40-51, 68-74, 92s., 104s., 112, 131-134, 177, 231
  analítico 33-35, 41
  determinativo 69-73
  estético 69-71
  moral 55s., 63s.
  necessário 105s., 112, 178
  reflexivo 69-73

sintético 33s., 104s., 112, 163
teleológico 69-73, 179s.
justiça social 141
justificação 15, 21s., 28, 42, 48, 64s., 79, 92, 96, 110-113, 119, 123, 189, 207, 224s., 252s., 254s.
  circular 21s., 119
  racional 15, 206, 252s., 254s.

Kierkegaard, S. 13, 156, 159, 198, 270, 273s.

lei
  natural 187s., 191
  racional 62s., 74, 247
lei moral 60-66, 72, 139s., 150-153
Leibniz, G. 18, 25, 90s., 102
leis 57s., 60s., 67-70, 80, 120s., 147s., 149s., 187, 193, 241, 246s., 252s.
Lessing, G. 79, 85
liberdade 14-16, 55-75, 105-107, 139-150, 155-158, 164-170, 187-197, 238-255, 259-265
livre-arbítrio 22s., 28, 82-84, 149s., 243
Locke, J. 17, 77, 90s.
lógica 121, 133s.
  ciência da 229-233

mal 59s., 190-198, 245, 262s.
máquinas 68, 170
Marx, K. 13, 135s., 138s., 140-145, 148s., 156, 159, 272s., 275s.

matemática 18, 172, 176

matéria 78, 179s., 235s.

materialismo 123s., 164

máximas 58-63, 244s.

mecanismo 24s., 73s., 83, 103, 123s., 173s., 183, 191

mediação 38, 215s., 233

Mendelssohn, M. 79

Merleau-Ponty, M. 274s.

metafísica 18, 32-38, 44s., 77, 89-94, 99, 105s., 114, 133s., 159-164, 196, 207-209, 226s., 230, 255s.
  a priori 34s., 37, 39, 164

método 95, 109, 113-119, 125s., 132-137, 139s., 172s., 176, 182-185, 214, 223-227, 259-265, 274s.

mito 246s., 271s.

modernidade 14-26, 256s., 259, 263s., 273s., 276

monismo 158, 263

moralidade 26, 29, 56s., 59-67, 71-75, 139s., 148-153, 165, 187, 241-246, 250-253, 260, 276

motivos 59s., 149s.

movimento 172-176

multiplicidade de intuições 40-45, 91, 127s.

mundo
  exterior 78-82, 107, 116s., 124s., 129-131, 137s., 141s., 144s., 212, 243
  objetivo 157, 169, 171, 182-186, 190, 240, 260

nada 81s., 232-234

não-eu 121s., 133-139, 144s., 153s., 163

natureza 23, 30, 54s., 66-75, 80-88, 158-160, 169-180, 195-199, 206, 227, 233-243, 246s., 266s., 270s.

Navalha de Occam 18

necessidade 16, 21s., 23s., 53s., 58s., 86s., 98, 101, 110-112, 118-121, 125s., 130s., 170, 178, 183, 187-197, 206, 210, 222s., 226s., 232, 238, 270s.

negação 134s., 215, 232
  determinada 215

neokantismo 13, 274s.

Nietzsche, F. 274s.

niilismo 153s.

normas 271-274

Novalis 76, 265s.

númeno 35s., 80s., 86s.

objetividade 125s., 158, 167-174, 182-184, 187s., 196, 209-214, 223s., 230s., 234s., 246s., 261s.

objeto 32-38, 43-48, 68-71, 80, 86s., 90-95, 111, 126-138, 142s., 161, 168, 187, 200, 205-210, 213-222, 234s., 240, 257s.

obra de arte 188s.

obrigação moral 28s., 65s., 74, 150s., 180, 260-263

ontologia 196, 209, 230, 264, 271-274

organismos 74, 144s., 148, 179, 188, 238

panteísmo 79, 83, 164, 192, 262s.

paralogismos 52s., 163s.

particularidade 207, 216s.

passividade 136s., 167-169, 180, 196s., 216s.

Idealismo alemão 311

pensamento 15, 51s., 80-84, 92s., 101s., 122s., 125-130, 152s., 161, 178, 183, 200, 205s., 211, 214, 220-241, 245-250, 255-258, 263-271, 276

pensar 36, 40-44, 101s., 127-130, 132s., 152s., 172, 178, 183, 205-213, 221-231, 233-241, 246-252, 258, 261-264

percepção (estar consciente) 52s., 58s., 94-107, 110-114, 117s., 123s., 137s., 144s., 151s., 153s., 158, 184, 188, 211-225, 257s.
 ponto de vista 211-215

pessoas 55s., 62s., 64s., 142-148, 243s., 249s., 252s.

Platão 65s., 100, 163

poesia 155, 264-270

política 139s., 148s., 187, 260, 276

pós-estruturalismo 13

pós-moderno 24s., 159, 256s.

postulação 130-138, 141-145, 153s., 184s., 191s., 219s., 232, 234s., 261, 265s.

postulados
 da razão prática 65s.
 do pensamento empírico 45s.

práticas 16, 26, 272
 cristãs 84s.

pressuposições 81-85, 119, 123, 208s., 224s., 230-236, 245s., 251s., 254s., 270s.

princípio
 autodeterminante 96
 autoevidente 263s.
 do entendimento puro 46s., 48, 50
 da consciência 94-97, 105s., 110s., 153s.

da fundamentação 130s.
da identidade 130s.
da oposição 130s., 133s.
da razão suficiente 47s., 80-84, 162
fundamental 89s., 94-96, 109, 116-119, 181
incondicionado 96-99, 161, 176, 182
intencional 56-64
primeiro 91, 96-99, 106s., 114-117, 122, 130-137, 160, 171, 182, 197s.
probabilidade 97, 118s.
proposições 86s., 89-91, 95-97, 114-117, 121, 131-134, 162, 165, 182
propósito
   disposição 30, 67-74
   objetivo 60s., 73s.
   subjetivo 68-73
propriedade 146-149, 152s., 243s.
providência divina 74, 187, 196s.
psicologia racional 163

questões de fato 17-24, 28, 33s., 89, 95, 103s., 117s., 237s.

raciocínio 94, 112, 117s., 270-274
   dedutivo 21s., 89, 125s.
   indutivo 21s.
racionalidade 14-30, 51s., 55s., 63-66, 70s., 105s., 143-146, 148-153, 201, 205, 209s., 213s., 222s., 254-276
racionalismo 18s., 25-27, 32-35, 79, 89, 95, 102s.

razão
  a priori 112, 270-273
  atividade da 51s., 97
  leis da 57s.
  ponto de vista 208-214, 220-224, 254s.
  prática 54-59, 65s.
  teórica 65s.
real, o 45s., 171, 183
realidade 30, 42s., 89, 107, 122s., 132s., 137s., 163s., 167, 175, 183, 190-194
  empírica 37
realismo 87
reconciliação 72, 134s., 158, 164, 169, 192, 249s., 248s., 257s., 273s.
reconhecimento 143-147, 210, 221s.
reflexão 65s., 94, 101s., 118s., 136s., 186, 226s.
relações de ideias 17-21, 33
religião 56s., 63-66, 108s., 139s., 152s., 193, 203, 222s., 241, 247-254, 257s., 260, 272-276
representação 32, 36-40, 45-48, 56s., 80-83, 91-106, 110s., 117s., 123s., 127s., 132s., 183, 223s., 230, 248s.
  ciência da 92s., 97, 101s.
  faculdade da 92s., 97, 100-105
respeito 61-64, 66-74, 143-147, 152s., 243s., 257s., 260-263
revelação 84s., 152s., 187, 194s., 271s.
revolução
  copernicana 32-37, 90s., 200
  francesa 15, 24s., 106s., 108, 155, 200s.
romantismo 76, 156, 188, 198, 202s., 265-270

Royce, J. 198
Russell, B. 13, 274s.

saber 16-23, 27, 32-38, 44-56, 66s., 73s., 85, 89s., 100s., 105s., 107, 111, 114-121, 129-139, 160, 167-177, 181s., 187, 198, 200, 204s., 213-223, 225s., 234-236, 251-258, 259-265, 274s.
  absoluto 208-211, 222s., 258
  a posteriori 33-35, 37, 48, 50
  a priori 31, 33-35, 37, 39, 44-47, 105s., 110s., 170, 274s.
  sintético 34-39, 44-47, 105s., 111
  limites ao 32, 44-56, 65s., 73s., 107, 177, 187, 257s., 260, 263s.
  metafísico 32-39, 44-50, 73s., 200, 255s.

salto de fé 79, 88s., 84s., 107

Schiller, F. 76

Schlegel, A. 76, 265s.

Schlegel, F. 76, 267s.

Schleiermacher, F. 265s.

Schopenhauer, A. 76

segunda analogia da experiência 46s., 53s.

sensação 44s., 85, 92, 185s.

sensibilidade 38-46, 48, 50, 81s., 91s., 102s., 128s.

sentidos 18, 38, 72, 81s., 86, 127s., 185, 248s., 267s.

ser 173-176, 191-199, 208-210, 224-227, 230-234, 267s.
  condições da possibilidade 102s.
  consciente-de-si 197, 124-127, 131s., 136s., 144s., 151s.
  determinações do 206-210, 225s., 234-237, 255-258, 263s., 267s.
  espaçotemporal 226s., 233-235, 257s.
  espiritual 212, 227, 237-254, 257s.
  finito 167, 184s.
  humano 141-146, 147s., 165, 192-194
  inteligente 74s.

   livre 51s., 142s., 161s., 186, 193, 238-240, 257s.
   natural 226s., 233-236, 257s.
   necessário 52s., 162
   pensante 212, 226s., 238-254
   perfeito 190-192
   racional 140-146, 208-210, 234
   verdade do 208-211, 214, 234s.

ser-espécie 141s.

seres contingentes 52s.

silogismo 50s., 102s.

síntese 44s., 134s., 164s., 233

sistematicidade 99, 114, 227

sobrenatural 238s.

sociedade civil 246s.

Sócrates 214

Strauss, D. 273

subjetividade 129s., 144s., 158, 167-174, 184, 187-190, 196, 207-209, 214, 230s., 262

sublimidade 72s., 266s.

substância 18s., 42-46, 52s., 77s., 144s., 158, 163, 189-191, 230, 262, 266s.
   absoluta 158, 163, 189s., 262, 266s.
   material 77s., 144s.

sujeito
   absoluto 131s., 161
   consciente 116s., 121-131, 140s., 160, 169-171, 176, 182s., 187s., 196-199, 220s., 235, 262-267
   empírico 161
   ético 149s.
   finito 167s., 175
   pensante 205-207, 211, 229-231, 235, 260

suprassensível 66s., 209
superstição 28, 87
suspensão do juízo 104s.

teísmo 79, 87
teleologia 67s.
tempo 38-46, 175, 193-197, 233s., 245s.
teodiceia 190-197
teologia 196, 272-275
teoria
  crítica 13, 245s.
  do contrato social 147s.
  moral 65s., 148s.
  política 13, 140s., 146s., 148s., 274s.
terceira antinomia 53s.
tese/antítese/síntese 232
teste de universabilidade 60-63
trabalho 148s., 246s.
transcendência 239, 267s.
trilema de Agripa 224s.

universalidade 60s., 207

valor moral 59-67, 75
verdade 16s., 32-35, 82-91, 94-99, 104s., 137s., 208, 210s., 213-224, 229-238, 246-253, 263-274
  absoluta 210, 263-269
  autoevidente 94s.
  dizendo a 61s.

incondicionada 96s., 224s.
  sentimento de 151s., 249-253
  necessária 32-35, 55s., 98s., 224s., 238, 271s.
vida 137s., 142s., 190, 266s.
  cristã 84s.
  ética 148-153, 241, 245-250
  moderna 15, 26, 260, 268s.
  racional 26, 106s., 139s., 201, 259
virtude 62s., 84s.
vontade 23s., 29s., 47s., 55-65, 70s., 83-87, 92, 121s., 135-138, 148-152, 169, 183-186, 189-191, 195, 200, 210, 221s., 241-249
  vontade moral 244s.

Wolff, Christian 25

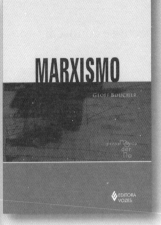

SÉRIE pensamento moderno

Veja a série completa em

livrariavozes.com.br/colecoes/serie-pensamento-moderno

Conecte-se conosco:

 facebook.com/editoravozes

 @editoravozes

 @editora_vozes

 youtube.com/editoravozes

📱 +55 24 2233-9033

www.vozes.com.br

Conheça nossas lojas:

www.livrariavozes.com.br

Belo Horizonte – Brasília – Campinas – Cuiabá – Curitiba
Fortaleza – Juiz de Fora – Petrópolis – Recife – São Paulo

  Vozes de Bolso

EDITORA VOZES LTDA.
Rua Frei Luís, 100 – Centro – Cep 25689-900 – Petrópolis, RJ
Tel.: (24) 2233-9000 – E-mail: vendas@vozes.com.br